两希文明哲学经典译丛

包利民 章雪富 主编

致希腊人书

[古罗马]塔提安 等著

滕 琪 译

Philosophical Classics of Hellenistic-Roman Times

中国社会科学出版社

图书在版编目（CIP）数据

致希腊人书／（古罗马）塔提安等著；滕琪译．—北京：中国社会科学出版社，2017.8

（两希文明哲学经典译丛／包利民 章雪富主编）

ISBN 978-7-5161-8317-5

Ⅰ.①致… Ⅱ.①塔…②滕… Ⅲ.基督教—宗教哲学—研究
Ⅳ.B503

中国版本图书馆 CIP 数据核字（2016）第 124022 号

出 版 人　赵剑英
责任编辑　凌金良　陈　彪
责任校对　周　昊
责任印制　张雪娇

出　　版　中国社会科学出版社
社　　址　北京鼓楼西大街甲 158 号
邮　　编　100720
网　　址　http://www.csspw.cn
发 行 部　010-84083685
门 市 部　010-84029450
经　　销　新华书店及其他书店

印刷装订　环球东方（北京）印务有限公司
版　　次　2009 年 12 月第 1 版
　　　　　2017 年 8 月第 2 版
印　　次　2017 年 8 月第 1 次印刷

开　　本　650×960　1/16
印　　张　23.5
插　　页　2
字　　数　325 千字
定　　价　69.00 元

2016年再版序

我们对哲学的认识无论如何都与希腊存在着关联。如果说人类的学问某种程度上都始于哲学的探讨，那么也可以说，在某种程度上我们都是希腊的学徒。这当然不是说希腊文明比其他文明更具优越性和优先性，而只是说人类长时间以来都得益于哲学这种运思方式和求知之道，希腊人则为基于纯粹理性的求知方式奠定了基本典范，并且这种基于好奇的知识探索已经成为不同时代人们的主要存在方式。

希腊哲学的光荣主要是与苏格拉底、柏拉图和亚里士多德联系在一起。这套译丛则试图走得更远，让希腊哲学的光荣与更多的哲学家——伊壁鸠鲁、西塞罗、塞涅卡、爱比克泰德、斐洛、尼撒的格列高利、普卢克洛、波爱修、奥古斯丁等名字联系在一起。在编年史上，他们中的许多人已经是罗马人，有些人在信仰上已经是基督徒，但他们依然在某种程度上、或者说他们著作的主要部分仍然是在续写希腊哲学的光荣。他们把思辨的艰深诠释为生活的实践，把思想的力量转化为信仰的勇气，把城邦理念演绎为世界公民。他们扩展了希腊思想的可能，诠释着人类文明与希腊文明的关系。

这套丛书被冠以“两希文明哲学经典译丛”之名，还旨在显示希腊文明与希伯来文明的冲突相生。希腊化时期的希腊和罗马时代的希腊已经不再是城邦时代的希腊，文明的多元格局为哲学的运思和思想的道路提供了更广阔的视域，希腊化罗马时代的思想家致力于更具个体性、时间性、历史性和实践性的哲学探索，更倾心于在一个世俗的世界塑造一种盼望的降临，在一个国家的时代奠基一种世界公民的身份。在这个时代并且在后续的世代，哲学不再只是一个民族的事业，更是人类知识探索的始终志业；哲学家们在为古代哲学安魂的时候开启了现代世界的图景，在历史的延续中瞻望终末的来临，在两希文明的张力中看见人类更深更远的未来。

十年之后修订再版这套丛书，寄托更深！

是为序！

包利民　章雪富

2016 年 5 月

2004年译丛总序

西方文明有一个别致的称呼，叫做“两希文明”。顾名思义是说，西方文明有两个根源，由两种具有相当张力的不同“亚文化”联合组成，一个是希腊—罗马文化，另一个是希伯来—基督教文化。国人在地球缩小、各大文明相遇的今天，日益生出了认识西方文明本质的浓厚兴趣。这种兴趣不再停在表层，不再满意于泛泛而论，而是渴望深入其根子，亲临其泉源，回溯其原典。

我们译介的哲学经典处于更为狭义意义上的“两希文明时代”——即这两大文明在历史上首次并列存在、相遇、互相叩问、相互交融的时代。这是一个跨度相当大的历史时代，大约涵括公元前3世纪到公元5世纪的800年左右的时间。对于“两希”的每一方，这都是一个极为具有特色的时期，它们都第一次大规模地走出自己的原生地，影响别的文化。首先，这个时期史称“希腊化”时期；在亚历山大大帝东征的余威之下，希腊文化超出了自己的城邦地域，大规模地东渐教化。世界各地的好学青年纷纷负笈雅典，朝拜这一世界文化之都。另一方面，在这番辉煌之下，却又掩盖着别样的痛楚；古典的社会架构和思想的范式都在经历着剧变；城邦共和体系面临瓦解，曾经安于公民德性生活范式的人感到脚下不稳，感到精神无所归依。于是，“非主流”型的、非政治的、“纯粹的”哲学家纷纷兴起，企图为个体的心灵宁静寻找新的依据。希腊哲学的各条主要路线都在此时总结和集大成：普罗提诺汇总了柏拉图和亚里士多德路线，伊壁鸠鲁／卢克来修汇总了自然哲学路线，怀疑论汇总了整个希腊哲学中否定性的一面。同时，这些学派还开出了与古典哲学范式相当不同的、但是同样具有重要特色的新的哲学。有人称之为“伦理学取向”和“宗教取向”的哲学，我们称之为“哲学治疗”的哲学。这些标签都提示了：这是一个在剧变之下，人特别关心人自己的幸福、宁静、命运、个性、自由等等的时代。一个时代应该有一个时代的哲学。那个时代的哲学会不会让处于类似时代中的今人感到更多的共鸣呢？

另一方面，东方的另一个“希”——希伯来文化——也在悄然兴起，逐渐向西方推进。犹太人在亚历山大里亚等城市定居经商，带去独特的文化。后来从犹太文化中分离出来的基督教文化更是日益向希腊—罗马文化的地域慢慢西移，以至于学者们争论这个时代究竟是希腊文化的东渐、还是东方宗教文化的西渐？希伯来—基督教文化与希腊文化是特质极为不同的两种文化，当它们最终遭遇之后，会出现极为有趣的相互试探、相互排斥、相互吸引，以致逐渐部分相融的种种景观。可想而知，这样的时期在历史上比较罕见。一旦出现，则场面壮观激烈，火花四溅，学人精神为之一振，纷纷激扬文字、评点对方，捍卫自己，从而两种文化传统突然出现鲜明的自我意识。从这样的时期的文本入手探究西方文明的特征，是否是一条难得的路径？

还有，从西方经典哲学的译介看，对于希腊—罗马和希伯来—基督教经典的译介，国内已经有不少学者做了可观的工作；但是，对于“两希文明交汇时期”经典的翻译，尚缺乏系统工程。这一时期在希腊哲学的三大阶段——前苏格拉底哲学、古典哲学、晚期哲学——中属于第三大阶段。第一阶段与第二阶段分别都已经有了较为系统的译介，但是第三阶段的译介还很不系统。浙江大学外国哲学研究所的两希哲学的研究与译介传统是严群先生和陈村富先生所开创的，长期以来一直追求沉潜严谨、专精深入的学风。我们这次的译丛就是集中选取希腊哲学第三阶段的所有著名哲学流派的著作：伊壁鸠鲁派、怀疑派、斯多亚派、新柏拉图主义、新共和主义（西塞罗、普鲁塔克）等，希望向学界提供一个尽量完整的图景。同时，由于这个时期哲学的共同关心聚焦在“幸福”和“心灵宁静”的追求上，我们的翻译也将侧重介绍伦理性—治疗性的哲学思想；我们相信哲人们对人生苦难和治疗的各种深刻反思会引起超出学术界的更为广泛的思考和关注。另一方面，这一时期在希伯来—基督教传统中属于“早期教父”阶段。犹太人与基督徒是怎么看待神与人、幸福与命运的？他们又是怎么看待希腊人的？耶路撒冷和雅典有什么干系？两种文明孰高孰低？两种哲学难道只有冲突，没有内在对话和融合的可能？后来的种种演变是否当时就已经露现了一些端倪？这些都是相当有意思的学术问题和相当急迫的现实问题（对于当时的社会和人）。为此，我们选取了奥古斯丁、斐洛和尼撒的格列高利等人的著作，这些大哲的特点是“跨时代人才”，他们不仅“学贯两希”，而且“身处两希”，体验到的张力真切而强烈；他们的思考必然有后来者所无法重复的特色和原创性，值得关注。

这些，就是我们译介“两希文明”哲学经典的宗旨。

另外，还需要说明两点：一是本丛书中各书的注释，凡特别注明“中译者注”的，为该书中译者所加，其余乃是对原文注释的翻译；二是本译丛也属于浙江大学跨文化研究中心系列研究计划之一。我们希望以后能推出更多的翻译，以弥补这一时期思想经典译介之不足。

包利民　章雪富

2004 年 8 月

目 录

致希腊人书

致奥托莱库斯书

第三卷

为基督徒一辩

中译者序

公元1世纪末到公元3世纪初，是基督教思想史上的特殊时期即护教时期。此时，由于基督教的兴起，希伯来文化（犹太—基督教信仰）与希腊文化形成激烈的交锋。那些面向希腊罗马世界为基督信仰辩护的人被称为护教士。一方面，希腊罗马的思想家们强烈拒绝护教士们透过寻找两种文化之间的相似性和共同性实施对希腊罗马哲学进行框架性转换的策略；另一方面，护教士们既透过护教劝谕希腊罗马世界去探究更深的真理，也激烈地指出寻求真理之途必须透过基督信仰，希腊哲学的真理必须也唯有在耶稣基督的道路上才能真正有所回应。

据此而论，早期护教士的工作不单纯是防卫性的，还是建构性的。实际情况也是如此。本辑所收录的安提阿的提阿菲罗和雅典的阿萨那戈拉的作品就试图在独一神论和多神论之间尝试建立初步的三一神论。在这个意义上，这些著作与《致希腊人书》的主题是一致的，它们都指向"耶稣基督是谁"这个基督教神学最核心的问题。本书收录的早期教父的辩护性文章，充分显示了护教士们呈现"真理"形象的方式。

一 塔提安：《致希腊人书》

塔提安（约公元180年去世），据说是早期著名护教士殉道者查士丁（Justin Martyr）的学生，但两人的思想风格差异很大。与查士丁全力主张两希文明的融合不同，塔提安则主张两希文明冲突论。《致希腊人》从各方面严厉批评希腊哲学和希腊罗马宗教，指出那些被希腊罗马民众视为智慧探究者的哲学家和作为救赎和护佑力量的希腊罗马诸神，都不过是荒诞无稽的知识和信仰的象征。

塔提安指出智慧只可能有一个源头，它来自于犹太人的神，是从摩西传统承递下来的信仰的智慧。塔提安比较了摩西以来犹太人的谱系和希腊历代王朝的年表，论证犹太智慧远远古老于希腊人。他重拾斐洛和查士丁以来的说法，即希腊哲学智慧不外乎是对摩西的引介和运用，迦勒底人、埃及人以及其他民族都可以证明这种说法。重要的是，摩西的智慧更可信并适用于所有人。希腊哲学家相互辩驳，相互非难，不能达致真理的一致性。希腊哲学的接受对象则只限于精英阶层，不为普通老百姓了解。然而摩西的智慧内在于犹太传统，呈现了真理的一致性，其言说方式适宜于所有人的认知，是超越了种族和阶层的普世性智慧。塔提安劝勉希腊人应该从犹太人和基督徒那里寻求智慧，放弃他们高傲的自以为是的真理探究。

二 《赫马的牧人书》

一般认为，赫马（Hermas，或译黑马），是罗马主教庇护一世之兄弟（而非《罗马书》中提到的黑马。奥利金明确提出过后一观点，优西比乌和杰罗姆后来都认同这个看法），现代学者则倾向于认为《赫马的牧人书》是一个虚构的故事，故事的主角赫马只是该书作者虚构的人物。

虽然对该书作者的看法有许多不确定之处，然而在成书的年代上，学者们则持相对一致的看法。《赫马的牧人书》肯定写于一个较早的时期。伊利奈乌把它当作圣经正典的一部分，表明此书在他的时代之前，已经流传很长时间了。最可能的成书时间是哈德良（Hadrian）统治时期，或安东尼奥•皮乌斯（Antoninus Pius）的时期。

《赫马的牧人书》用希腊文写成。东方教会熟知此书，西方教会则似乎很少阅读。不过一些迹象表明此书可能创作于今天的意大利。《赫马的牧人书》其实是一部启示文学著作，分为《异象》（Visions）五篇、《诫命》（Commands,or Mandates）十二篇、《寓言》（Similitudes）十篇，书名中的“牧人”是按照说给他异象的第二位天使的形象而取。这部分作品表现出2世纪的基督教的道德观，深受尊重，早期的教会用来当作教理问答的教科书。德尔图良又称此书为《罪人的牧人书》。[①]这部作品的很多方面都极具重要性，反映出2、3世纪基督徒感兴趣并受教育的书籍的语气和风格特征。《赫马的牧人书》最引人入胜之处在于书中对基督徒与教会的劝诫及命令。类似于使徒教父，此书的基调是律法式或者是道德性的。它不否认救赎乃是出于神的恩典的白白赦免，但它更强调基督徒不要任意犯罪，此书警告一个人在受洗后得到饶恕的机会只有一次。

三　安提阿的提阿菲罗

在基督教神学史中，2世纪的提阿菲罗以率先提出Creatio ex nihilo——“从无变有”的创造观念而著名。这并不是说，别的教父或者更早的教父不相信这一点。但是提阿菲罗首先明确地反驳希腊哲学的永恒宇宙观念。在引用《创世记》的序曲后，他主张说：“神圣的经文在开端处便如是教导，这为的是显明，上帝是从质料开始创造并且塑造世界，而这创造是以某种方式被上帝创造的。”[②]

与其他护教者一样，提阿菲罗使用逻各斯的观念解释神与世界的关系。逻各斯是神创造宇宙以及透过先知说话的媒介。提阿菲罗没有把神的道（逻各斯）与神的灵区分得很清楚。他很少提到，或者根本没有论

---

① 参见比尔·奥斯丁《基督教发展史》，马杰伟、许建人译，香港：国际种籽出版社2002年版，第69页。

② 参见本书《致奥托莱库斯书》第2卷第10章“世界是上帝通过圣言创造的”末段。

到耶稣基督。与2世纪护教士一样，他比较注意，在耶稣基督里面道成肉身之逻各斯的存在状态，而不是耶稣这个历史人物本身。这是可以了解的，因为护教士都想回答希腊与罗马异教徒提出的问题与关怀，而他们最迫切的问题是基督与神有关的状态。这问题的答案在属天的逻各斯身上，而不是耶稣这人的历史生涯。[①] 提阿菲罗关于三位一体的思想有点混乱，但是如果我们看到这是基督教思想家这一学说的最早的努力，就无须多加苛责。

四　雅典的阿萨那戈拉

雅典的阿萨那戈拉来自雅典，也是二世纪的基督教哲学家兼护教论者。今天唯一可以确定的他的著作是《为基督徒一辩》（或译《为基督徒请命书》），本书信写给奥勒留和康茂德皇帝，为基督徒辩护，驳斥流行一时的加诸基督徒身上的无神论、乱伦及食人肉的指控。以公开信的方式写作辩护，是早期护教士常用的方式，阿萨那戈拉、查士丁、德尔图良等都采用过书信体以说服皇帝停止迫害基督徒。阿萨那戈拉的最重要策略是，驳斥对于基督徒的莫须有的控告与谣言。然而，与基督教神学关系较密切的是阿萨那戈拉对于圣父及圣子耶稣基督的观念之省思。

阿萨那戈拉认为，如果皇帝知道，基督徒所相信的独一真神，与皇帝所信者很相近，便可帮助他停止迫害基督徒。奥勒留是最受斯多亚主义影响的哲学家。斯多亚主义的神，实际上等于是不变与完美的宇宙秩序。斯多亚主义者当然肯定一神，并且否认多神主义，即使他们几近于接受泛神论的神与世界观。无论如何，在阿萨那戈拉的申辩中，最重要的部分是与基督教的神论有关。

① 参见［美］奥尔森《基督教神学思想史》，吴瑞诚、徐成德译，北京大学出版社2003年版，第55－56页。

阿萨那戈拉援引许多希腊诗人与哲学家的观点，以便提醒皇帝，最好的希腊化思想是一神论的。然后，他论证道，基督徒并非他人无端指摘的“无神论者”：“我们不是无神论者，有见于我们承认一个上帝，他是非受造的，永恒的，不可见的，不觉痛苦的，超乎理解，和无限的，他只能经由感悟与理性而理解，并经由光明，美善，灵性，和无法形容的力量得以接近，经他的圣言逻各斯他创造了宇宙，而且立定了秩序，且将万有持存在他里头——如同我前面业已充分表明的那样。”①

阿萨那戈拉主要是以“负”的属性来描述神。他试图解释神不是什么，而非神是什么。后来的基督教神学家，把这种方法叫做“否定神学”（apophatic theology），因此成为基督教神学史很重要的部分。显然，阿萨那戈拉及后来的否定神学家认为，神的完美是指他与任何受造物都全然不同。有关神的正确描述只能是：神不是什么（而非神是什么）。因此改变、受苦，甚至被人理解，都被视为从受造物而来的曲解。这种神学的结果，必然使圣经所说的神的性格逐渐减少。当然，阿萨那戈拉不否认神的位格，但他们描述神的某些方式，使神似乎更像希腊哲学中的超越万物的起源与始基，而非希伯来圣经与使徒著作中很具体、有人性并与人互动的神。②

重要的还有，阿萨那戈拉为三位一体神学提出了希腊式的类比，“我们承认一位上帝，一位圣子逻各斯，和一位圣灵，在本质上为统一的（三位一体），——圣父，圣子，圣灵，因为圣子是圣父的心智，理性，智慧，而圣灵则是圣父所流溢出的，如同从火而流射出的光一样”，③这些观点都成为基督教思想最重要的遗产。

---

① 参见本书《为基督徒一辩》第10章“基督徒敬拜圣父，圣子和圣灵”首段。

② 参见［美］奥尔森《基督教神学思想史》，吴瑞诚、徐成德译，北京大学出版社2003年版，第53页。

③ 参见本书《为基督徒一辩》第24章“关于天使和巨人”。

参与该书翻译的译者有：魏红亮（中央民族大学宗教学硕士）协助译塔提安《致希腊人书》一部分初稿，姚望（华东师大英美文学硕士）译《致奥托莱库斯书》第三卷初稿及英译者导言。其余内容的翻译及全书的校译及统稿均由滕琪承担。

滕琪

2009 年 7 月

赫马的牧人书*

* 赫马著。

《赫马的牧人书》导言*

[赫马：公元160年前后]我们所知被称为"穆拉多利残典"(Muratorian Canon)的残稿，是编者确定这位作者年代的历史依据。编者本想把《牧人书》(*The Shepherd*)置于爱任纽(Irenaeus)的著作之前，但是由于篇幅所限而不允许这样处理。甚至在编者年轻时，《牧人书》就吸引了编者的注意，编者开始以为是一则古代的传奇故事样本，但它显然让编者失望了，并激起了编者的反感。即使现在看来，其形式依然是令人感到乏味的。但是，随着持续的研究，围绕着它的谜团被驱散，它引发的疑问被解开，对编者来说，它越发成为一件最有趣、最富于暗示的，古代遗存的瑰宝。班森博士(Dr. Bunsen)称之为"一本虽好却乏味的小说"，并提醒我们尼布尔(Niebuhr，班森之师)的说法，"他很同情雅典[①]基督徒，因为他们不得不在集会上听人诵读这篇故事"。编者相信有能力说明，这是一种很自然，然而很肤浅的思想。

赫马可能初看上去与爱任纽鲜有共同之处，而且有很多理由证明，把他与巴拿马(Barnabas)相提并论更为妥当。但是编者深深感到，年代顺序不允许这样做，而且，爱任纽的时代，里昂和维埃纳(Vienne)殉道者的时代，才是召唤这部著作的时代，正因此它才流行、传播于各

---

* 英文版由 F. Crombie 根据希腊文翻译而成。

① 为什么是雅典人呢？这样的说法随处可见，但很可能是基于《使徒行传》17：21所说："雅典人和住在那里的客人都不顾别的事，只将新闻说说听听。"

个教会。它用和平态度对待孟他努主义（Montanism）的兴起。这种异端起初让拉丁教徒感到困惑，庇护（Pius）用这温和的方法去矫正它，怀着调解者态度的艾琉特鲁斯（Eleutherus）反为其所伤，维克托（Victor）也一度被其牵连受累，而这种和平的态度，恰好符合当时似乎要求西方基督徒作出判断的情形。他们无法预见孟他努主义的后果：它当时尚未被确认为异端。甚至明智谨慎的爱任纽，也担心不应太急于进行指责，优西比乌斯（Eusebius）断定他“看到，甚至在那时，在不同的教会，上天的恩惠仍有许多别的神奇力量尚未显现”。

班森武断地宣称穆拉多利残稿是一段被误译的圣赫格西普斯（Hegesippus）[①] 的片断，写于约公元 165 年。这年代也许不准确，但是证据来自一个与他同时代的人，这个来源或许是我们可以相信的。此人说：“最近，就在我们这个时代，在罗马城，赫马编纂了《牧人书》。而他的弟弟，庇护主教当时就居于罗马教会的主教之位上。”按照此说自身的逻辑，即可确定其时代。这解释了为何整篇寓言故事具有反孟他努主义倾向，也解释了选择这种无争议的矫正形式的原因。孟他努主义没有被明确指明，但是作者通过对比使徒时代的纯粹精神和狂热者狂乱的、拘泥于表面教义的主张，提醒了我们更好的“预言”，达到了反对该教派的效果。最初被罗马主教们采纳的温和政策，无疑支配着赫马作出了这样的驳斥，由此他的弟弟便可能会被推荐给各个教会。

编者简单地列举一些观点，这是想要更好理解该作品所必需的。很不幸，编者与爱丁堡的编者们有所不同，后者将之称为“不言自明的先例”，而这却被认为是正确的，因此编者需要稍加注释和说明，为自己的观点进行辩护。

优西比乌斯告诉我们，当佛里吉亚（Phrygian）的异端开始迷惑信徒

① 希腊人，基督教史学家。其著作现存有回忆录 5 卷，是研究早期教会的组织结构和神学争论的第一手资料。

时，上帝的恩膏（*charismata*）并未在教会中绝迹。班森认为其最初的传播者是神视之术（*clairvoyant art*）的实验者，作为例证，他还尖锐地指出了据说他们实施的操纵（就像人们演奏竖琴）。我们必须设身处地，才能理解早期基督徒与异端教义斗争的困难。圣约翰说："试验那些灵"（Try the spirits）①，圣保罗更明确地说："不要消灭圣灵的感动；不要藐视先知的讲论；但要凡事察验。"② 等等。这句话表明，在讲述卓越的事物时，其形式和方式中经常可能有某些粗鄙的成分。借用我们现代的词语，"人性因素"有时令人痛苦地占了主导，甚至在那些为圣灵代言的人中也不例外。他们内心仍然燃烧着五旬节时上天赐下的灵焰，但个人虚弱的烟雾遮蔽了内心真正的火花。因此爱任纽的沉默并不值得惊讶。他无疑警告了艾琉特鲁斯，但很可能也感到，来自佛里吉亚的传闻需要得到进一步检视。预言的天分据说存在于像施洗者约翰那样朴素的男人和女人身上，行使其宣教的使命，谴责不知使徒的一代人耽于肉欲而放纵的堕落。

要说赫马和他的弟弟，是最早的黑马（圣保罗的朋友）③较年长的孙辈，并不算是非常大胆的猜测。《牧人书》可能基于个人回忆，基于被预言的圣灵所责备的家族传说以及其大能的里程碑的传说。此书向我们证明了，赫马努力"为家族祈福"的觉醒的良知。但是，尽管可能如此，这第二位赫马，得到弟弟的认可，重现了在《丢格乃妥书》（*the Epistle to Diognetus*）中描写的，对最初岁月的记忆，当时的基督徒尽管命运悲惨，却"总是欢欣喜悦"。他因此编写了一篇无韵律的田园牧歌，无疑再现了圣保罗评论的那些"先知发预言"（prophesyings）之口传的例子。因此我们推测，当这种情感流露让哥林多教会的教团感到慌乱困窘时，便成了使徒责难的对象，在诸如此类的"异象"、"诫命"和"寓言"等较崇

① 《约翰壹书》4：1。

② 《帖撒罗尼迦前书》5:19—21。

③ 一译黑马。但因经考证，此赫马非《罗马书》16:14所提及的黑马，故为区分，将《牧人书》的作者酌译为赫马。

高的例子中，其形式或多或少是人性化的，但在道德教导方面，则是对抗异教神谕，对抗其污秽亵渎主张的有力证言。

既准许又制约这种证明，此圣灵宽容的智慧，可见于与之抗衡的神巫的（Sibylline）及其他异教言论。（参见《使徒行传》16:16—19）带着这种观点，赫马完成了他的著作。他把它写成一部单纯的虚构故事（正如威廉•考柏假借亚历山大•塞尔扣克之名作诗），并引出赫马和克莱门（Clement），以确定在他的寓言中被理想化的时代。他非常文雅而有说服力地追溯早期基督徒，把他们看做孟他努教派观点的反对者。正如德尔图良（Tertullian）所批评的那样，这个观点如此强烈地主导了整部作品，我们惊讶地发现，威克（Wake）和其他学识极其渊博的人，都勉强承认信奉保罗主义的赫马是它的真实作者。如果真是这样，圣保罗的赫马肯定是一位真正的先知。显然那些古人受此观念影响很深，完全不知道此书出自何处，认为它是第一个黑马的著作。在他们看来，此书就像《启示录》一样，是一道来自上帝的真正神谕，尽管次于《启示录》。它让教会准备好面对其伟大的审判和危险之一，并且，正如圣约翰的《启示录》所做的，成全了关乎圣灵的慨然承诺，“他将显明你一切将来之事”。

不仅如此，这种观点还解释了对许多评论家来说一直无法解释的历史事实，比如它赢得了广泛声望，且在东方的影响大于其在拉丁人中的影响。但是一旦庇护将之推荐给亚洲的教会，作为教导人民的有效工具，作为对抗佛利吉亚异端的防护措施，它轻易地在希腊语盛行的所有地区成为流行的思想。很快，它被普遍认为是圣保罗的赫马的作品，而且体现了使徒时期真正的先知预言。经过检验的神启因此被归功于这些先知预言，正如奥利金（Origen）后来谨慎地说：这本书具有次经的名声，阅读的目的像次经一样，是教导和启发，而不应被用于引经据典，创立任何关乎信仰的教条。我们必须记得，尽管罗马教会最初是希腊殖民城市，而且很大程度上由使用希腊语的犹太人组成，圣保罗在《罗马书》中的论断对他们个人而言是合适的，但是在西方，总体情况并非如此：

因此希腊语写成的《牧人书》在希腊教会传播更广。而在当地，孟他努教徒早已成为一股狂暴的洪水猛兽，直到许久以后，西方才通过才华横溢的德尔图良的影响，切实感到了其弥漫的歪风邪气。这些事实解释了此书的历史、早期传播及其在教会中的声望。我们同样不能忽视赫马冗长乏味的寓言讽喻，尽管我们难以接受，但对东方人而言，绝无令人不悦之处。直到今天，普通人，甚至包括我们在内，似乎都被它的故事和"寓言"深深吸引，尤其是有一位解说者，在应用时说明其中道理。

读完爱任纽的《反对异端》（*Against Heresies*）后，我们便不会不恰当地看待，赫马在抵制这个在古代最具破坏性、最持久的邪说时，所进行的温和抗议。当我们触及"拉丁基督教"的伟大创立者时，会感到更加痛苦，其余烬，对那些带着敬爱之情对待其遗风的人们，散发着影响力，只有像塞浦路斯人那样性格和他一样强的人才能幸免。德尔图良的天才激发了他对权力的疯狂，他将孟他努主义的严苛精神传入拉丁教会的戒律，制约现实生活中本性使然的、反动的道德松懈。当我们读到这位才华横溢又头脑发热的作者的精彩篇章时，将对此有足够的了解。孟他努主义本身以及我们即将在塔提安那可悲可叹的事例中讨论的禁戒派(Encratite)异端，都是基督徒对每天耳濡目染的异教恶行产生的对抗反应。这些教父没有认出"化身为光明天使"的撒旦，被诱惑犯了错。让我们加倍崇敬赫马那敏锐的远见和神圣的温和吧。在我们这个轻浮的时代，充斥着各种读物，人们无论过分高雅还是肤浅低俗，都极少花时间思考，也极少花时间做学问，因此《牧人书》自然对我们毫无吸引之处。无所投入的人，也无所收获。但那些特别讲究，希望能有资格进行评判的人，需让自己置身于安东尼皇帝的时代，暂把自己当做是那时的基督徒，这样，便会豁然开朗，进入一个全新的思想世界。让他们走入早期信徒的集会吧，这集会中显然"受召的没有多少聪明人，没有多少有力者，没有多少尊贵者"。他们在那里是"将被屠宰的羔羊"，"每天都在死去"，而且如他们神圣的主一样，是"被蔑视的人，被弃绝的人"，他们在主的日子里聚集一堂，“食那粮，饮那杯”在犹太教徒集会的仪式后，执事在这时说道：“同胞们，如果你们对人们有任何劝勉的话，请讲。”但是正如使徒的预言，谈话终止了，那些自称为圣灵代言的人开始被人们怀疑。“你们的教父去哪儿了？还有先知们，他们不是永生的吗？”年长者听闻感到欣喜，年轻人听闻感到好奇，这时朗读者起身说：“现在，请听赫马所说的话。”这些单纯的人们是幸福的，这些“狼群中的羔羊”（lambs among wolves），如饥似渴地追寻正直，热切地将《牧人书》中纯粹而严格的圣经道德训诫一饮而尽，随后挺身向前“显在这世代中，好像明光照耀”①，与周围笼罩的浓郁黑暗形成了神圣的对比。

的确有人反对说，赫马的寓言带有律法化的论调。也有人同样指责使徒雅各以及“登山宝训”。如此反对《牧人书》是极其不公正的。就算其语言风格不若奥古斯丁规整，其文字接近圣雅各，但像圣雅各一样，赫马的思想是与圣保罗保持一致的。信仰总是被尊为首要，而忏悔，在其有关福音的各个方面，有着彻底明确的定义。他揭示了形式行为的空洞，比如单纯物质上的禁食，以及在特定时间和日期进行的世俗的仪式典礼。有人说他提倡“额外善功”，这其实是彻底错误的，在阅读赫马的文字时硬生生加上了他做梦也没有想到过的异端思想。他所有的教导都与这个思想矛盾。他在其他方面的正派观念得到了彼尔森（Pearson）和布尔（Bull）等大师的支持。其教导中积极的方面可贵地证明了，第二世纪信徒们所要求的生活虔诚。他从新诫命中提取的行为准则，是如此适合于所有的时代。他对家规松懈、财路不正之危险的揭露，又是如此严格彻底。他为各个阶层的人们立下了如此神圣的生活戒律。对教士，他列出了抵制野心、分心和世俗思想的规章。无疑这些谴责光耀了整个时代，根据此书被普遍接受的情况，我们不难推测，那些刚刚弃绝异教的欲望和情欲的人，正急切盼望得到“穿着虚构故事的粗朴外衣的，严肃的真相”。

① 《腓力比书》2:15。

而现在读者也一定急切希望看到下面原译者的导言了：

《赫马的牧人书》（*Pastor of Hermas*）即或不曾是最流行的书，也曾是基督教会在第二、第三、第四世纪最为流行的书之一。在某些方面，它占据了与现代班扬的著作《天路历程》相似的位置。评论家经常将两者进行比较。

在古代，关于此书的作者，有两种盛行的观点。流传最广的观点认为，《赫马的牧人书》的作者，是《罗马书》中提到的黑马[①]。奥利金明确提出了这种观点[②]，优西比乌斯和杰罗姆后来都曾加以重复。

那些相信使徒赫马是作者的人，必然把此书看得很高。关于此书是不是被圣灵感动而著，有很多争论。早期作者持有的观点是，它的确是被感动而著。爱任纽在引用时称之为“经书”（Scripture）；亚历山大的克莱门称其在论述时“像神一样”；而奥利金，尽管有些人认为他的一些话表示对此书有所怀疑，无疑也表达了自己认为它“体现了神的意志”的观点。优西比乌斯提到，他所在的时代，关于此书是否经上帝授意，两种不同观点的争论非常激烈，有些人反对这个说法，另一些人则坚持它是有神圣起源的，尤其因为它是一篇极好的介绍基督教信仰的文章。他告诉我们，正是因为后一个原因，这本书才被众教会公开诵读。

在其古老性问题上，唯一断然反对该观点的声音来自德尔图良。他斥之为伪经，并轻蔑地予以抵制，倾向于反孟他努主义观点。但他的话也说明，在许多教会中，此书都被当做圣经。

第二种观点认为，作者不是任何已知的作家。这种观点只出现在两个地方：一篇被误认为是德尔图良所作的诗；一篇穆拉多利教父出版的残典，作者不明，原作语言目前仍在争论之中。该残稿写道：“《牧人书》成书于我们时代的晚期，由赫马在罗马城里写成，他的弟弟庇护主教当

---

① 《罗马书》16:14：“又问亚逊其土，弗勒干，黑米，八罗巴，黑马，并与他们在一处的弟兄们安。”

② 《罗马书释义》16:14。

时就坐在罗马城教会的高位上。”

在现代，有人提出了第三种观点。《赫马的牧人书》被看做是虚构故事，而根据这种观点，主角赫马，只是故事作者虚构的角色。

无论评论家对于作者问题采取何种观点，在年代问题上，只能有一种观点。《赫马的牧人书》肯定写于一个较早的时期。爱任纽把它视为圣经的组成部分，这表明，此书在他的时代之前，已经流传很长时间了。据推测其最可能的成书时间是哈德良（Hadrian）统治时期，或安东尼奥•皮乌斯（Antoninus Pius）的时期。

这部作品在很多方面都具有极大的重要性，尤其是反映了第二和第三世纪中，让基督徒感兴趣并受教育的书籍的语气和风格特征。

《赫马的牧人书》用希腊文写成。在东方教会中为人熟知，但在西方教会似乎很少被人阅读。不过书中有迹象表明是在意大利创作的。

很长时间以来，学者们只知道《赫马的牧人书》有拉丁文版本，其若干手抄本中只有少量残缺。但近期随着许多手抄本被发现，确定文本的难度增加了。一部整理出来的拉丁文译本，与现在通行的版本相去甚远。而据说一份希腊文手抄本被发现于阿索斯山（Mount Athos），西门民德（Simonides）声称取走了其一部分原稿和一份剩余部分的副本。接着又在提审多夫（Tischendorf）的 Sinaitic Codex 的末尾发现了一份《赫马的牧人书》的手抄本。除此以外，还有一份埃塞俄比亚译本。这些发现的价值，是评论家们最争论不休的难题之一，因为这不仅牵涉到对特定词语形式和相似标准的考察，还要联系西门民德和提申多夫[①] 自己生活中的事件，对他们作出的陈述进行调查。但是无论评论界最终结论如何，对普通读者都无甚得失。《赫马的牧人书》所有的希腊文和拉丁文版本都基本一样。尽管的确有许多细小差别，但极少有，或许我们应该说根本没有重要差别。

---

① 19 世纪的经文考据学家，对于圣经古卷的鉴定有很大的贡献。

本译文依据的是以基于西奈抄本（Sinaitic Codex）的，希尔金菲（Hilgenfeld）的译本。

Vat. 意为梵蒂冈（*Vatican*）手抄本，通行的版本或武加大版本通常都出自此手抄本。

Pal. 意为帕拉蒂纳（*Palatine*）手抄本，由德雷塞尔（Dressel）编辑，包括与通行版本差异甚多的拉丁版本。

Lips. 意为 *Leipzig* 手抄本，部分是原稿，部分是副本，由阿索斯的西门尼德写定。安格尔（Anger）和丁多夫（Dindorf）（Lips.，1856）的版本也有使用，引注也参照德雷塞尔所编本中提申多夫的文本。

Sin. 表示西奈（*Sinaitic*）抄本，见德雷塞尔和希尔金菲的注解。

Aeth. 意为埃塞俄比亚的（Aethiopic）版本，由 Antonius D'Abbadie 编辑，带有拉丁译文。（Leipzig，1860）。

以上所提及的不同版本甚至不到总数的十分之一。只有最重要的版本才被注明。

[为了有助于读者的阅读，最后提及 Dr. Donaldson 在《神学评论》（*Theological Review*，伦敦）第 14 卷第 564 页起有一篇详尽的文章，在其中机智地支持了自己关于赫马的观点，并谈到了“穆拉多利残典”。在很关键的一点上，他赞同编者的观点，即认为《牧人书》是一部汇编，源自口头传说或回忆。他认为书中的观点“必定已在当时世界各地的教会中，无数次被口头传播”。]

第一卷　异象

第一篇　抵挡不洁与骄傲的意念及教训赫马对其子女的疏于管教

第一章

抚养我长大成人的那一位把我卖给了罗马的萝达（Rada）女士。[①]多年后我与她重逢，并像姊妹一样地爱着她。随后有一次，我看到她在台伯河里沐浴；我把手递给她，并将她从水里拉上岸。她的绝美使我暗自思忖，“若能得妻如此，必将幸而无憾矣”。这是我当时唯一的念头：别无他求。又过了些时日，当我走在通往乡野的路上，赞美神的奇妙创造，思想造化是多么宏大、美好与强有力之时，我恍然入梦。圣灵将我带走，把我带入一个没有路的地方，一个凡人无法进入之地，因为那是一个岩堆；崎岖不平且环绕着水。越过了这条河后，我来到了一片平原。我于是双膝下跪，开始向神祷告并忏悔我的罪愆。

当我祷告时，天开了，我看到那位我所爱慕者从天上向我致意，且说，

---

① 按此篇开头各本有所不同。梵蒂冈本（Vatican）作：“抚养我长大成人的那一位，将一位年轻女子卖到罗马，多年之后我遇到她并认出了她。”李普斯本（Lips.）亦然；帕尔本（Pal.）有女子的名字萝达（Rada）。在《使徒行传》7：13 中出现过罗大（Rhode）之名。

“你好，赫马！”我举目仰视，说道，“女士，您在这里做什么？”

她答道，“我被带到这里来在神面前谴责你的罪。”

“女士，”我说，“你打算成为我的控告者吗？”

“不，”她说，“但请听我要对你说的话。居所在诸天的，从无中创造，并为了他的‘创造万物’[①]的神，因了你对我所犯的罪而对你发义怒”。

我回答她说：“女士，我对你犯了罪吗？我何曾且如何对你说过什么不得体的话了吗？难道我不总是把你作为一位可敬的女士来想念的吗？难道我不是把你作为一个姊妹来对待的吗？您为何要以这样的邪恶与不洁来诬告我呢？”

她微笑着回答我：“因了你心内引动的邪念。难道这不正是你素来所持的观点吗：一个义人是犯了罪，当邪恶的欲望进入他的内心之际，在这种情况下就算有罪，并且这罪甚大。”她又说：“因为义人的所思所想应合乎义。因为经由思想公义之事，他的品格会在诸天之上得以建造，且他将在凡事上得蒙神的恩待。但人心中诸般使人欢娱的邪念只会将他们带入死亡与囚禁中；特别是那样一些人，即将其情感放在此世上，以其财富夸耀的，不盼望那将来的生命的祝福者。因他们的许多意愿将成为懊悔；因他们没有盼望，而对他们自己与他们的生命绝望。但你务必向神祈求，他必医治你的过犯以及你全家与众圣徒的过犯。”

第二章

她说完这番话后，天门关上了。我被悲痛与恐惧所压倒，自言自语道：“如果这罪是我应得之分，我如何能得救，或者我如何得使神赦免我这极重之罪？我当以何言求神施恩？”

当我正思虑这些事并在脑海中商议之际，只见面前有一张白色的大

① 《以弗所书》3：9—10。

椅子，由洁白的羊毛所做成。只见上来了一个老妇人，拖着件大长袍，手上拿着本书，她径直坐下向我致意：“你好，赫马！”

我涕泪滂沱地对她说：“女士，你好！”

她对我说：“你为何这般沮丧，赫马？你向来不是一直谦谦有礼，笑容可掬的吗？为何如此闷闷不乐？”

我回答她说：“哦，女士，我遭到一个很良善的女子的谴责，她指责我对她犯下了罪。”

他说：“这样的行为对于一个神的仆人来说是不应该的，但也许某种追求她的愿欲从你心中发出。这样的一种愿欲，在作为神的仆人的情况下，导致了罪。因为在一个全然纯洁与已然经过试炼的灵魂里面，追求某种恶行是邪恶与可怕的意愿；尤其是对于赫马更是如此。因他使自己远离恶念，满有各样的单纯，心中没有诡诈。”

第三章

“但神不会为此对你发怒，只要你使你的全家悔改信神，他们已经犯下了得罪神的恶行，且反对你——他们的父亲。虽然你爱你的儿女们，但你没有警诫你的家人，而是允许他们可怕地堕落。因此神对你怀怒，但他会治愈你家里所遭的罪孽。因为，若按照他们的罪与不义，你已经被这个世界之事毁灭了。但现在神的怜悯已经临到你和你的全家，并将坚固你，并在他的荣耀中建立你。切不可轻慢，而要有信心并安慰你的一家。正如一个铁匠用铁锤炼成他想要的样子一般，同样公义的每日话语将战胜所有的邪恶。因此不要停止训诫你的儿子们；因为我知道，如果他们全心悔改，他们将与众圣徒一道被列入生命册上。”

结束了这些话之后，她对我说，“你愿意听我朗读吗？”

我对她说，“女士，我愿意”。

“那么听吧，来聆听神的荣耀。”

于是我听她述说那些惊心动魄的记忆无法存留之事。因为所有这些话语所及是如此可怖，以致常人是无法承受的。而最后一句话我记住了，因为那句话是温和的且于我们有益的。“看，全能的神，通过他不可见的强力与大智创造了这个世界，并以他的荣光用美丽环绕着其造物，以他的大能的话语立定诸天，在诸水上为地设立疆界，按他自己的智慧与旨意建造他所祝福的圣教会，看哪！他移动诸天与山脉，小山与海洋，一切事物在他的选民前变得平坦。他要把所应许的赠予他们，只要他们遵守那凭着信心领受的神的诫命。”

第四章

结束了她的朗读后，她起身离开椅子，有四个年轻人进来把椅子搬到东侧。她唤我进前把手按在我胸口，对我说：“对于我所念的你感到喜乐吗？”我说：“主母，后面那些话让我高兴，但前面的却是残酷而刺耳的。”

于是她对我说：“后面的是为义人说的；前面的则是说给异教徒和叛教者的。”

当她正对我说话时，两个人上前将她抬起来一起来到东边的椅子上。她离开时面带欣喜，并对我说：“像个男人那样行事为人，赫马。”

第二篇　再次论到有关他对其多嘴的妻与好色之子的疏于管教及其自身的疏于警醒

第一章

当我像在前一年的大约同一时间再次去往乡村时，在路上我想起去年的异象。而圣灵这一次又把我带走，把我带到所往的同一个地方。

在即将到达此地前，我跪下来开始向神祷告，称颂他的名，因他认为我配得如此，且使我明白我先前的诸般罪孽。祷告后抬起头，我看到对面有位老妇人，正是去年见到的那位，她一边走一边阅读着一些书卷。

她对我说："你能为神的选民报告这些事吗？"

我说："主母，我怕记不得这么多，但请将这书给我，我可以把它抄录下来。"

"拿着，"她说，"之后你要将它还我。"于是我接过书走到村子的某个地方，开始逐字逐句地抄录，但那些字句的意义我全都不晓得。当我刚刚抄完，这书就悴然从我手中被夺走；而是谁夺走的，我却没能看清。

第二章

十五天后，当我向神禁食祷告了很长时间后，那些字句的意义向我启示显明了。其中所记录的意思是如下这样：

"你的儿女们已经犯下了悖逆神的罪，且亵渎了神[①]，在极大的邪恶中他们背叛了他们的父。他们像自己天父的叛逆者那样行事，而这些悖逆并没有[②]给他们带来益处。甚至现在他们还在为他们的罪再加上贪欲与邪恶的污染，因此他们的恶贯已经满盈了。但你要让你所有的儿女们晓得[③]这些话，也包括你的妻子，她在主内将成为你的姐妹。因她不懂得勒住自己的舌头，却因口舌而犯罪；然而，在听到这些话后，她就当自制，且能获得怜悯。因为在你使他们明白神命我向你宣示的这些警诫后，他们过去的罪便将得以赦免，救恩将临到所有的圣徒，

① 此句梵蒂冈本无。

② "并没有"梵蒂冈本无。

③ "晓得"在此处有"以这些话来责备"之意。梵蒂冈本或作"当悔改之后，你在基督中的姐妹晓得"。

但凡他们全心悔改，不再三心二意的话。天主曾以他的威荣，起誓警告了蒙他拣选的信众，以今日规定的日子为限，若此后再犯罪，万不能再得救恩，因为公义之人，犯罪悔罪的次数，有其尽头，若日期已满，再无悔改的余地。凡属圣者，概无例外，至于外邦之人，尚有悔过自新的余时和机会，直至末日为止。因此，你应告知教会的首领，请他们践行公义的正路，好使他们领受丰富的真福，分享伟大的光荣。你们遵行公义的人应当心志坚定，不可三心二意，为能与众圣天使一路同行，即使那将要来的苦难临到，也坚定不移，不抛弃掉自己的真生命，才是蒙真福之人。因上主已藉着他的圣子起了誓：凡是不认他们的救主者，就将在绝望中失掉生命，因现在这种背弃之行业已意味着在将来的日子不认主。不过，那些从前背主而悔改的人，却因上主极大的慈爱已经得到了宽赦。”

第三章

“但至于你，赫马，不要记念你的孩子所犯的过错，也不要轻看你的姊妹，因他们先前的罪同样可以被洁净。因为他们也将被正确的教导所指引，如果你不记念他们对你所犯的罪。因为记念过犯只会导向死亡。还有你，赫马，已经因为你的家庭的过犯，忍受了极大的苦难，因为你虽然没有和他们一道犯罪，但由于你的疏忽，从而你的软弱也与这罪有份了。但是你仍然可以得救，因为没有背离永活的上帝，并因了你的单纯与极大的自制，如果你站立得稳，这些就能使你得救，并且他们同样将拯救那些如此行事的，并行在正直与单纯之路上的人。那些拥有这诸般美德的人将在抵挡各样的邪恶中逐渐完满与刚强起来。他们将要承受永生。所有按照公义行事的人有福了，因为他们将不致灭亡。现在你要告诉马克西姆：看哪！苦难要来临了。如果表面看起来对你们是好的那些事，仍要弃绝。上主必亲近那些转向他的人，正如伊利达（Eldad）和米达（Modat）所写的那样，他们在旷野里向众民发预言。”[1]

第四章

我的弟兄们啊，接着有个启示临到我，当我睡着时，有个面貌俊秀的青年对我说：“给你书的那位老妇人，你知道是谁吗？”

于是我答道：“女先知。”

“你错了，”他说，“那不是先知”。

“那么她是谁呢？”我问。

他说道：“那是教会。”

我于是问他：“为什么她是个老妇人呢？”

“那是因为，”他告诉我，“她在万有以先就被造，因此她年事已高。且世界也因她的缘故而被造”。

随后，我在我所住的房里见到了一个异象，那个老妇上前来问我，我是否已经把这本书给了众长老。我回答说还没有。于是她说道：“你做得不错，因为我还有未了的话。一旦我讲完了这些话，所有的选民都将借着你而明白，你因此要将之记录成两本书，把一本给克里门斯（Clemens），另一本给格拉普特（Grapte）。克里门斯将把他那本带给外邦，因他已得蒙应允而如此行，而格拉普特将以之劝勉寡妇与孤儿们。但你要在此城中宣读它，与牧养教会的长老们一道。”

---

① 《民数记》11：26：“但有两个人仍在营里，一个名叫伊利达，一个名叫米达。他们本是在那些被录的人中，却没有到会幕那里去。灵停在他们身上，他们就在营里说预言。”

第三篇　论及圣教会的建筑及各样因堕落受罚者的序列

第一章

弟兄们，我所见的异象，其实质是如下的。在屡次禁食，并祈求天主能给我他所应许的通过那位老妪显明的启示之后，那天晚上老妪向我显现并对我说，“既然你如此急切地想要知道一切的事，就到村子的某个地方并在那里等候，大约五个小时之后我会出现，并向你表明一切你将明白的”。

我问她：“主母，我该去往村子里的何处呢？”

她答道：“去你想去的任何地方吧。”于是我选了个合适的地方，在那里歇息。而在此之前当我想开口告诉她我在何地时，她对我说：“无论你想去的地方在何处，我都会来的。”

第二章

“他们所忍受的是什么呢？”我问道。

“听着，”她说，“他们要忍受鞭笞，下监，极重的磨难，十字架，野兽[①]，这些都是为了上帝之名的缘故。为此他们将有份于坐在圣洁宝座的右边，对那些因上帝之名而受苦的其余人则是这样：他们将在宝座的左边，但无论是坐在左边或右边的，恩赐与应许都是一样的；只是那些坐在右边的，将得到某种荣耀。你诚然渴望与他们一同坐在右边，只

① 《希伯来书》11：30，37。

是你的亏欠不少。但你的亏欠将被洁净；所有信而不疑的人将在那日罪得赦免。”

说完这些，她打算离开。这时我俯伏在她脚前，奉主名祈求显明她应许向我显现的异象。她再一次伸出手来扶起我，让我坐在左边的位子上；并举起一个光彩夺目的杖，① 说道，“你看到什么不同寻常之物了吗？”

我说：“主母，我看不到。”

她说：“看哪！难道你看不到对面有一座巨塔，用巨大的方石建造在水面上的？这塔是与她同行的六人建造成正方形的。②但无数的人在往那里搬运石块，有些人从地的深处掘出石块来，另一些将之搬运到六个青年人那里。这六个青年人接过石块而进行建造；那些从地的深处掘出的石块，他们将其砌在巨塔里，就好像那些石块本来就在塔里那样契合：因它们被磨光而彼此契合无间，结合得如此紧密以致找不出其间的缝隙。③ 借着这样的方式，这座塔就如同是用一整块巨石造成的那样。那些从地里取出来的石块，承受着不同的命运；因为青年人所弃置的石块，其中有些被砌进塔内，有些被弃置不用，远远地丢在塔外。还有许多其他的石块，被搁置在塔的四周，而青年人并不用它们来建造，因为它们

---

① 参见《启示录》11：1：“有一根苇子赐给我，当作量度的杖。且有话说，起来，将神的殿，和祭坛，并在殿中礼拜的人，都量一量。”

② 参见《启示录》21：16：“城是四方的，长宽一样。天使用苇子量那城，共有四千里。长宽高都是一样。”

③ 《列王记上》6：7：“建殿是用山中凿成的石头。建殿的时候，锤子、斧子和别样铁器的响声都没有听见。”《彼得前书》2：4—8：“主乃活石。固然是被人所弃的，却是被神所拣选所宝贵的。你们来到主面前，也就像活石，被建造成为灵宫，作圣洁的祭司，藉着耶稣基督奉献神所悦纳的灵祭。因为经上说，看哪，我把所拣选所宝贵的房角石，安放在锡安。信靠他的人，必不至于羞愧。所以他在你们信的人就为宝贵，在那不信的人有话说，匠人所弃的石头，已作了房角的头块石头。又说，作了绊脚的石头，跌人的磐石。他们既不顺从，就在道理上绊跌。（或作他们绊跌都因不顺从道理）他们这样绊跌也是预定的。”使徒在此解释他自己的名字——以显明基督即是那个磐石，他自己是安放在根基上的磐石。藉此所有的信徒也成为活石，就像最初的矶法（Cephas，即彼得）那样。

中间有些太过粗糙，有些里头有裂缝，有些则太小[①]，还有些虽是纯白的圆石，但不适合砌入塔身。此外，我又看到那些被远远地弃置的石块落在了大路上，却也不能留置在路上，而是又滚进了无路之处。我又看见另外有些堕入火坑而焚烧，还有些落在紧挨水边之地，却不能进入水中，虽然它们渴望滚入水中。”

第三章

为我显明了这些异象后，老妇想要离开。我问她道：“如果我不能明白这里面的意义，即使看过了这些又有何益处呢？”

她答道：“你真是个聪明人，想知道与这塔有关的一切事吗？”

“哦，主母，是这样”，我说，“这样我也好去告诉我的弟兄们，听完了这些之后，他们就会在极大的荣耀中认识主了”。[②]

于是她说道：“确乎会有许多人将要听到，并从起先便一直在听着，一些人将要喜乐而另一些将要哀哭，但即使是那些将要哀哭的，如果他们听到了而悔改也将变得喜乐。现在就听着，我将向你显明这座塔的寓意，不要再为此而搅扰我：因这些启示都有个结局且已经完成，但你不可停止祷告以得到启示，因你仍有可羞之处。[③]你眼前的和曾向你显现过的塔便是我本人：教会。只要是与这座塔有关的问题，你都可以问我，我将向你显明这一切，你便可以同众圣徒一道喜乐了”。

我于是问她道：“主母！这一次若蒙不弃卑陋，允准启示一切奥秘，就请多多开示吧！”

---

① “有些则太小”，此句不见于梵蒂冈本。

② 此句一本作：“那样他们就会更加喜乐，且听了这些之后，他们便会大大地荣耀主。”——梵蒂冈本。

③ 参见《哥林多后书》12：1—11；使徒保罗羞愧于得见在启示中的荣耀，似可作为理解此处之参考。

她劝慰我说："凡应得启示的都会得启示。唯一紧要的是，你的心应当归向上主，对于所见的一切，都不要怀疑才是。"

我于是首先提出了这么一个问题："主母！请问，为什么那座塔建筑在水面上？"

她答说："我已经对你说过，你是好问的人，而求问者必得见真理。[①]请听我说那座塔在水面上的理由是因为你们的生命需要水来维持，现在需要水，将来还需要水。塔的根基立定在全能者名号光荣的言语上，依靠着主宰者无形大能的支持。"

第四章

我回答她说："这一切真是大哉奇妙，但这六个建造塔的青年人是谁呢？"

她说："他们是主的圣天使，他们是首先受造的，是主把他一切的造物交给他们，以便他们能够养育与建造，并治理这一切的造物。正是靠着他们，这座塔才得以完工。"

"那么另外那些在搬这石块的人又是谁呢？"

"那些也是主的圣天使，只是前六位比他们更优秀。塔将被建成。众天使都将在塔的周围欢呼喜乐，他们将荣耀上帝，因为这塔成了。"

我又问她："主母，我想知道是什么变成了这些石块，而这种种不同的石头意味着什么呢？"

她回答我说："这启示要向你显明，并非因为你比别人更配得——因为有人在你之先比你更良善，这些异象本当向他们显明——但神的名将被荣耀。因着这个启示将显明在那些为了寻思这些事是否将成就而仍

① 译者按：此处作者暗用《马太福音》7：7—8："你们祈求，就给你们；寻找，就寻见；叩门，就给你们开门。因为凡祈求的，就得着；寻找的，就寻见；叩门的，就给他开门。"并见《路加福音》11：9—10。

在疑惑的人中间。因此给你这启示，你要去告诉他们这一切的事都是确实的，没有一样是在真理之外。它们真真切切地建造在一个稳固的根基上。”

第五章

“现在且听我告诉你那些在塔中的石头是怎么回事。那些方方正正的白石彼此契合无间，他们便是使徒、主教、教师和执事，他们都活在神的圣洁当中，行事为人都以神所拣选的使徒、主教、教师和执事相称。他们中有些已经睡了，有些还活在世上。[①]他们一直是彼此顺服，在他们当中有平安，[②]且彼此虚心聆听。藉着这些他们全然与塔合为一体。”

“但那些从深渊处被挖掘出来，并继先前那些方石而被砌进塔身的石头又是些什么人呢？”

“他们是那些为了主的缘故而受逼迫的。”[③]

“但我还想知道，那从旱地运来的石头指的是哪些人呢？”

“那些不需琢磨抛光直接垒至塔上去的石头，是遵行吾主的正直道路，遵守他的诫命，受了他嘉许褒奖的人士。”

“那些运过来后要经由琢磨抛光之后，才能垒建在塔上的那些石头又是什么人物呢？”

“他们是在信心上还处在幼年的信士。他们需要众天使的劝导，学习良善的生活，直到他们全然毫无瑕疵才被建造使用。”

“那么，主母，我还愿意知道，那些被剔出而抛到一边的石头又是

---

① 参见《哥林多前书》15：6：“后来一时显给五百多弟兄看，其中一大半到如今还在，却也有已经睡了的。”《哥林多前书》15：18：“就是在基督里睡了的人也灭亡了。”

② 《腓立比书》2：2, 3;《帖撒罗尼迦前书》5：13。

③ 梵蒂冈本此句作：“他们是那些已经睡了的，他们曾为了主的缘故而受逼迫。”

哪些人呢？”[1]

她说：“他们是些犯了罪但愿意悔改的人们，他们被放到离塔不算太远的地方，在其悔改以后，还能为建塔所用。并且切实悔改之后，他们的信心就能得以加倍坚强，但须在建塔的时期之内及时悔悟。一旦塔建成之后，就没有悔悟的余地了，只有被抛掉弃绝。[2]况且，这些特权，只限于目前被搁置在塔的近旁那些石头。”

第六章

“至于那些被切除下来而搬出塔外并被远远弃置的石块，你想知道他们是谁吗？他们是不义之子，且他们相信伪善，故此邪恶没有脱离他们。因了这些原因，他们未能得救，既然因了他们的不义，他们不能被用于建造，于是他们由此在主的愤怒下被切除且被抛弃，因为他们惹动了他的义怒。但我将向你解释你所看到的另外那些被大量闲置而未被砌入塔内的石头。那些粗糙者是已经认识到真理却又不能持守者，从而也未能与圣徒同列，[3]因此他们不能合用。”

“那些有裂缝的又是何等人呢？”

“他们是些彼此心思相同却又不能和谐共事者：他们在彼此当面时确乎一团和气，但一旦两下分开时，他们的恶念却仍旧存留于他们的心中。而这便是石块间的裂缝。那些变小的是那确实有信仰者，分有较大的公义；但他们仍在相当程度上与不义有份，因此他们变小了而不能完全。”

“但那些白且圆的却仍不适合砌入塔内的石块，又是怎么回事呢？”

她答道：“你不住地问这种种问题又不能明白，这样的愚顽不化还

---

① 梵蒂冈本此句作：“那些被剔出而搁置于塔边上的石头又是哪些人呢？”

② 《希伯来书》6：6—8，7：17。

③ 《希伯来书》10：25：“你们不可停止聚会，好像那些停止惯了的人，倒要彼此劝勉，既知道（原文作看见）那日子临近，就更当如此。”

要多久呢？那些是确乎有信仰者，但他们同时拥有世上的财富。因此，当苦难来临时，因了他们的财富与产业，他们弃绝了上主。”①

我接着问道：“那么，他们什么时候才能为这座塔派上用场？”

她答道：“当那原先引诱他们的财富已然被他们弃绝，那时他们就会成为神合用的。② 因为作为一个圆滚滚的石头是不能变成方方正正的，除非多余的部分被切除并被抛弃；那些在此世积财者也不能为主所使用，除非他们抛弃了财富。先从你自身学习这个功课吧。当你富足之时，你不能为主所用，因你仅仅是合用于此世的生命。让你成为合神所用的吧；因你也将成为这些石头中的一个而被使用。”③

第七章

“再来看哪，你先前所见的从塔中被远远抛出，从大路上跌落进歧途的石头，他们是确乎信神，但在疑惑后放弃了真道者。他们误以为可以发现一条更好的道路，但因了他们的游移不定而变得卑鄙，从而走入了歧途。至于那些落入火坑而被焚烧者，是那些永远离弃了永活的上帝者④，已无望悔改，悔改之念也从未进入他们的内心。其余一些石头掉到了水的近旁，未能落入水中。想知道他们都是些什么人物吗？他们就是那些听信了福音的真道，愿意领受洗礼，归属于吾主名下者。不幸的是他们转念一想，真理的纯洁严正难当，从而改变了心思，又返回到纵情恣欲的罪恶之路去了。”

至此，老妇结束了她关于塔的讲解。我却不顾害羞地向她追问：“那

---

① 《马太福音》8：21。

② 参见《路加福音》11：41：“只要把里面的施舍给人，凡物于你们就都洁净了。”

③ 梵蒂冈本无“而被使用”这几个字。

④ 《希伯来书》3：12：“弟兄们，你们要谨慎，免得你们中间，或有人存着不信的恶心，把永生神离弃了。”《希伯来书》6：8：“若长荆棘和蒺藜，必被废弃，近于咒诅，结局就是焚烧。”

些不合建塔之用而被抛弃的石头，还有没有悔改而重回塔中的指望？”

“若他们果真悔改，”她说，“还是可能的，但在这塔内他们怕是找不到一个合适的位置了，但他们或可被放置在远为卑微之处。为此需要等到他们饱尝痛苦，完全偿足了他们的罪债以后才有可能。他们值得移用的理由是因为他们受过了公义的教训。他们如愿接受移用，脱离现在的痛苦，必须诚心痛悔所犯的罪，否则若硬着心，无意回转，便会失去得救的指望了”。

第八章

当我暂停提问时，老妇却说：“你愿意看一些别的景物吗？”我因极愿观看神界的景物，一听尚能多看一些，欢喜至极。妇人讶然注视着我，面带笑容，对我说：“你看见了围着塔的那七位女子吗？”

我说：“是的！主母！我看见了！”

老妇说：“依照吾主的命令，这座塔是由这些女子扶持支撑的。请听她们所具有的力量。第一位膀臂坚强者名为信心，天主呼召的信众是靠着她领受救恩。第二位，约束腰身，英姿矫健，名为节制之德，她由信心而生，因坚信将得永生，弃绝私欲，远离诸罪。追随节制之德的人是有真福的人。”

“主母！其余的那几位又都是何等人？”

“都是诸代递嬗的女儿和孙女。她们的名字依次称为：单纯，知识，无瑕，端正，爱德，你若践行了一切她们的祖母所行的圣德[①]，就能得享永生。”

“哦，主母，我想知道她们各自都拥有何等大能？”

“她们的德行相连相贯，相生相随，信心生节制之德，节制之德生

① 按：“祖母”即前述的信心。

单纯，单纯生无瑕，无瑕生端正，端正生知识，知识生爱德。这些德行的果效都是纯洁端正而神圣的。践行这些德行，恒心不怠，始能与天主的众圣徒同居塔中。”

当我问她“诸事成就的时期”是否现已到来时，她纵声大笑道：“愚顽的人哪！岂不见这座塔尚在修建吗？建塔的工程完毕的时候就是一切终了的时候了。但这工程马上就要竣工。所以你现在不可再问我任何问题了。只应和众圣者一道欢欣，为了我对你说明的一切，并因我更新了你的灵而欢喜。记着不单是为了你自己，而且是为了他们，我向你显明上述的启示。因三天之后，赫马，这你要留心记得，我命你在三天以后将下面这些话传告给众圣者的耳中，劝他们切实遵行，洗净罪污，你自己和他们也都要同样去行。”

第九章

“儿女们！留心听我的话！我因上主的仁慈教养了你们，上主普施公义的雨露灌溉了你们，引导了你们戒止罪恶，远避邪曲，精修公义和圣德。我教训你们修行单纯、正直、敬虔等诸般美德。然而你们仍不愿停止你们的罪恶。现在，你们应听从我的劝告，彼此间恢复和好，增进亲睦，在心意上，互相关怀，在生活上，互相帮助。分取天主所造的物品，不可一人独取过多，倒要多多地分给缺乏的人们。富足者，饮食无度，过饱成疾，伤害身体；贫穷者，饮食不足，饥饿病弱，朝不保夕。在日用上，贫者富者，缺乏一体相恤的互助，富者不肯施给贫者，自身反受疾病。你们应警醒，审判之日就要来临了。富者应寻求贫者，（多多施舍），不要拖延到修塔完毕之后，到那时，你们即使愿意行善也得不着机会了。你们且要留心！切勿逞强斗富，作威作福，不可一世，加深贫穷者的伤痛。

上主俯察他们的悲叹，要把你们和你们的财富一同关闭在塔门之外了。所以，我现在向教会的长老及‘居高位的’诸君提出劝告，劝你们不要效法卖药谋利的商家，他们在盒子里带着毒药。你们如果把毒药带在心里，你们就变得心硬了。你们如果顽固不化，不洗净你们的心灵，不本着洁净的心灵在心意上大家连合如一，你们就没有希望得到至高主宰的慈恩了。儿女们！你们要留神防备，切勿使你们彼此间的分裂招致你们的丧亡。为此，你们要互相规劝，同守纪律，和平相处，好使我能站在天父面前，欢欢喜喜地为你们交账。”

第十章

老妇同我谈话完毕，六位建塔的男子前来将老妇接回塔中，还有别的四位抬起了长凳，也搬到塔上去了。我尚未看清他们的面容，他们便转身退下了。当老妇动身要走的时候，我连忙求她启示她向我先后呈现的三个不同的容貌。她回答说：“你应另请高明，为你解释这诸般的事。”

弟兄们哪！我去年第一次异象见她时，她坐在交椅上，面容苍老至极。第二次异象，却见她面容年轻，只是身体发肤还显着苍老的形象，面带喜色站立着和我谈话，和上次不同。第三次异象，只见她端坐凳上，浑身呈现出年青的气象，满面笑容，异常美丽，只是头发仍是苍白。我极其纳闷，切愿明了这些异象里面蕴含的深意。

一天夜里，我梦见老妇对我说：“一切祈求都需要谦卑。你如禁食祈求吾主，就能得到所祈求的恩典。”于是我有一天终日禁食祷告，当夜一位少年发现给我说：“你为何总是不停地祈求奥秘的启示呢？你可要当心，免得祈求过多伤害了你的身体。你得的神示已经够多了。莫非你还能忍受比从前那些异象更强烈的启示吗？”

我说：“夫子，我只求解明老妇那三个容貌的奥义，以使我从她所得的启示完满无缺。”他回答我说：“先生，你愚顽不化，要到几时呢？①三心二意，犹豫不决，不专心追求上主是你愚顽的原因。”

我央求他说：“但是，夫子，借着你，我便能从这些奥秘得到更明了的知识。”

第十一章

他说：“为了满足你的要求，请听我的讲解。第一次异象时，她为何面容苍老坐在交椅上？那是为了象征你们的灵衰老萎靡，犹疑不定，宛如人的年纪衰老，失掉了更新的指望，坐以待毙；同样你们沉溺于世俗的纷扰之中，自暴自弃，而不愿将一切的忧虑，全然交托于上主。②因此你们的心智支离破碎，因世上的思虑而衰老。”

我问：“夫子，敢问她为什么坐在交椅上？”

他说：“因为当人衰老，体格柔弱，需要坐在椅上，才有依靠，这就是第一次异象的寓意。”

第十二章

“第二次异象，你见她身体挺立，面容年少，喜气洋洋，和上次不同，只有体肤头发仍显苍老。请听这个譬喻吧，任何人在年老时，身体衰弱，精神萎靡，别无希望，只等待生命的末日到来；但是此刻，忽然他听到有一个好消息，便跃然而起，精神为之一振，不再僵卧，不但身体直立，

① 《马太福音》17：17;《路加福音》24：25。

② 《彼得前书》5：7：“你们要将一切的忧虑卸给神，因为他顾念你们。”

而且神灵也焕然一新；一向劳苦衰败的景象全然改变，同样，她便不再躺坐在交椅上，而是精神抖擞，不亚于强勇的少壮。你们的生命的更新，也与这样的老年人同样。请听，这就是我们的上主（借老妪第二次显现的容貌）启示给你们的奥秘。上主满怀慈柔，爱怜你们，使你们的神灵返老还童，你们抛弃了昔日的病弱，恢复了气力，增强信心，上主见此，心中喜悦，由此显示给你们建塔的工程。你们如能彼此和睦平等相处，全心亲睦，他将来还要显示许多别的异象。”

第十三章

“第三次异象，你看见她，年轻美丽，周身洋溢喜乐与尊贵。这是因为，一个人在悲哀中得到好消息，立刻就忘了先前的愁苦，而只愿探听那好消息的详情。听清以后，力量增强，行善的志气振作起来，喜乐满怀，心意为之更新。同样，你们也因欣赏了这些美好，你们的心灵也就更新了。你又见到她坐在高位的椅上，椅子象征宝座的稳定，凳子有四只脚，故能坚定不摇，宇宙也是依靠四种元素而长存。痛悔往罪的人，完全自新，志向坚定，固如磐石，唯应全心悔改。现在你领受的启示已经完全，从今以后，不可再要求什么启示了，凡是所应启示的，都会启示给你的。”

第四篇　关于即将临到众人的审判与苦难

第一章

弟兄们，继前次异象二十天后，我又见到了另一个异象——那是苦难要来临的征兆。我沿着卡帕呢安（Campanian）大道向着一个村舍走去。

当时那座房子距大陆有十弗隆（furlongs）[1]远。这一地带人迹罕见。我独自走着，并向神祷告，祈求他向我显明那已经通过他的圣教会而给予我的启示。以便他可以增强我的信心。并让他所有偏离正道的仆人能得以悔改，并因了他赐予我得见他辉煌的作为而使他那大而尊荣的名能得以荣耀。当我称颂并感谢他的时候，一个熟悉的声音对我说："赫马，不要怀疑。"

于是我开始暗自思想，说："我有什么理由怀疑呢？——我这被神所建造的，并曾看到如此荣耀的景象的人哪？"

我又略略往前行走了一段，看啊，弟兄们，我看到尘埃在向天际飞升。我开始自言自语，"是有牛群在奔跑而掀起了尘埃吧？"那景象离我大约有一弗隆远。再看啊！只见那尘埃升的越来越高，以至我猜想那是上帝派遣来的某样东西。这时日光渐渐透射出来，看哪，我看到一个像鲸鱼那样的一个庞然巨兽，从它的嘴里飞出凶猛的蝗虫。这只巨兽约有一百英尺大，它的脑袋像一个瓮。我哭了起来，并呼求神来拯救我。这时我想起了前面听到的话，"赫马，不要疑惑"。

我的弟兄们。因了在主里面的信息，我回忆起主曾教导我的大使命，我勇敢地面向巨兽。那巨兽气势汹汹而来，仿佛它能毁灭一座城市。我迎面走去，只见那巨兽便在地上伸展开来，展示出它的整个舌头，直到我走过之前它都不声不响。这时可见它的头上有四种颜色——黑色、火红色、金色和白色。

第二章

在我踏上这只野兽之后，向前走了大约三十英尺，只见一位盛装少女向我走来，她仿佛是刚经过一场婚礼的新娘，浑身洁白，披着白色的

① 长度单位。

面纱，裹着素巾并穿着素履，还有着一袭白发。我从前面的异象得知它便是教会，我更加高兴起来，她向我致意说:“你好，先生！”我回礼说:“女士，你好！”她向我问道：“你在路上有没有碰到什么挡路的？”

我回答说：“我遭遇了一个硕大无比的，能伤害许多人性命的巨兽，但借着神的大能和他的怜悯我脱离了。”

她说:“你能脱离这个凶恶是好的，因你定睛于神，你的心向神敞开，并坚信除了神的圣名之外别无拯救。[①] 因此，神差遣它的天使制服巨兽，这个巨兽的名字叫赦格立（Thegri），天使扼住了它的口，从而它就不能伤害你，[②] 因你的信心你脱离了极大的患难，因你在这样的巨兽面前并不疑惑，因此起来！告诉神的选民他奇妙的作为，并告诉他们这巨兽是即将来临的患难的预表。如果那时你做好预备，全心悔改转向神，如果你的心是纯洁无瑕的，并将你的余生都无可指摘地用来侍奉神，你就能脱离这患难。将你的重担卸给主，他必将指引你们。[③] 信靠主，你这疑惑的人哪，他是全能的，能将他的义怒从你身上挪去，并能降灾祸于不信者。那些听到这些话而藐视的人有祸了：如果他们没有出生还好些。[④]”

第三章

于是我问她猛兽头上的四种颜色寓意为何。

她回答道：“看来这些问题又引出你的好奇心了。”

---

① 《使徒行传》4：12：“除他以外，别无拯救。因为在天下人间，没有赐下别的名，我们可以靠着得救。”

② 《但以理书》6：22：“我的神差遣使者，封住狮子的口，叫狮子不伤我。因我在神面前无辜，我在王面前也没有行过亏损的事。”

③ 《诗篇》55：22：“你要把你的重担卸给耶和华，他必抚养你，他永不叫义人动摇。”

④ 《帖撒罗尼迦前书》5：20：“不要藐视先知的讲论。”又《马太福音》26：24：“那人不生在世上倒好。”

我说："确实如此！请主母讲解一下，那些颜色有什么意义？"

于是她说："请听我给你讲解，黑色指的是你们现今居住的这个世界。如血似火的红色预示这个世界要因血流、火烧而毁灭。金黄色象征你们逃脱此世的众人。黄金受了火炼，炼净渣滓才能合用，你们生在这个世界上，也要受火的试炼。因此那些坚定不移者，将被投入火中而净化，因为心灵经过试炼，便去除了诸般苦痛忧伤，正如金子经过冶炼而去除渣滓，才能为建塔所用。白色那一部分，则象征着将来的世代，上主拣选的众人将安居于其间，因蒙主拣选同享永生的他们，本是纯净洁白。你要不住地将这些话传入众圣徒的耳中。那么，关于未来患难的预兆，你便全晓得了。如果你有信心盼望，这些患难就不算什么。你要牢记不忘上面所说的一切。"说完她便消失了踪影，我却没有看清她去往何处。因为传来阵阵喧嚣声，我想是猛兽前来了，于是便转身仓促离开了。

第五篇 关于诫命①

我正在家中端坐于床上祷告，只见一人走入室内，相貌庄严，穿着牧人装束，身披白皮袄，肩背皮包，手执牧杖，向我施礼问安，我也回礼问候。他径直过来，坐在我的身边对我说："至圣的天使差我前来，与你同住，伴你度过此生的余年。"

我猜疑他或许是来诱惑我的那一位，于是问他道："你是谁？我不认得你。"

他说："你不认得我吗？"

我答道："我不认识你！"

他说："我就是上主将你交托于我守护的牧者。"

---

① 按本篇依文义应属下文第二卷《诫命》，作为其序言。

话音方落，他的面容陡然改变了。我认出了他果然是上主托付来照护我的那一位，我立刻心神震惊，浑身战栗，不胜忧惧，懊悔适才我问他话时的失礼和无知。

他却对我说："你心中不必惊慌，务要坚定，聆听我以下将授给你的诫命，我此番奉差而来，本是为了重新详加解释你先前所见的异象，我将指出其中尤为重要的一些事项，你首先应做的是记下我的诫命和寓言，然后记下其他事项。因此，我命你，先用笔记下诫命和寓言，以便你能读得明白并能照此遵行。"①

我于是依照次序记下了他口授的所有诫命和寓言。聆听这些诫命和寓言的人，如果默记于心，遵行不悖，便能领受上主应许的真福。但若聆听之后，如果仍不知悔悟自新，就反而罪上加罪，必将受到上主相应的严惩。这位牧者，或更确切地说，这位劝悔天使，命我笔录的一切如下。②

---

① 此处他本或有：并能持守这些诫命。

② 或作"命令我记下"。

第二卷　诫命十二篇

第一篇　信靠上主

他对我说："首先，[①] 你应信上主是独一的，从无中创生万物，且立定万物，一切全由上主造成。上主包容万有，万有却不能包容上主。因此，你应信靠上主，敬畏上主，谨慎自守，持守心意，遵守主诫，若能唯以遵守主诫为要，你必能弃绝恶行，且倚靠全备的勇气与公义，为上主而活。"

第二篇　远避恶言，素常施济

他又对我说："你应朴实正直，纯洁天真，有如赤子。须知初生的

---

① 此处的首段话曾为爱任纽引用，见本编的卷 10，第 488 页。注意此书书卷以信仰的基本信条开始，这是赫马随处可见的对神子的信仰的特征。（如《异象》第二部分第二章之首）圣灵也在这部作品中随处可见。但细心的学者将发现在处理这一主题上作者的审慎考虑。悔改与认信以及神对孟他努派教徒 (montanist) 的恒久忍耐是此书重要的主题。但作者从指示神的神性与律法开始。他是从针对律法与福音的方面来看待罪的：一步一步地展开其道路，在《寓言第八》中他达到了这一点，在此他引入了新律法，事实上是以旧法来确证的，但以神子的福音扩展之。作者并且避免用其人性的名字，而是以"神子"来强调这一点，其灵性意旨符合《约翰福音》（首章）与《希伯来书》（首章）。似乎他唯恐信徒在言说耶稣或基督时，因习惯而未能意识到他的永恒的大能与元首的属性。——英译者注

婴孩是不晓得有损于成人生命之诸般邪恶的。且务要勒紧口舌，勿以恶言伤人，不可说话毁谤人，也不可容毁谤的言论入耳。一旦听信毁谤即等于有分于毁谤之罪，两罪相等，皆为得罪弟兄。[①]毁谤之罪，犹如兴风作浪之恶魔，魔鬼惟以作乱为务，挑拨是非，总不肯片刻止息。你应严加防范，远离魔诱，总要以和平待众人。务要披戴远离恶念的圣洁之德，行于平坦喜乐之正道，免得失足而跌倒。务必操行良善的职业，劳作的收获都是上主的恩赐，故应豪爽施舍，以济困乏，不可稍有疑虑。上主的美意要我们尽施所得恩赐以利众人。因此，我们周济穷困，不必分何人应施与否，而应一律慷慨施予。至于领受施舍的人，是出于何因，有何目的，都应向上主交代清楚，若是果真出于困窘而接受施舍者，便不禁止；否则，若伪装贫乏以中饱私囊，必受重罚，但乐善好施者总是无罪的，他从上主手中领受的诫命是尽心施予，施予是他应尽的本分，施舍之时，并不必犹豫所施者应不应得施舍，一律慷慨施予：这样用单纯的心尽力施予，在上主面前必有荣耀。像这样以单纯之心经营的人乃是为上主而活。[②]你应按我的讲授遵守这些诫命，好使你及你全家，定意忏悔，痛改前非，也使你的心灵‘清洁没有玷污’。[③]”

第三篇　论远避谎言及赫马对其伪善的忏悔

继而他对我说：“你应爱慕真理，唯有关乎真理者方可开口讲论。[④]

---

① 《雅各书》4：11：“弟兄们，你们不可彼此批评。人若批评弟兄，论断弟兄，就是批评律法，论断律法。你若论断律法，就不是遵行律法，乃是判断人的。”

② 《罗马书》12：8。

③ 《雅各书》1：27。

④ 《以弗所书》4：25，29。

目的是使众人真正看到上主寄存在你身内的天使是真理的天使，并由此赞扬活在你心内的上主，上主说的话句句是真理，丝毫不含欺诈。欺诈的人，得罪上主，欺诈上主，不按时向上主给予他们生息的存款交账（葡萄园）。上主在人里头储蓄的是真实不虚的灵，[①]诡诈的人向他回报的却是虚假不实的天使，玷污了主命的圣洁，自己作了欺诈诳骗的罪人。

我听了这些话，不禁号啕大哭起来，他见我如此哀恸，问道："你为何如此痛哭？"

我答说："夫子！请试想，我怎么还能得救？"

他问："这话是从何说起？"

我答说："夫子！我这一辈子，从来没有说过一句实话，不论对于谁都常常是谎言连篇的，众人都蒙受了我的欺骗，信以为真，却没有人怀疑我。我的品行如此，哪里还有得救的指望？"

他答道："如此看来，你的心意尚诚实，尚有望合乎真理，就是你承认侍奉上主的人应当依照真理行事，不可容许获罪的良心和真理的天使同住心中，不可给真理与圣德的天使加添忧愁。"[②]

我不禁脱口道："我从来没听过这样明白的真理！"

他说："现在你既听到了，便应遵行真理，好使你从前在种种行事上发出的虚言化为真实可信的，你现在的话若合乎真理，你从前的话也就可以算数了，因为有一些夸大的虚数，转变成实在并非是全然不可能的。因此，你还有可能挽回你的生命。凡听从这条诫命，并戒绝虚谎之罪的，那人就可为上主而活。"

---

① 此处指的是七样圣灵的礼物，尤其是"真实的敬神"，暗指才干的比喻，见《马太福音》25：15 以下："按着各人的才干，给他们银子。一个给了五千，一个给了二千，一个给了一千。就往外国去了。"并参见《约翰一书》2：20—27："我写信给你们，不是因你们不知道真理，正是因你们知道，并且知道没有虚谎是从真理出来的……"

② 梵蒂冈本"天使"前有"上主的"，参《约翰一书》3：19—21，《以弗所书》4：30。

第四篇 论以淫乱之故休妻

第一章

“我严命你谨守圣洁之德，心中不可贪恋别人的妻子，不可对未婚者起淫念，也不要贪恋任何此类的罪恶，淫念乃是重大的罪过。为了常能远避犯罪，不若心中常以自己的妻子为念。邪念一入[①]，罪恶便萌，一有所动，罪行已成，故侍奉上主之人，皆以恶念为重罪，罪行必生恶果，咎亡皆人自取。因此，你应留心，切要防备恶念，圣德与罪恶，两不相容，公义之心岂容非礼之念！”

我问他说：“夫子！请允许我问你几个问题！”

他说：“请说吧！”

我就问说:“夫子！设若信主的妻子犯了邪淫，丈夫仍和她共同生活，是否算是有罪？”

他答说：“丈夫不知道她犯罪，而与她同住，则不算有罪。但若丈夫知道她犯罪，她又不思忏悔，反而耽于淫乐，此时丈夫仍旧和她同住，便不再与她的罪无关，而与她邪淫的罪有分了。”

我又问道:“假若妻子放纵淫欲，不思悔改，丈夫该如何对待她呢？”

他答说：“丈夫就应该远离她！自己独身生活，不可另娶，休妻另娶便等于犯奸淫。”[②]

我接着追问说:“假若妻子被休后，深悔前非，愿意和丈夫恢复旧好，丈夫可以拒绝她吗？”

---

① 《马太福音》5：28，并参见《寓言第九》第 2 章。

② 《马太福音》5：32，19：9。

他答说："在此种情形下，丈夫不可拒绝，拒绝便是犯罪，并要担负重大的罪债。罪人悔改，不可拒绝，但次数不可重复过多，事主忠诚，一次悔改，不可复犯。她既有悔改的希望，丈夫就不必另娶，妻子对于丈夫也有同样的责任。不但玷污自己的身体是犯邪淫，与不信之人奸淫也是犯邪淫。如任何人习惯邪淫，① 不思悔改，你就应离开她，拒绝和她共同生活。否则，你就和她同罪了。上主命你们妻子或丈夫分离后，各自独身生活的理由是因为这样的罪人有悔改的可能。"但是，他又说，"我的这些解答不是教人找借口去犯罪，而是为了劝犯罪的人不要再犯罪，关于已往的罪有'大能者'去救治，② 这位大能者乃是有能力掌管万物者"。

第二章

我又问他说："夫子！既蒙不弃卑贱，上主差你与我同住，就请允许我再多问一些问题。因为我不懂真理，为了前愆往罪，我的心硬如铁，愚蒙之至，丝毫不能通达真理，你能否使我晓悟真理？"

他答说："我的职分专是掌管忏悔的事项，凡是忏悔的人，我都引导他们领悟奥义。"接着他说，"忏悔的本身就是高深的奥义的彻悟，人犯罪作恶常有上主监临，所犯之罪既无处隐藏，高升心际，昭昭目前，使人悔恨自悟，誓不再犯。由此立志行善，诚心认罪，痛心折节，自愿受尽苦刑，以赎已罪。总之，知过则悔，罪必当刑，这一切都是奥义，凡是罪人都明白这些，因此你要明白，忏悔的本身就是彻悟高深的奥义，岂不昭然可见！"

我说："夫子！既然如此，我愿明白一切问题，尤其是，我是一个罪人，过犯种类之多数不胜数，敢问我应践习什么德行，才能得到救恩呢？"

---

① "任何人"，梵蒂冈本作"她"，《帖撒罗尼迦后书》3：14;《约翰二书》第 2 章。

② 《帖撒罗尼迦后书》3：14。

他回答我说:“事事应守我的诫命,[1]你便能保守你的性命。凡是聆听这些诫命信守的人，都是为上主而活。”

第三章

我说:“夫子！我可否再问一些问题？”

他说:“但说无妨。”

我就问说:“夫子，我常听一些教师讲道说：除了通过洗礼赦去诸罪之外，我们别无悔改自新的门路。”

他对我说:“你所闻不虚，我所见亦如是，罪既得赦之人，不应再犯罪过，惟应以纯洁自守。你既追问不已，愿究明一切，因此我便也将这一点明示于你。我的用意不是教将信主或已信主之众人有借口继续犯罪。这样的人实已无再悔改（而行洗礼圣事）的余地了，他们只能得到他们以往所犯诸罪的赦免。在此前有许多人蒙受了上主的拣选，上主为他们设立了悔改的圣事。上主洞明人心，预知未来一切，晓得魔鬼诡计多端，制造罪恶，陷害侍主之人，人类软弱，难免中伤。上主本性仁慈，怜悯自己创造的人类，设立了这件悔罪的圣事，并把掌管这件圣事的权柄授给了我。但我告诉你，在上主那次伟大的神圣的拣选完毕以后，再有人误中魔诱自陷罪恶,[2]他们谁能悔过自新，但是只限一次。否则，悔罪后，立刻重犯，犯后再悔，恐难有益，这样的人是难以得救的。”

我对他说:“我听了你这样明晰的讲解，可以出死入生了，我晓得人若不再犯罪，就可以得救了。”

他说:“你若按此而行，便可以得救，凡是照此而行的人皆有得救的盼望。”

---

① 《马太福音》19：17。

② 《希伯来书》10：26—27，12：16—17；《约翰一书》3：9。

第四章

我又提出一个问题道："夫子！你即有如此耐心，烦请再为我解答一大困惑。"

他说："请说你的问题吧。"

我于是问道："夫子！如果妻子或丈夫一方已逝，另一方再婚，算不算犯罪？"

他答说："不算犯罪！虽则不再婚而持守独身生活，在上主座前更高尚而有荣耀，然再婚并非犯罪。[①]保守贞洁和圣德而生活是为上主而活。凡我现在和将来告诉你的一切，你从现在应始终全部遵守；就是说从你被托付给我的今天开始，我也就居住在你家中。你如果遵守我的诫命，你以往的诸罪就要得到赦免。凡是遵守我的这些诫命，本着这样的圣洁之德修身处世的人，都要得到宽赦。"

第五篇　论忍耐之德

第一章

他说："务要修养忍耐之德及属灵的智慧，如此，你便能制止一切恶劣的行为，并建立公义的功绩。你有忍耐之德，便可持守你天使的纯洁和光明，而不至被其他邪灵的黑暗所遮蔽。你的天使居住在你里面，如同居住宽广的宫室，舒服愉快，享受安居的福乐，同时欢天喜地的侍奉上主，心满意足真福丰裕。否则，一旦有任何失去忍耐的愤怒侵入你的心内，柔弱的圣灵，立刻便会受到压迫，圣殿化为污秽，无洁净之地

① 参见《哥林多前书》7：39；《罗马书》7：3。

以自容，为求及早远避。因为受了邪灵愤怒的窒息，便无余地能随心如意地敬拜服侍上主，处处弥漫了污秽的气烟。上主以忍耐之德为宫室，魔鬼以愤怒为巢穴，[①]忍耐之德的天使和愤怒的天使不能同住在一人心中。二神同住，对于那个人，既不合宜，又有危害，[②]试取极小一滴的苦艾精洒入一罐蜂蜜中，艾精虽小，蜂蜜虽多，不能相抵，全罐的蜂蜜败坏，甜味尽失，主人便不再喜欢品尝了，因为甜者变质成苦，失去了本有的功用，甜蜜中不添苦艾，甜味不失，才能为主有用。由此可见，忍耐之德与愤怒两不相容。忍耐之德甘甜，胜过蜂蜜，为上主宝贵有用，是上主安居的宫室，愤怒酸苦，毫无用途，倘与忍耐之德掺和，忍耐之德全归败坏，因此愤怒之人祈祷上主，不发生果效。”

我问他说：“夫子！我愿认清愤怒的后果，以便抵挡之。”

他说：“这是对的！你及你的全家若不能抵挡愤怒，你就全然没有希望了，抵挡愤怒是你的义务。我要协助你。凡是全心悔改的人都能抵挡之。我也要协助他们，护持他们，至圣的天使也将承认他们的公义。”

第二章

他说：“现在请你听我说明愤怒的恶劣后果，它如何破坏侍奉上主的人和如何驱人远离公义的正路。首先须知它没有能力诳骗信心充实的人，也没有伤害他们的力量。因为有上主的能力庇护他们。唯有三心二意的虚妄之人必受诳骗而入歧途！这一类的男人或女人，生活上虽然诸事顺利，愤怒之情却潜生心中，无缘无故大发愤怒。日常的大小事情，关于饮食起居，有关朋友们的往来，物件或钱财的取纳施予和贸易，以及诸如此类无关宏旨的交际应酬，总之此类的一切无关紧要之事，而且

① 《以弗所书》4：26,27。

② 《雅各书》3：11。

对于侍奉上主的人，有无两可的琐碎事务和情节，都能惹他们愤恨恼怒大不悦乐。有忍耐之德的人宽宏大量，安定稳妥，不动不摇，毅力坚强，真福自足，宽广坦荡，欢心悦乐，喜气洋洋，不忧不虑，颂扬上主荣耀，愤怒的酸苦不入心腔，温和安静，操守有常，信心纯全的人有能力保守忍耐之德，使之居留不去。愤怒之人大不相同，鲁莽愚狂，愚狂生烦恼，烦恼生愤怒，愤怒生仇根，恨情即生，兼有上述众恶，一念即成大罪，以至不可救药。上述的这些恶劣的天使和圣善的天使，两者同住一室，室内空间狭小，乃至挤到室外，势所不免，圣灵文弱柔脆，既不乐意同住，又不愿和强硬者相挤，于是离弃愤怒填塞了的人心，另寻安静的住所。圣善的天使离去以后，公义的天使也随着全部撤走，愤怒者的心内，别无所留，只是充满了许多邪灵。因此凡有举动，狂暴紊乱，措置失当，甚至于心目昏瞶，再也看不见良善的思想。举凡愤怒之人，情形大都如此。所以你应戒绝愤怒。愤怒是至恶的天使，同时应精修忍耐之德。克制愤怒，退却烦恼，如此乃真能修成上主所爱的圣德，由此你要留心，千万不要轻忽这条诫命。你实行这条诫命，熟练精通以后，你的能力就要增强，至于其余当遵守的，我将来要给你举出种种诫命，你就不再感觉困难了。因此你应习行主诫，增强勇气，凡是立志遵行这些诫命的人都能锻炼出强大的力量来。”

第六篇　如何认识每个人具有的两种灵及如何分辨之

第一章

他说：“在第一条诫命里，我曾吩咐你保守信心，敬畏上主，节制身心。”

我说：“是的！夫子。”

他说：“现在我愿给你显明各样德行的果效，好使你明了它们各自的功用。其功用有两种：一是关乎公义，另一则是关乎邪恶。你的责任是信从公义，不信从邪恶。因为公义之路正直，邪恶之路邪曲。你应走正直平坦的道路，避免邪曲的僻径。因为那邪曲的僻径上没有正轨，使人迷失在荒野，那里坎坷不平，崎岖难行，荆棘丛生，行于其上的人一旦陷入，必受害匪浅。但那行在公义之路上的，则可畅行无阻，因其既无崎岖坎坷，又无荆棘塞道，可见这条路是正路。”

我说：“夫子！我愿意行这条路。”

他说：“你应当行这条路，凡是全心归向上主的人，必将行在这条路上。”

第二章

他说：“现在请听我讲些信心的义理。每人心内都住着两种天使：一是公义的天使，一是邪恶的天使。”

我说：“夫子！我的心内既然住着两种天使，它们的作用是什么？我又如何能将之辨认出来呢？”

他说：“且听我道来，你便会明白了，公义的天使性情柔软娇弱，知耻而易羞，温良而安静。他降入你的心中，常给你谈论公义，圣德，安分守己及一切公义的事情和高贵的德行。当这些思想降入你心中的时候，你就晓得这是公义的天使临格于心中了。因为这一切乃是公义的天使的工作。你应信从他并他的工作。那么，请看邪恶天使的工作又都是些什么？首先须知邪恶的天使性情暴戾、愤怒、怨恨、鲁莽、狂妄，他的工作都是恶劣的事情，促成主的仆人的败亡。他一进入你的心中，你查验他的工作，便可辨认出他是邪灵来了。”

我说：“夫子！我还不晓得如何辨认出他是邪灵来呢？”

他说："请听我细讲，一旦你感觉暴怒填胸，愤恨满怀，你就应留心这是邪灵在你心中，其次，何时你心中起了贪欲，贪做许多事功，[①] 贪求饮食的丰美无度，屡屡贪饮醉酒，贪恋女色，贪爱钱财，纵欲寻欢，骄傲自大及其他诸如此类的罪恶：一旦此类的情欲侵入你的心中，你就晓得那是邪恶的天使在你心中。你现在既然晓得他的行为，就应防备他，不要信从他，他的行为恶劣，无益于主的仆人。你既然兼有两种天使的工作，你就应看破他们，并且只应信从公义的天使。邪灵的主义在各方面都是恶劣的，你必须远避他，纵使心中信心至高，如果这个邪恶天使的贪欲侵入心中，不知防止，无论男人女人，都难免陷于罪恶。反之，纵使某人极其恶劣，如有公义的天使，降入心中发出工作，他那人不加违背，必能做出一些良善的事情。由此可见你的责任是顺服公义的天使，拒绝邪恶的天使。"

他又说："这条诫命说明的义理是劝你信从公义的天使，本着这样的信心行事，你的生命便是为上主而活，同时，你应相信邪灵的行为是险恶的，千万不要去做，那才是为上主而活。"

第七篇 论敬畏上主，不惧鬼魔

他说："你应敬畏上主，遵守他的诫命。[②] 遵守主诫的人，在一切行动上坚强，一切品行必将高尚无比。敬畏上主的人，凡所作为，必求尽善尽美，你如具备这样敬畏上主的内心，就能得到救恩。但是不可畏惧邪魔，你借着敬畏主而有权柄克服邪魔，因为魔鬼本身没有力量。既无

① 《哥林多前书》7：35："我说这话，是为你们的益处。不是要牢笼你们，乃是要叫你们行合宜的事，得以殷勤服事主，没有分心的事。"

② 《传道书》12：13："这些事都已听见了。总意就是敬畏神，谨守他的诫命，这是人所当尽的本分（或作这是众人的本分）。"

能力，便不足畏，然而，有荣耀的能力者，才令人畏惧。因为任何人等，能力具备，才能引人敬畏；而毫无能力，便受众人轻视。你畏惧魔鬼的理由是因为他的行为恶劣，敬畏上主，害怕魔鬼的行为，严加防备，绝不可做。由此说来，敬畏之心分两种[①]：一是作恶之心生，敬畏上主，便能禁止自己不去作恶。二是行善之心生，敬畏上主，便能勉力去行善。这样的敬畏之心是强大而有荣耀的。敬畏上主可以说就是为上主而活。凡是敬畏上主又遵守他的诫命的人都是为上主而活。”我说：“夫子！为什么你又说遵守他的诫命的人都是为上主而活？”他答说：“凡是受造之物，无不畏惧上主，但不都遵守主诫，因此我说：敬畏上主与遵守主诫的，他们的生命才能与上主同在，不遵守主诫，便没有生命在他们里面了。”

第八篇　节制以避恶行善

他说：“我已经给你说过，上主造的事物分两种，节制之德也分两种。对于某些事物应有节制，对某些事物却不可有节制。”

我说：“夫子！请你告诉我何种事物应节制，何种事物不可节制？”

他说：“请你听我说：恶事应受节制，全不可做；善事不可节制，全应实行，（节制自己不做应做的善事是犯重大的罪过）节制自己不去作恶乃是公义的伟大功绩。所以你应行善，节制一切恶事。”

我问道：“夫子！什么是我们应当节制的恶事呢？”

他说：“请听我讲来：玷污妇女，嗜酒无度，不良娱乐，饮食过度，积财过度，贪慕虚荣，骄傲，夸大，说谎，毁谤，伪善欺人，怀恨记仇，亵渎上主及与上主有关的一切。这些行为是人生极大的罪恶，主的仆人都应一概拒绝，如不力修节制之德，节制一切罪恶，便不能为上主而活。

---

① 《箴言》28：14；《约翰一书》4：18。本章似基于《雅各书》4：7。

请听我接着多讲一些事情在下面。”

我说：“接下来，你还要说一些罪恶的事情吗？”

他说：“正是，主的仆人还有许多应节制的事情。例如：偷盗，诳骗，欺诈①，妄证，悭吝，恶劣的欲望，欺哄，虚荣，高傲及其他类似的事情，难道你不认为这些都是恶劣的事情，尤其是身为上主的仆人，是恶劣不堪的吗？愿意为上主工作，就应节制自己。你既愿为上主而活，就应节制自己，防止这一切的罪恶，并把自己登录在有节制之德的人名录上，节制以上你应节制的那些事情。”

他接着说：“你应当实行而不应当节制的事情是哪些呢？请听我讲：凡是良善之事，就应实行，不应节制。”

我问道：“夫子！良善之事都是些什么？请你明示我，好使我能切实奉行，服侍善举，以得救恩。”

他说：“那么，请你听我告诉你哪是你应实行不应节制的事情。你首先应有信心，敬畏上主，爱德，和睦！说话根据公义，真诚，坚忍。人生之中没有比这些事更美好的。保守这些德行，不要加以节制，人生才蒙真福。请你听我接着再多讲一些事情在下面：护侍鳏寡，看护孤苦，救援上主的仆人，助他们脱离困难，良善地款待旅行者，有时善待旅行者也是一件善功。不要拒绝任何人。安定静默，清贫脱俗，敬重老人，操行公义，保守悌爱之德，宽宏忍让，容忍凌辱，不记仇怀恨，慰问心烦意乱的愁苦者，不要弃绝误受阻梗而丧失信心的教友，唯应引导他们重归正路，鼓励他们的兴趣。规劝犯罪的人，不要难为借债人，还有其他类似的美好事情。”

他问说：“你不认为这些都是美好的事情吗？”

我说：“是的！夫子，哪里还有比这些更美好的事情呢？”

他说：“那么，你就应该去切实奉行，不可画地自牢，裹足不前，

---

① 《加拉太书》5：19—21；《彼得前书》4：3。

这就是为上主而活。遵守这条诫命，行善不辍，勇猛精进，凡是如此行善的人，都是为上主而活，同时，节制恶事，勿以恶小而为之，也是为上主而活，遵行这一切诫命，乃是为上主而活。”

第九篇　向上主恒切祷告，不致动摇

他对我说："要把心中的犹疑铲除净尽，向上主祷告时全然不要疑惑。心中勿谓：'我犯了这么多重大的罪，得罪了他，我去祈求怎能得到他的允诺？'万不可存这样的思想，唯应'一心归向上主'①，切切恳求，毫不犹疑，你将见到上主满怀慈柔，绝不弃绝你。他必定满足你灵魂的祈求，上主和记念旧恶的人大不相同。上主不记仇怀恨，唯愿爱他所创造的一切。所以你要从你心中涤除尘世间荒谬的思想，杜绝上述的理论，全心去向上主祷告，必能得到所求的一切。祈求时只要毫不犹疑，不会得不到所求。但若你心中犹疑不定，无论祈求什么，都不会得到。疑惑上主的人，自己三心二意，求什么都全然得不到。②反之，信心全备的人，凡有所求，都全心倚靠上主，因此有求皆得③，而凡是三心二意之人，如不定意悔改，难以得到救恩。④因此你从你心中驱除一切疑惑，披起信心的盔甲，振作起坚强的力量，信靠上主，便能有求必应，你有所求，上主如不速允，你不可因此怀疑，设想你永不能速得所求。不能速得所求的原因：常是因为你还应受一些磨炼，或是因为你还有一些自己不知的过失，应当做些补赎的苦工。由此说来，你的灵魂如有所求，即应恒心

---

① 《约珥书》2：12："你们应当禁食，哭泣，悲哀，一心归向我。"

② 牧人所论源自《雅各书》1：6—8，"只要凭着信心求，一点不疑惑。因为那疑惑的人，就像海中的波浪，被风吹动翻腾。这样的人，不要想从主那里得什么。心怀二意的人，在他一切所行的路上，都没有定见。"——译者注

③ 《诗篇》2：12："凡投靠他的，都是有福的。"——译者注

④ "难以得到救恩"，梵蒂冈本作"难以活着得见上主。"——译者注

祈求，恒求不已，必得所求。但如三心二意，自失信心，不得所求，乃因你自己求心不诚，不可怪罪于上主，上面的话是教你看清人心不专的害处。不专不诚，贻害己灵，明证自己昏愚。许多人信心本极坚强，但因心生疑惑，信心竟根本丧失，实际上三心二意的毛病乃是魔鬼的孽种，害于上主的仆人危害巨大。为此，你应戒止疑心，专诚从事，信心坚强，矢志必成，疑心的人不信自己，所作所为都难成功。”

他又说：“这样你便明白，信心是来自天上，来自上主[①]，能力强大。疑心是尘界的天使，来自魔鬼，没有力量。你要本着有能力的信心行事，不可怀着没有力量的疑心。这样才能为上主而活，凡是这样思想的人都是为上主而活。”

第十篇　勿使我们里面的圣灵担忧

第一章

他说：“你应铲除忧愁，忧愁是疑心及愤怒的姐妹。”

我说：“我认为愤怒、疑心、忧愁，三者大相径庭，各不相属，怎么能说忧愁是愤怒及疑心的姐妹呢？”

他说：“你真是愚顽不化！你不晓得吗？在众天使当中，忧愁是最恶劣的一个，对于上主的仆人是最危险可怕的。败坏人类，蹂躏圣灵，没有甚于忧愁者，但是另一方面，忧愁有时也保守圣灵。”

我说：“夫子！我真是愚顽了。我猜不透你说的这些谜语。忧愁怎能既蹂躏圣灵又有时保守圣灵呢？”

他说：“请先听我说明：有些人总不寻求真理，也不追求上主的本

① “上主”，梵蒂冈本作“上帝”。——译者注

性。他们只有信心，但不幸陷溺在事务，财富，与外邦人结交，及其他这个世界的诸般营生中。他们倾心于此类的事物，没有能力懂晓上主本性的奥妙，世务纷扰，心目昏迷，神智败坏，道德荒芜。宛如一片葡萄园，本来美好，可惜无人经营，各种荒草荆棘丛生，及至全园荒芜，同样，有些人本来有信心，不幸沉溺在上述的那许多事务中，反被聪明所误（全然不能通达上主的神性），即使偶有所得，也因了心思盘桓在事物的经营之中，[①]操心挂虑，徒费营谋，不勉力上达以悟真理。对于上主心存敬畏的人，寻求真理和上主的本性，全心归向上主，凡有所闻，立能通达彻悟，因为他们的心敬畏上主，上主安居之处，神智豁然清朗，你和上主合一，就能通达并彻悟一切。”

第二章

他接着说：“愚顽的人哪，请听我说吧！忧愁是如何蹂躏圣灵却又有时保守圣灵的。心志不专诚的人，计划兴办某事，因为三心二意，终究归于失败，于是满怀惆怅，忧愁的气焰使圣灵窒息，忧愁的毒虐蹂躏圣灵，不使圣灵安居。同样，一旦某事不顺，愤怒不忍，大为怨愤，忧愁填塞胸中，为自己做的许多事情忧伤，悔恨自己做了错事。忧愁使人忏悔自己做错了，就这一点看来，忧愁对于挽救人的灵魂是有益的，而疑惑和愤怒这两种工作都会使圣灵忧伤。因为疑惑者三心二意，成事不足，愤怒者行事不成。因此，必须清除忧愁，不再为难居住在你以内的圣灵。免得圣灵离弃你，并求上主罚你。上主的天使赋予你，使你的身体受不得忧愁和心量狭窄的困扰。”

---

① 《路加福音》8：14：“那落在荆棘里的，就是人听了道，走开以后，被今生的思虑钱财宴乐挤住了，便结不出成熟的子粒来。”

第三章

“你的责任是培养喜乐的天使，上主常悦纳并欣赏喜乐的天使，你也需要享受喜乐幸福。喜乐的人常发动良善的工作，心中常存着良善的思想和情绪，不存留忧愁的病魔。忧愁者不良善的行动，烦恼人心内摈弃喜乐的圣灵，[①]行事违理违法，因为他不会祈祷赞扬上主，忧愁者的祈祷没有能力上达上主的祭坛。”我说：“为什么忧愁者的祈祷升不到上主的祭坛上去呢？”他说：“忧愁的悲苦浸润心中，混杂在他的祈祷之内，使他的祈祷混浊沉重，抑郁不振，不能清轻飞扬，因此没有能力升到祭坛上去。就如酒中掺上了醋，酒的香味必定丧失。同样，圣灵的祈祷中掺杂了忧愁的情意，也必定会丧失了气味的馨香，忧愁有这许多害处，你应将它从心中涤除净尽，凡是解除忧愁存养喜乐的人都是为上主而活。”[②]

第十一篇　先知与灵可以通过其行为查验出来，以及论两种灵

牧者指给我看，有数人坐在凳子上，另外有一人坐在交椅上。牧者问我说：“你看见了凳子上坐的那些人吗？”

我说：“夫子！我看见了。”

他说：“坐凳子的人都是有信心的人，那个坐交椅的人却是一个假

---

① 《以弗所书》4：30—31：“不要叫神的圣灵担忧。你们原是受了他的印记，等候得赎的日子来到。一切苦毒，恼恨，忿怒，嚷闹，毁谤，并一切的恶毒，（或作阴毒）都当从你们中间除掉。”

② 《马太福音》4：16，17；《以赛亚书》43：5；《哥林多后书》4：10；《罗马书》7：8。

先知。假先知败坏上主的仆人的心智，但只有能力侵害不专诚的人，没有能力伤害信心真实的人。三心二意的人，为询问自己将来的遭遇，投奔到假先知那里，如同是投奔占卜家。假先知没有上主的灵智，只是迎合着他们的问题，迁就着他们的愿欲，说一些他们乐意听的话答复他们。假先知用虚假不实的话答复虚假不实的占卜者，但有时也说一些真实话。魔鬼的天使充满了他的心胸，辅佐他倾覆某些公义的人们。公义的人，信靠上主，信心坚强，常存真理，不顺从虚假的天使，并且远远躲避。三心二意的人常常变更意见，卜问将来的吉凶，和外邦人没有分别，干犯崇拜邪神偶像的重罪，比外邦人的罪过更重大。自己有所营谋，便去询问假先知的主意，虚假空幻，昏愚迷妄，违背真理，等于崇拜邪神偶像。上主所给予的智慧，却不待求问，本身便有神性的智能，会说出一切问题的答案，因为其本身来自天上，出自上主圣灵的全能。反之，非问不答的天使，只是迎合众人的愿欲而答复问题，这便自己证明了自己的轻贱无能，属于尘世，① 并且除非人来叩问，自己总不开口。”

我问道：“夫子！先知既有真假，人怎能分辨出来呢？”

他说：“请你听我说明两种先知的分别。根据我的说明去察验，就可分辨先知的真假观察他们的生命，就可辨认出他们是否为具有神性的天使。拥有神性的天使来自天上，这样的天使临到的人温和、安静、谦卑，远离邪恶，克服情欲，不贪恋此世的幸福，甘心做人间最贫贱的人。他不回答世人来叩问的世俗的问题，也不主动发言，而只奉行上主的意旨而发言。具有神性的天使的人，前来参加义者的聚会，这些义者具有神性天使的信心。全会的人念经向上主祷告，先知天使② 确是降临在那人的身上。那人充满了圣灵，依照上主的意旨向众人发言。神性的天使便

① 《哥林多前书》2：11—12：“除了在人里头的灵，谁知道人的事。像这样，除了神的灵，也没有人知道神的事。我们所领受的，并不是世上的灵，乃是从神来的灵，叫我们能知道神开恩赐给我们的事。”

② 参见《哥林多前书》第4章。

是这样显现出来的，能力强大证明他真有上主的神性。”

他接着说："现在请听如何辨认尘世无能，虚妄愚狂的天使。首先，须知那样的人自以为有天使居于身内，于是便趾高气扬，自高自大，贪坐前列的交椅，勇猛强暴，厚颜无耻，多言无度，放纵私欲，无恶不作，欺人骗人，贩卖先知预言。只图赚钱谋利，否则不肯出言，神性的天使，岂能有这样的风格？上主的先知全不像这假先知的天使，后者乃是尘世的天使。假先知不乐意接近义者的聚会，常常躲避义者。惟愿亲近三心二意，虚妄愚陋的人们。专好在偏僻的地方发出先知似的预言，虚妄不实，言多而欺诈，只图体贴此类人狂妄的嗜好。提虚妄的问题，绘虚妄的答案，犹如许多空坛并列轻轻相碰，同声共鸣。聚会之时，如果全会都是义者，都具有神性的天使，大家一同祈祷，假先知走入会堂，能力全然丧失，他尘世的天使因恐怖而逃走，致使他全然挫败，哑然无语。譬如你将酒和油存储在仓库中，取一只空坛子放在里面，过了一个时期，清理仓库，那只坛子放进时是空的，你发现它现在仍旧是空的，虚假不实的先知也是一样的，进入公义众天使会堂时，他是空虚的，过了一些时间，你会发现他仍旧是空虚如故。现在你明白了这两种先知生命方式的不同。今后，遇到自称天使之人，你只要观察他们活出的生命，就能察验他们的真假。同时你有义务信从来自上主具有力量的天使，不可信从出自尘世虚妄不实的天使。这样的天使来自魔鬼没有力量。我举一个比喻：你拿一块石投向天上，看你能不能投到天际；再取一个喷水筒，将水喷向天空，试一试能否喷到天上。”

我说："夫子！这些事怎能办到？你举出的两件事都是不可能的！”

他说："这两件事是不可能的，同样，尘世的天使也是软弱无能的。试想，自上而下的能力有多大？一粒冰雹，大不过豆，落在人的头上，却会被打得多么疼？再看水滴，从屋顶的瓦筒落到地上，日久天长竟能穿透石板。由此可知，物件虽小，自上而下，降到地上，便发挥出强大的能力。[1]同样，神性的天使自天而降，也有能力。你需要信从这样的天使，远避别样的天使。”

第十二篇　双重的愿欲：上主的诫命能够被保守，信众无须惧怕魔鬼

第一章

他对我说：“你需要在你心中存养圣洁美好的愿欲，铲除你心内不良的愿欲。你美好的愿欲生长起来，自然厌弃不良的愿欲并能随意控制它。不良的愿欲或情欲是粗暴凶猛的，难以驯服，耗费人的生命，特别是上主的仆人，倘若误陷罗网，自己没有智慧，必受他残忍无情的消磨，人如陷溺于尘世，不培植良善的愿欲，易受不良情欲的消耗以至丧亡。”

我说：“夫子！陷人于丧亡的不良情欲有什么作用？请加指教，好使我知所预防？”

他说：“请听，不良的愿欲诱人犯下何等的罪恶，并招致上主的仆人陷于何等的死亡。”

第二章

“出于众多欲望以上的不良情欲，是贪恋他人的妻子或丈夫。过度贪恋财产，饮食奢侈浪费，及其他诸多狂妄的娱乐。一切奢侈淫逸的事情，对于上主的仆人，都是昏愚虚妄的罪恶。都是招致丧亡的不良欲望，乃是魔鬼孳生的孽种，你都需要深恶而远避之，好能为上主而活，纵情恣欲，

① 《诗篇》72：6：“他必降临，像雨降在已割的草地上，如甘霖滋润田地。”

甘作罪恶的奴隶，不知抵制罪恶，终必归于丧亡，不良的情欲乃是丧亡之母！你要以公义的愿欲做你的服装，以敬畏上主的心情做你的武器，抵制不良的情欲，良善的心愿乃是敬畏上主的情意安居的所在。不良的欲望，如果发现你手执敬畏上主的武器抵抗它，它就远远躲开，如同匪徒一般，恐惧不安，不敢来前。你便可头戴胜利的花冠归到公义愿欲面前，把你的胜利归功于它。自今以后，全然遵从它的意旨和命令，为它工作服侍，克服不良的情欲，号令它，支配它，常使它遵从你的意旨。”

第三章

我说：“夫子！我愿明白，我该如何服侍良善的愿欲呢？”

他说：“你该当‘行为正直，做事公义’[①]，美善，真诚，敬畏上主，常存盼望，温和及其他类似的德行，好能成一个上主宠爱的忠厚的仆人，为上主而活，凡是本着美好的愿欲行事的人，都是为上主而活。”[②]

至此，他结束了十二条诫命的讲述，对我说，“现在你学习了我给你的一切诫命，你应遵守它们，并劝勉听讲的众人洗净罪污，诚心悔改，善度今生的余时。这是我委任给你的任务，你要殷勤尽职，勿辞劳苦，[③]将来众人忏悔以后，他们要爱戴你并要信从你的讲劝。我要协助你并督促他们信从你。”

我对他说：“夫子！这些诫命真是重要，完善，高贵，并能悦乐有力量遵守者的心灵。但我不知世人怎能受得这些实在难受的诫命？！”

他回答说：“你如果自己拿定主意，认定这些诫命可以遵守，就没

① 《诗篇》15：2。

② 此章基于《希伯来书》5：14：“惟独长大成人的，才能吃干粮，他们的心窍，习练得通达，就能分辨好歹了。”

③ 《哥林多前书》14：32：“先知的灵，原是顺服先知的。”14：37：“若有人以为自己是先知或是属灵的，就该知道，我所写给你们的是主的命令。”

有难受的理由了。反之，你如心中怀着成见，认定世人没有能力遵守，你自己也就不愿遵守了。因此我告诉你：你既认定这些诫命是人力不可遵守的，如果因此便不去留意遵守，那么，你、你的子女及全家就都没有得到救恩的可能了。”

第四章

他对我说了这些话大发义怒，我惊慌害怕不知所措，他愤怒的面色和情势是严厉难当的。他见我大为震惊，手足无措，于是语气和缓下来说，“昏庸愚妄神志不定的人们哪！上主荣耀的奇工妙化，多么伟大惊人！他为人创造了世界，命所造之物都遵从人的支配，给了人主宰天下万物的权能，你明白这些话的意义吗？”

他接着说：“上主造人，使人主宰万物，人能做万物的主宰，难道就无能力自作主宰，执行这些诫命吗？”

他又说：“人的心中有上主，故此，他有能力主宰自己以遵行这些诫命。但是有些人，但知鼓唇弄舌诵祷主名①，心中却顽梗如石②，远拒上主，对于如是之人，那些诫命确是艰苦难行的。你们的信心微小虚弱，但是你们如将上主存在心中，便要经验到没有比这些诫命更易行，更甘饴，更美好的。你们以往违背律法，胡作非为，性情刁蛮狂暴，惯于遵行魔鬼的指使；从今以后，你们该当弃邪归正，不要惧怕魔鬼，魔鬼没有力量危害你们。要我协助你们，我是忏悔天使，我要克服魔鬼，魔鬼只是虚张声势吓唬世人，但没有伤害人的力量。③你们不畏惧他，他就要自己逃开了。”

① 《马太福音》15：8。

② 《哥林多后书》3：14。

③ 《雅各书》2：19，4：6—7。

第五章

我问他说："夫子！请听我说几句话。"

他说："你且道来！"

我说："夫子！凡是人都愿遵守上主的诫命，没有不愿向上主祷告赏赐勇力以服从主诫的，但是魔鬼的力量凶猛，人的力量软弱，抵挡不住，请问有何计可施？"

他说："只要主的仆人全心仰望上主，魔鬼的能力不会得胜。魔鬼虽能使人跌倒，却无战胜人的力量，汝辈若果坚守，全力抗拒，彼等自然含羞远遁。"

他接着说："只是虚妄愚顽的人畏惧魔鬼，以为魔鬼真有何等威力。譬如有人将许多酒瓶装满了上等的好酒，只有少数几瓶半满。过一段时期，他来查看酒仓，他不注意全满的酒瓶，却注意半满的瓶子，这是为什么呢？这是因为他怕这些瓶子的酒变酸，酒没有装满的瓶子，很快就使酒的美味丧失，使甜酒变酸。同样，魔鬼前来察看主的仆人，计划试探他们，信心充实的人坚决抵抗，他既无隙可乘，唯有转身退却，到别处去寻找那些信心止于半途的教友，发现有隙可乘，他便为所欲为，将那些教友全然变成他的奴隶。"[①]

第六章

他说："我是忏悔天使，在此我告诉你们：你们切勿惧怕魔鬼！"

他说："我的使命是前来协助全心忏悔的人们，坚固他们的信心，增强他们的能力，你们因犯的罪恶众多，以致丧失了尚能得救的希望，

① 《以弗所书》4：27。

因此，罪上加罪，使你们生命的困难越发加深，从今以后，你们要激发出倚靠上主的信心，全心归向上主，善度此生的余年，躬行勤修公义，行为正直，体会上主的美意，服侍上主，上主要挽救你们以往的罪恶。你们的能力要不断加增，足以制止魔鬼的阴谋，你们切勿害怕魔鬼的恫吓，魔鬼全然没有力量，如同行尸走肉，徒具形骸。你们唯应听从我的劝告，敬畏掌握生死的上主，[①]遵守他的诫命，并为他而活。”

我对他说："夫子！现在为遵守上主公义的诫命，我的能力增强了，因为有你来协助我，我明白你要挫败魔鬼的斗力，我们要克服他并要战败他一切诡计阴谋。夫子！我希望能遵守你命我守的诫命，并仰赖上主增强我的能力。”

他说："你若涤净灵魂，全心归向上主，便就将有能力遵守上主的诫命，凡是洗净心灵除去世上虚妄的情欲的人，都能遵守那些诫命，并为上主而活。”

① 《马太福音》10：28；《路加福音》12：5。

第三卷　寓言十则

第一　在此世我们没有永久的母邦，应寻求上主的来临

他对我说：“你们要晓得，你们作为上主的仆人，是在异乡侨居度日。你们真正的母邦和你们现居的城邦距离遥远。”

他又说：“你们晓得你们的将来是归到你们真正的母邦里去，那么，为什么你们还在现世的国家里设置田庄，建设富丽的工程，制定精密繁杂的组织，营造楼台馆舍呢？这岂不是一些毫无益处的设施吗？这样，不是表明自己无心重归真正的本国了吗？昏庸愚昧，三心二意的可悲可悯之人哪！你不晓得这些田庄财产都与你全不相干，而是属于外邦人的吗？你现住的城邦另有元首，他能命令你道，我不准你在我国内居留，我将驱逐你离开我的国境，因为你不遵守我国内的规则。这样，你被人逐出国境以后，你所有的园地房舍，富余的财产，你都不能享用，那时你有何计可施？现世的元首，有他的理由逐出你，你既不遵守该国的规则，便只好离开国境。你真正的母邦却另有永生之法，是你不得不遵守的，你该选择哪一边呢？难道你要择取田庄财产而背弃真正母邦的生命规则吗？你要改变心志，采取现世国家的生活方式吗？你晓得这是不适宜的，倘若你如此去做，你便达不到重归本国的心愿，并且要被关在真正母邦

的国境以外了。你既然是在这个世界上侨居度日，便应自己留心，除置备生活的用品以求自给自足以外，不要营求富裕的财产，唯应时时预备，一旦此世的国家元首恼怒你不守他的法令，逐你出境，你就立时脱离他的国境，走向你真正的母邦里去。本着那里的规则生活，平安快乐，再无苦恼。凡是上主的仆人，心中系念着上主的人们，都要各自留心，切实服侍上主的工作，记念着他的诫命和他所应许的真福，信靠他，遵守他的诫命，果能如此，他就必践行所应许赏赐你们的真福。不必在现世置田亩，唯应各尽己力，施舍钱财，周济困穷，照料鳏寡孤独，对之不可稍有轻忽，且要变卖财产，救助穷困的众民，他们才是你们真正的田亩房舍，又是上主赏赐你们的至宝。上主赏赐了你们的宝贵财产，委任了你们替他完全保养众人的职务。你们应购置的是这样的园地财产和房宅。你们回到真正的母邦以后，还能和这些财产相见。所以说，购置这样的财产——即救助众人——对于你们是更有益处、更有价值的。这样的财富是良善而神圣的，没有忧患和恐怖，只有和平与喜乐，但是，外邦人的富足，对于你们没有用途，不值得你们的经营，你们是上主的仆人。故应经营你们的真正的财富，达到你们安享喜乐的目的。因此，不应制造欺人的工具，如伪币，伪造契约，假冒商标等，不要染指外邦人的财物，也不要羡慕外邦人的财物。这样的羡慕是有罪的，你们自食其力，做自己的工作，便可以得救了。”

第二　正如葡萄藤为榆树所扶持，富者也为贫者的祈祷所扶持

我散步到郊野，看见那里的榆树和葡萄，举目观赏，并思索这两种树木的关系和它们结出的果实。正思量间，牧者显现在我面前。问我说：“你对着榆树和葡萄心里在思索些什么？”

我说："夫子！我在思索这两种树相互之间的关系是否美好适宜。"

他说："这两种树生在这里象征上主的仆人。"

我说："它们象征的意义是什么？"

他说："你看到这棵榆树和这棵葡萄吗？"

我说："是的！夫子！我当然看见了。"

他说："只有葡萄藤结葡萄果，榆树不结葡萄，榆树结的榆子是人所不喜欢吃的，但是，葡萄藤需要盘绕在榆树上生长，否则，散乱地倒卧在地上，不能结出葡萄，即使结出一些，数量既不丰富，而且大都腐烂。它不缠绕在榆树上生长，因此得到这样不良的结果。反之，它如果缠绕在榆树上生长，就能结出许多丰美的葡萄，不但是因了它自身，而且也是因了榆树而受益。因为如此，你可看到榆树叶结出了葡萄果，比葡萄藤本身结的，不但不算少，而且是更多呢！"

我问说："夫子！此话怎讲？怎能说榆树结出葡萄比葡萄结出的更多呢？"

他说："葡萄藤必须缠绕在榆树上，才能结出丰富佳美的葡萄，散乱平铺的卧在地上结不出葡萄，或者结出了也易腐烂。这个寓言是为象征上主的仆人而设，为了说明贫者和富者之间的关系。"

我说："夫子！这个寓言怎能说明贫富之间的关系呢？请再详细解释一下！"

他说："请听着，富者固然富有钱财，但在为上主工作之事上，却是贫如乞丐，他为了金银财宝，终日碌碌，心烦意乱，信心很小，也很少能和上主深谈心交，或祈祷恩典，即使连这很少的一点，也是匆忙短促，而且没精打采，缺乏能力。反之，如果富者跑到贫者的门上，供给他们所需的物品，发出信心，明白救济贫困要得上主的赏报，在和上主心心相印密谈深交以及忏悔补过祈求恩典等一切灵性的工作上，贫者比富者更富，贫者的祈祷在上主座前有强大的果效。照此看来，富者今后供给一切，资助贫者，更无犹疑。贫者受了富者的资助，为富者祈祷，代为在主前祈祷，而富者明白贫者的祈祷常受上主的悦纳，并有丰富的果效，于是照护贫者，更为热心，恒久不怠，不使贫者的生活遭受匮乏。如此，双方各尽己责，共同完成了一件善功，贫者的任务是祈祷，祈祷是灵性的工作，是上主的恩赐，贫者祈祷，回报上主的恩爱，这是一件极圣善的工作。同时，富者富有钱财，而钱财是上主的恩赐，富者毫不犹豫，将上主赏的钱财施予贫者，维持上主赏给贫者的祈祷的生活，这样乃是完成了上主面前最重大可贵的善功，施舍上主赏的钱财以维持贫者祈祷的生活，乃是理财所得，尽到了上主委任的职务。依照人的眼光看去，榆树似乎不结葡萄，因为人们的眼光看不到天旱地干的时候，榆树有能力调节水量，供给葡萄水分，葡萄吸收了榆树供给的补养，才能多多结出葡萄，不但是为自己，也是为榆树结出了葡萄。同样，贫者为富者祈祷上主，求上主赏赐富者的财富满仓满库，富者报答贫者，供给贫者所需的物品，使贫者的天使心满意足。如此贫富双方合力完成了公义的善功。他们同要名列长生册内，免受上主弃绝。财富是来自上主的恩惠，知道并明了这一点的人，明白如何处理财富，满尽自己为上主和人群服侍的职责，是蒙真福的人。”

第三　正如在冬季难以分辨活树与槁木，在此世公义者与不义者也是如此

他挥手向前指给我看前方丛生的树林，只见树叶全已凋落，看去树树皆凋，全林尽枯。他对我说：“前面这些树你看见了吗？”

我说：“是，夫子，我看见了，树树皆凋，全林尽枯。”

他答说：“你看见的这些树象征现世生存的众人。”

我问说：“那么，为什么个个枯槁，全然相同呢？”

他说：“在现世，义人罪人显不出分别来，好似善恶相混，因此大家相同。义人生在现世，等于处在隆冬，和许多罪人同住共处，显不出

分别来。如同这些树木，冬季酷寒，枝叶凋落，尚有生机者与已死者都是一样的枯槁，不易分别出来。同样，义人和罪人，同生现世，两者相似，显不出分别来。”

第四 正如在夏之树木可借着果实与枝叶分辨出，在将来之世中义者与暂乐的不义者之分别也是如此

他再次指给我看那座树林，只见有些树欣欣向荣，有的却枝叶枯槁，他对我说：“眼前这些树木，你看见了吗？”

我说:“是的，夫子，我看见了，有些是欣欣向荣，有些却是枝叶枯槁。”

他说：“花叶鲜嫩的那些象征来世长生的义者。来世是义人的夏天，是罪人的冬天。将来有一个时期，上主仁慈的光辉，普照主的仆人，荣耀大显，所有人的善恶和功罪，都要昭然若揭。正如夏天一到，树木的果实便显露在眼前，让观者分辨出果实所属的种类。同样，公义之人圣德的果实，到来世欣欣向荣，便显露出来。那些枯槁的树木象征外邦人和罪人，到了来世，枝干枯槁不结果实，被投到火中焚烧，他们的真面目，就是说他们在现世犯的善恶，也就暴露在人面前，犯了罪的人，未曾悔改，外邦人，没有追本溯源认识创造他们的上主天父，因此都要受永火的焚烧。你应努力结出美好的果实，将来夏天一到，使人分辨出你的种类来，慎勿经营繁杂的事务，免得在诸多事上犯罪。经营的事务繁多，犯罪的机会也多。事务繁杂心神忙碌的人，无暇侍奉他们的真主。”

他接着说：“这样的人，既不侍奉上主求主赏赐恩典，怎会得到恩典呢？因为只有为上主工作的人才能得到所求的恩典，不从事于上主的工作的人，什么恩典也得不到。一个人如果专心经营一种事物，他还有能力从事于上主的工作，因为他的心还能不离开上主，不散乱在罪恶的

污秽中，因此，还有能力维持心灵的纯净，从事于上主的工作。你这样行，就可以在来世结出果实，凡是这样的人都有能力结出果实。”

第五 论真实的禁食祷告及其赏赐：兼论身体的圣洁

第一章

有一回我禁食祷告，坐在山上念一些经感谢上主所赐予我的一切。正当这时，我看见牧者坐在我身边对我说：“为什么你今天早晨这样早，来到这个地方？”

我说：“夫子！因为我有一项任务。”

他说：“是什么任务？”

我说：“我在禁食祷告。”

他说：“你在守的是什么样的禁食？”

我说：“是我按习惯守的禁食。”

他说：“你不曾明白如何为上主禁食祷告，你为他守的那个禁食祷告是无益的。”

我问道：“夫子！你为何缘故这样说？”

他答说：“我告诉你，你认为你是禁食祷告，其实不算是守了斋，请听我教给你如何禁食祷告，才能得到丰满的果效，并蒙上主的悦纳。”

他继续说道：“请听我道来：上主不悦纳你这空虚的禁食祷告。这样的禁食祷告无助于公义的生命，反之，你照以下的律法禁食祷告，才是真正为上主禁食祷告：营生度日，不要犯任何罪，唯应洗洁罪污，秉持着纯净的心灵从事于敬爱上主的工作，遵守他的诫命和他公义的规劝，心中不起任何不良愿欲，唯应信靠上主。这样躬行实践的去敬畏上主，节制一切恶劣的行动，为上主而活，这才是真实的禁食祷告，效验和益处甚大，又得上主的悦纳。”

第二章

“请听，我将告诉你一个关于禁食祷告的比喻：一个人有一块地，又有许多工人。在那块地的一部分上，他开辟了葡萄园。他拣选了一个品行忠厚，顺服主人的工人，召他过来，对他说：‘我委任你负责经营我种植的这块葡萄园，你要给这个园子，围上篱笆，等待我外出归来，此外你无须做别的，你如遵行了我的命令，我就允许你在我家得享自由。’说毕，便动身到外国去了。他动身以后，那个工人辛勤劳作，经营那个葡萄园，在周围编好了篱笆。过了些时日，发现园内杂草丛生。工人心下思量道：‘我已经完成了主人的命令，我要再为他多做一些工，犁开园里的土壤，除去稗草，好使葡萄枝上多结葡萄，不致受稗草的阻碍。’思想及此，他于是动手掘地，铲除了园中所有的稗草。由此葡萄园长得越发整齐，花繁叶茂，没有稗草的蔽塞。过了一段时期，主人归来，走入了葡萄园，看到园子的周围有整齐美丽的篱笆，园子内土壤掘松了，没有稗草的蔽塞，葡萄生长茂盛，主人赞赏这工人的成绩，大为喜悦。于是主人召请了他所钟爱并已立为后嗣的儿子及他亲信的策士与诸多好友，将他们聚集在一起，向众人述说他原先嘱咐那个工人的事如何以及那工人完成了的工作成绩又是如何，极力赞扬了一番，到场的所有人也都向那个得到主人嘉奖的工人表示了庆贺。主人向到场的众人宣告说：‘我曾应许了这个工人，若他遵守我所吩咐的，便赐予他自由，现在他成就了我要求的条件，就是遵行了我的命令，但是大家都知道，他不但遵行了我的命令，而且还为这葡萄园做了许多分外的有益工作，使我心中甚为喜悦，为报答他所做的工作，我愿意使他和我的嗣子一同分享继承权。因为他不但有了美好的意念，而且他全然实行了那美好的意念，没有将之搁置在一旁。’主人的嗣子听见了父亲的建议，表示了赞成，同意将那个工人与他一样立为同嗣父业者。又过了若干时日，主人特意设了一场盛筵，并命人将宴席上许多丰富的佳肴送给那个工人，那个工人领受了主人的馈赠，留下了自己所需食用的部分，而将所余的许多部分全送给同伴。他的同伴们分享了丰富的佳肴，皆大欢喜，纷纷为之祈求主人赏赐给他更丰厚的赠品，为报答他对待工友的慷慨大方。主人听说了这一切事情，更加倍赞赏那工人的善行，又召集了众多朋友和嗣子，把那工人分散佳肴给同伴的善举，极力赞扬了一番，到会的人又表示越发赞同将那个工人与他的爱子共同立为继承者。”

第三章

我说：“夫子！我从来没有听见过这些寓言，若你不为我解释，我的智慧是无法领悟的。”

他说：“是的，我要为你解释明白我所说的寓言都有什么寓意，好使你领悟之后遵守主诫。这些解释如下：假若你不但遵守上主的诫命，而且更进一步，在上主的诫命以外，特做诸多服侍上主的分外的工作，你将为自己获得更大的荣耀，并得蒙上主的宠爱。”

我对他说：“夫子，我愿遵守你给我的一切命令，因为我知道你要与我同在。”

他说：“是的！我将与你同在，因为你有这样乐意行善的热心，但凡有这样热心的人，我都与他同在。”

他又说：“遵行主诫的人禁食祷告是极圣善的。你如愿意禁食祷告，即应遵守主诫。戒绝一切不良的话语和愿欲。洗洁你自己的心灵，涤净这个世界的诸般虚妄，你这样去禁食祷告才是完全圣善的。禁食祷告应遵守的办法如下：首先，应全然领受上主诫命的明文，此外，在你禁食祷告的那一天，只可取用面包和水，不可吃别的东西，同时应将那天因禁食祷告而节省下来的物品和金钱，全数施舍给鳏寡孤独和穷苦的人们。

同时要本着谦卑的心情施予，使那些受你施予的人感念你谦卑的心思，他们的心中舒畅愉快，并为你向上主祷告。因此，你如果依照我这诫命禁食祷告，你的奉献必将蒙受上主的悦纳。你禁食祷告的善功也要登记在善功簿上。如此为上主服务是圣善可喜的举动，既得身心的愉快，又受上主的悦纳。所以，你同你的全家都应遵守这些诫命。然后，才能成为有真福的人。凡是聆听并遵守这些诫命的人，都要成为有真福的人。他们必从主得到凡所请求的。”

第四章

我恳切请求牧者对我说明那个寓言中的园地，园地的主人，葡萄园，筑篱笆的工人，篱笆本身，铲去了的稗草，嗣子及做主人策士的朋友们等，都有何寓意，因为我知道这一切都含着一些寓意。

于是他说，“你真是太过急于求问了”，并接着说，“你本来是不应问任何问题的。我说过，若是有你该明白的，我自会给你说明”。

我对他说：“夫子！我看见了你显现给我的一切，却一点不懂它们的寓意，你如不肯给我讲解，那不是白白地教我看见了它们吗？我听了你对我说出的诸多谜语似的语言，但你不对我说破它们隐秘的意义，那么我不是白听了一场吗？”

他于是回答我说：“上主的仆人，心中怀着上主，求上主赏赐智慧，就得到智慧，凡是寓言，他都会明解，他也能明白上主借寓言暗示的寓意。同时，有些人，迟钝怠惰，不能勤于祈祷，即使有所求于上主，也是半信半疑，居心不诚。然而上主至仁至慈，人若恒心祈求他就允诺，何况你有圣天使增强你的能力，你又从他手中领受了祈祷的能力，而且又不懒惰，为什么你不自己直接向上主祈祷祈求智慧，从而也得到一些智慧呢？”

我对他说：“夫子！现在有你和我同在，我需要向你请教，因为是你给我显现了一切，并说出了那些寓言。假若我所见所闻的都没有经过你的解释，那时，我就要自己直接请求上主给我解释一切了。”

第五章

他说：“我刚才说过，在求问解释那些寓言的秘密的事上，你过于性急而穷追不舍，但因了你的执着，我便为你解释那葡萄园与相关的一切都有何寓意，以便此后，你好将之转告世人。”

他接着说：“现在请你听着，并要领会我所讲解的：那块园地意指这个世界，园地的主人意指世界万物的创造者、完成者和能力的赋予者。（嗣子是指圣善的天使）。工人意指上主之子，葡萄园是生长在世界上的子民。篱笆是上主护助子民的众圣天使，铲掉了的稗草是侍奉上主的子民，即上主的仆人们所犯的罪恶，主人从宴席上给那个仆人派送的佳肴，是上主派他圣子给子民颁布的规诫和劝诫。主人的朋友和策士是上主最初造的众圣天使。主人到外国去旅行，是指主再来以前的那一段时期。”

我对他说：“夫子！这一切真是伟大而奇妙！”

我又说：“我哪里有智慧去明白它们呢？即便人们有极大的智慧，也没有能力明白它们。夫子！我愿再请你给我解答。”

他说：“请你说来！”

我说：“夫子！为何这个寓言用一个仆人象征上主之子呢？”

第六章

他说：“请听！用一个仆人象征上主之子的理由，不是说上主之子应取奴仆的样式[①]，而是指出他是全能伟大的主宰。”

我说：“此话怎讲？我不能明白。”

---

① 参见《腓立比书》2：7，但复活之后，圣子不再是奴仆的样式了。

他说："因为上主种植了葡萄园，这就是说创造了世人，并把世界上的人类交付给了他的圣子。圣子不辞劳苦和困顿，任命了天使，下到世上保守世人，涤除了他们的罪恶，如同掘地种植经营园子，千辛万苦，历尽了艰难困苦。他涤除了众人的罪恶，为他们指明了生命的道路，颁布了从他圣父领下的法令。①"他说："你由此可见上主之子是人类的主宰，他从圣父那里领受了一切权力。至于园子的主人为什么拣选自己的儿子及众圣天使作策士，并设立那个仆人同做嗣子的问题，请你听我讲：圣灵在万物以先，创造了万物，上主拣选了所悦纳的肉体做圣灵的住所，这个肉体尽善尽美的服侍圣灵，既有圣德，又有圣洁之德，总没有在任何事上玷污圣灵的纯净。这样圣洁的肉体和圣灵共分劳苦，在一切事上，同工合作，发挥权能，因此上主拣选它，使它结合圣灵，共分神性，它在尘世上不曾玷污圣灵的纯洁，它的品行取得了上主的欢心。园子的主人召集会议，拣选了自己的儿子和荣耀的众位天使做议员和策士，这是意指侍奉圣灵的无可指摘的肉体，在他的帐幕中享有一个相当的位置，免得使人认为他失掉了服侍后应得的报酬，凡是圣灵居住的肉体，如果保持了自己的纯洁，都要领受应得的报酬。你现在应明白寓言中的深意了。"

第七章

我说："夫子！我听了这番解释，心中甚是畅快。"

他说："请听，你应保持你这肉体的纯洁，好使居住其中的圣灵见证它的圣洁，并使它领受公义的恩典。为此，你要留心防备，心中不要以为这个肉身是必死的，因而作些污秽的事情糟蹋它，玷污它便是玷污圣灵。玷污圣灵的人，不能得生命。"

我说："假若有些愚昧无知的人在没有听见你的劝诫以前，玷污了

① 《希伯来书》1：3："他洗净了人的罪。"《诗篇》16：11："你必将生命的道路指示我。"

他们的肉体，他们如何才能得生命呢？”

他说：“已往的愚昧无知，上主有能力补救，因为‘他是全能的’[①]。但在现今，你应防护自己，上主全能，满怀仁慈，有能力补救以往的愚昧无知，只要人从现今以后，不再玷污他的肉体和天使，肉体和天使两者是相通的，洁则同洁，污则同污，没有一洁一污之理，你如保守两者的洁净，你就能为上主而活了！”

第六　论两种纵欲者及其死亡、堕落与永罚

第一章

当我在室中端坐，赞美上主，感谢他赐我开眼所见的一切，并反复思索上主的诫命，感念他们的良善荣耀，可喜可行，且“能救人灵魂”[②]之时，我在心内自忖道：“若我能‘遵行这些诫命’[③]，必将成为一个蒙福的人，因凡是遵行这些诫命的人都是蒙真福的。”

便在我自言自语之际，忽然只见他（牧者）坐在我身边，对我说：“你为什么对于我所吩咐你的那些诫命又心存犹豫？这些诫命都是良善无比的，你切不可疑惑不定，只要常常保守对于上主的信心，并遵行诫命，我自会加增你遵行诫命的能力。这些诫命对于切实悔改的人是有益的，若对于前罪有所忏悔却未能定意遵行诫命者，则是徒劳无功的。你们这些定意悔改之罪人，有义务弃绝这个世界上辖制、折磨你们的邪恶，秉持纯全的公义，遵行这些诫命，切勿再罪上加罪，才是真正的弃绝往罪。因此，你们应该遵行我的这些诫命，并为上主而活，这是我劝告你们的

---

① 《马太福音》20：18。

② 《雅各书》1：21。

③ 《诗篇》1：1，3。

话。”说完了这些话，他呼叫我道：“我们且同往田里去，我要给你指示羊群的牧者。”

我说：“好啊，我们一道去吧。”

于是我们一同走到了一片平地之上。他指示我看一位年轻的牧者，这牧者的身上穿着一套橘黄色的袍子。他牧养的羊群甚是众多，许多羊在那里安逸自在，饮食享乐，欢天喜地，到处奔腾跳跃。那个看护羊群的牧者也是十分喜悦，满面带着笑容，在羊群各处奔走。同时在另一个地方，我也看见了许多羊，也是安逸自在，饮食享乐，却并不奔腾跳跃。”①

第二章

这时他对我说：“这位牧者，你看见了吗？”

我说：“夫子！我见到了。”

他说：“这是一个耽于享乐而欺罔人的天使，他败坏上主的仆人们的心灵，引诱他们远离真理的道路，欺骗他们陷于不良的情欲之中，因而自趋丧亡。他们忘记了永活的上主的诫命，行在虚浮的纵乐与自欺自罔中，使自己毁于这位天使手中，有的陷于死亡，有的陷于败坏。”

我对他说：“夫子！我不晓得这些话语的意义：‘有的陷于死亡，有的陷于败坏，’这两句话是什么意思呢？”

他说：“且听我讲：你看见的那许多羊，有的是欢天喜地，奔腾跳跃，它们象征全然脱离了上主之人，自己陷溺在这个世界的情欲中。他们的生命总是罪上加罪，有辱上主的圣名，没有忏悔自新的可能，他们的结局是死亡。还有些羊安逸地待在一个地方食草饮水，并不奔腾跳跃，它们象征以虚幻的福乐自欺的人们，但他们没有辱及主名。他们陷入

① 按：此句只在托名阿萨那修斯所引中出现。其余诸译本皆无此句。

的境地是败坏。这是说他们远离了真理的道路，但是还有忏悔自新挽救危亡的希望。因此，败坏者还有望可以更新再造，死亡者却是永归丧亡了。”

我和牧者接着再往前走，他指示我看，在那里另有一位牧者，面貌彪悍，身着白色山羊皮袄，肩负一皮袋，手持一根坚硬多刺的木杆，还带着一条大皮鞭，其相貌喑呜叱嚓，令人望而生畏。这一个牧者，从前面那个年轻牧者那里，接受了饮食宴乐，纵欲寻欢，但未奔腾跳跃的那些羊，将之投掷到陡直险峻、荆棘丛生、蓟草充塞的深谷中，众羊辗转缠绕在荆棘与蓟草之间，无法挣脱，动弹不得。那些羊既被面貌彪悍的牧者放逐于荆棘蓟草之间，不但伤痕累累，而且又遭鞭打，它们被不停地驱赶，东奔西走，不得片刻安宁，光景凄惨。

第三章

我看见那些羊受着这样厉害的毒打和虐待，为之于心不忍起来。因为它们受这样凶惨的苦刑，又丝毫不得缓息。我问那位牧者说：“夫子！这个凶悍的牧者是谁？竟这样狠毒无情，对于这些羊群没有一点怜悯的心肠。”

他说：“他是掌管惩恶的天使，又是公义天使中之一员，专司惩罚之事。因此他捕捉那些背离上主，纵情恣欲，追逐虚妄的人们，并用各式各样的苦刑，针对他们各人的罪状，加以各样刑罚。”

我说：“夫子！请告诉我这诸般的刑罚都是何种？”

他说：“请听我道来：施于他们的这些刑罚乃是此世间种种的苦楚，或折本赔利，或困乏穷苦，或患疾受殃，或流离失所，或遭卑贱者的无端侮蔑而受奇耻大辱，或遭受其他诸般凡事不顺的境遇。许多人意志不坚，摇摆不定，结果一事无成，自恨诸事失利，或嫌路途艰难，或怨遭遇不顺，殊不知全然得咎于自身行事不善，他们不知反躬自问，反倒埋怨上主。他们受尽了这些痛苦磨难以后，被送交给我，在我手中，领受美好的训练，增强信主的信心，定意洗净心灵，联合上主，善度余生。他们一有了忏悔的心，就能反躬自问，明鉴自己行事不善，于是荣耀上主，称赞上主判断的公正，自己承认罪恶深重，理应受罚；同时立定心志，今后决以纯心为上主工作。因此，他们从今以后，再有营谋，诸事顺利，凡求上主，有求必应。他们于是感谢上主把他们交付了给我，不再遭受凶恶，因此荣耀上主。”

第四章

我对他说：“夫子！请你再给我一些详细的解释！”

他说：“你还有什么要问？”

我说：“夫子！饮食宴乐，纵欲寻欢的那些羊是不是享乐多久，也就要受刑多久？”

他答道：“是的！一样久。”

我说：“夫子！那么，他们受刑的时间实在极短了，他们吃喝宴乐，忘怀上主，罪过重大如此，岂不应受刑七倍吗？”

他对我说：“你愚顽无知，不晓得刑罚的厉害程度。”

我说：“当然了，夫子，我若明白晓得，又何烦请你讲解？”

他说：“请听我将两方面的程度试比较一下：追幻逐妄吃喝玩乐的全部时间等于一个小时，刑罚的厉害程度则一小时等于三十天。吃喝玩乐迷醉于虚妄一天之久的人，要受一天之久的刑罚，但刑罚的苛酷，则一天等于一年。谁享乐多少天，他就要等于受刑多少年。”

他接着说：“由此你就可明白，吃喝玩乐，沉醉虚幻之境的时间极短，受刑罚的时间却是极长了。”

第五章

我说："夫子！我还没有完全弄明白吃喝玩乐迷醉幻境之事，以及受刑的时间问题，烦请你再详加讲解一下。"

他回答我说："你这愚顽不化之徒，你不愿意洗净心灵，为上主工作。你要留心，以免末日既到之时，你仍旧是这样愚顽不灵！现在你要用心听我的讲解，好能明白一些。吃喝玩乐，迷醉幻境的人，虽然整天宴乐不断，但所作所为是愚昧的妄作妄为，故不论所做何事，每朝醒来，全然不记得昨日所行为何，吃喝玩乐，迷醉幻境，全属愚妄，记忆毫无存留。而刑罚的痛苦，则是一天等于一年，因为痛彻人心，使人记得深刻，分秒不忘，（故觉久长）。因此，当他受刑罚与苦楚经年之久后，有时回忆起以往吃喝玩乐追幻逐妄的那些情形，心中猛悟到是为那些缘故受了这痛苦。凡是吃喝玩乐追幻逐妄的人，都要受这样的痛苦，即使在他们有生之年，也已是将生命交付给死亡的境地了。"

我说："什么样的逸乐是如此有害呢？"

他说："凡是出于享乐之心所做出的任何事，都是逸乐。例如：愤怒的人发泄怒情便是贪享逸乐；邪淫、酗酒无度、谗言毁谤、欺诈、吝啬、盗窃，或做其他类似的事情，都是满足自身各样狂悖的情欲，并在其中溺于那种种逸乐。这一切逸乐都有害于上主的仆人，一切的人都是为了这些虚假虚妄的行为受刑罚的痛苦。然而，有一些欲乐却是对于人生有益的，因为有许多人在尽力追求欲乐的同时，实际上注意力从享受方面转移开来了，这样的欲乐有益于上主的仆人，并能使人赢得生命。但有害的欲乐招致刑罚的痛苦，人如固执于恶，不知悔改，必将自取灭亡。"

第七　悔改者必须结出与悔改相称的果实

过了几天，我看见他站在我先前观看那两个牧者的平地上，他对我说："你还在寻寻觅觅求索什么？"

我答说："夫子！我来此是请求你命那位司惩罚的牧者离开我家，他折磨得我实在痛苦！"

他说："你必须受那痛苦的折磨，因为"，他接着说："你的那位尊贵的守护天使发出了命令，他愿你受一番试探和磨炼！"

我说："夫子，我到底是行了怎样的恶事，竟被交付于这样的一位天使！"

他说："听着：你的罪过甚多，虽说你的罪本不至于严重到要被交付给这位天使，但你的家庭却犯了诸多不义与罪孽，惹动了尊贵天使的震怒，他命你受一个时期的折磨，是为引领你家中的人们悔过自新，脱离此世的诸般情欲。而当他们悔改之后，惩恶天使便会离开你的家。"

我对他说："夫子，即使他们犯的重罪惹动了尊贵天使的震怒，与我所做的又有什么相干？"

他说："因为你是一家之长，除非你先蒙受痛苦的惩罚，他们是不能受到惩罚的，你受折磨时，他们必定跟着受苦；你若安然无恙，他们便不能感到痛苦。"

我说："夫子！他们早已全心忏悔了！"

他说："我知道他们已经全心忏悔了。但是你以为他们一经忏悔，其罪就立得赦免吗？断乎不然！罪人忏悔之后，仍应攻克己心，在一切行动上，谦卑自己，在各式各样的患难中，忍受痛苦，然后，那'创造万有'，且给予万物生命力的造物主，才会全然怜悯他，并彻底疗救他。上主常这样做，特别在他察验到了那忏悔者的心中已完全涤除一切罪恶之后。要晓得你现在受的这些患难对于你和你的全家是有益的。我为什么要多费唇舌给你讲解呢？按着那把你交付给我的那位天使的命令，你必须忍受痛苦患难，上主没有弃绝你，因为他认为你值得承受这患难，且预先向你表明，好使你能预备而坚忍之，为此你应感谢上主。”

我对他说：“夫子！请你与我同在，助我忍受患难。”

他说：“我会与你同在，并要请求惩恶天使从轻处罚。但你必将受苦一小段时期，你受的患难不久即可终止，然后，你就可重新归家安居，只是务要持续降卑自己，洗净心灵，全心服侍上主，恒心不变，你和你的全家，都应这样去做。你如遵行我给你的诫命，你忏悔的心志必能得加强。如你和你全家都持守我的这些劝诫，必将脱离一切痛苦。而凡实行我这些命令的人，其痛苦亦必得以消除。”

第八　蒙召者与悔罪者之罪各自不同，但所有人都将按照其悔改与善功的分量受报

第一章

牧者指给我观看一棵大柳树，这棵大树遮盖了群山和平地，凡信奉上主之名的众民都聚集在它的荫庇之下。树旁立着一位天使，荣光夺目，身躯伟岸，他手持一把修剪用的大刀，砍下了柳树的许多枝条，并分给树下的众人，散发的那些柳枝是大约一尺来长的细条，众人领受了柳枝以后，天使把砍刀放在一旁，那棵树却完好如初，与我初见时的一样结实。我惊讶于此，便问道：“砍掉了这许多枝条，这棵树怎能还是完好如初呢？”

牧者对我说：“这棵树，砍掉了这许多枝条仍旧是完好如初，你不要惊讶，唯应静候。直到看见了全部的异象以后，我便要给你讲解这个

神奇的异象。（到时你自会清楚万事的真相）”

那位天使又叫众人交回他们从他手中领受的柳枝，按着原来的次序，一一地召唤回来，各人一一交还他领受了的柳枝。天使接回柳枝，仔细察验。有些人交回的柳枝束已经枯干，实际上已经被蠹虫腐蚀。天使喝令交还这些柳枝的人们站在一边。有些人交回的柳枝也是枯干了，但未经蠹虫的侵蚀，天使也叫这些人站在一边。有一些人交回的柳枝半干半湿，这些人也站到一边。有些人交回的柳枝也是半干的，同时带着一些裂痕，这些人也站到一边。有些人交回的柳枝虽显青绿而有裂痕，这些人也站到一边。有些人交回的柳枝半段枯干，半段青绿，这些人也站到一边。有些人交回的柳枝三分之二青绿，三分之一枯干，这些人也站到了一边。有些人交回的柳枝是三分之二枯干，三分之一青绿，这些人也站到了一边。有些人交回的柳枝差不多完全青绿，只有极小的尖梢部分枯干，同时带着一些裂痕，这些人也站到了一边。有些人交回的柳枝，极小的部分青绿，其余绝大部分枯干，这些人也站到了一边。有些人交回的柳枝，完全青绿，与从天使手中领受时一样的绿。其中大部分的人交回的柳枝都是如此，天使对他们极表喜悦，他们这些人也站到了一边。有些人交回的柳枝不但青绿而且已经抽出嫩芽。天使对他们更是极表喜悦，这些人也站到了一边。有些人交回的柳枝不但青绿带着嫩芽，而且像是结出了一些果实，这些人因为有这样的柳枝极其欢乐，天使对于他们极表欢庆，牧者对他们也甚感欣悦。

第二章

于是天使传令将许多冠冕拿来，冠冕送上来了，似乎是棕榈叶编成的。天使便将交来的柳枝上有发芽并结果的那些人加冕，送他们进入塔中。其余的交回柳枝青绿有芽而无果的那些人，天使只给他们每人打上了一个印记，也送他们走入塔中。而凡是走上塔中去的人们都穿上了同样洁白如雪的衣服。[1]天使给那些交回的柳枝青绿如故，与领受时无异的人们，印上了印记，派遣他们也走上了塔中去。[2]这一切事完毕后，天使对牧者说："现在我要走开了。你应派遣其余的人走入那个围墙里去，各人立于自己应站立的位分，你且细心检查他们的柳枝，放他们走入，检查柳枝时要仔仔细细，一枝也不要遗漏，假若有人逃避了你的检查，我要在祭坛上察验他们！

天使给牧者说完了这些话便走开了。天使走开之后，牧者对我说："让我们一起去把众人的柳枝拿来，栽在地上，看看哪些还能再活。"

我对他说："夫子，那些已经干枯了的，怎能再度重生？"

他答我道："这是一颗柳树，最有生命力，栽在地里，吸收了一些水分，许多便能复活的，我们且试验一下，给它们浇上一些水。[3]将来，若有的恢复了生命，我们就为它们欢庆，若不能恢复生命的，也便不能怨我们没有为它们费心。"

于是牧者吩咐我呼召那些人，他们按着站到一边的次序，一队一队地走上前来，将柳枝交给牧者，牧者接了柳枝，一排一排地栽在地上，充充足足地浇上水，浇遍了柳枝。浇完水之后，他对我说："我们可以走开了，过几天，我们再回来视察柳枝，这些树的创造主愿意从这树上接受枝子的所有人得到生命，[4]我也希望这些柳枝吸收了湿气和水分，大多数都能重新恢复生命。"

第三章

我对牧者说："夫子！请你务必给我说明这棵树的寓意，最使我百

---

① 参见《启示录》19：8。

② 一作：送走了他们。

③ 参见《以西结书》39：29。

④ 参见《罗马书》6：16。

思而不得其解的，是这棵树为什么砍掉了那么多枝条后，仍旧是完好如初，完全显不出是砍伤了的，对于这一点，我甚是讶异纳闷。”

他说：“请听！这一棵遮盖着山岭平地和整个地面的大树，象征上主掌管整个世界所制定的律法，这个律法便是上主的圣子。他的名字已经传遍了地极，在树下遮盖着的众人是听了圣道的宣讲，信从了上主圣子的众子民。那位荣耀高大的天使是圣米加勒（Michel）天使，他有照护并管理众信徒的权能。他将上主的律法赋予在全部信友的心灵中，他要检查这些信友，是否遵守了他赋予他们的律法。每一个人都拿着自己的柳枝，这柳枝象征着律法。你看见了许多柳枝未发出生命的果效，由此你可断定那些人是没有遵守律法的，并且你也会看到他们每一个人应当前往的去处。”

我问他说：“夫子！究竟出于什么原因天使派遣一些人进入塔上，又另外剩下一些人交给你处理呢？”

他答说：“凡是违背了他律法的人们，他便留下交我处理，为的是使他们忏悔自新。但凡那些信奉遵行了律法的人们，他便选派到塔上去由他自己直接管理。”

我说：“夫子！那些戴着冠冕登到塔上去的都是什么人？”

他说：“他们是和魔鬼争战并取得胜利的人。他们为遵守律法受了诸多的逼迫。柳枝青绿交回有芽而无果的人们指的是有一些人，为遵守律法受了折磨，没有违背律法，但没有为律法殉难，总之他们不曾否定他们的律法。柳枝交回青绿如故无异于领受之时的人们，象征那些遵守律法和公义的，修己处世，心灵极其纯洁，并遵守了主的诫命的所有人。至于其余的都是什么人，你仔细察验那些栽在地下，受了清水灌溉的柳枝，便可辨认出来。”

第四章

未过数日，我们回到那个地方，牧者坐在天使的位置，我站立在他一旁。他对我说："请你在腰间扎一条麻布围裙，来服侍我！"

我依言将一个洁净的麻布围裙扎在腰间。他见我扎好了腰间围裙，准备妥当可以服侍他了，于是说道："请你呼召那些柳枝栽在地下的人们，按着他们领受柳枝时的次序分队前来。"

我便走到平地里，呼唤全部的人，他们一队一队地排列起来。他对他们说："各人拔起他的柳枝，交到我面前来！"

只见第一队人，所交柳枝枯干，带有裂痕，原先如此，今仍如故，他唤他们站到一处。第二队人，原先是柳枝枯干，没有裂痕，现在却有些柳枝青绿，有些不但依旧枯干，而且被蠹虫腐蚀了。他于是呼召柳枝青绿的那些人站在一旁，却叫那些手执枯干而被腐蚀的柳条的人们和第一队站到一处。第三队人，原先是柳枝半干半湿，带有裂痕，现在，有些是青绿而无裂痕，而且发了新芽，并结出了一些鲜嫩的果，和那些戴花冠登到塔上去所执的柳枝相同了。有些人的柳枝全然枯干朽烂，有的枯干而没有朽烂，有的半干半湿带有裂痕。这些人都和原先一样，各人站到自己应去的那一边，各人归各人那一队，或站在一个指定的地方。

第五章

第四队人，原先柳枝青绿但有裂痕，现在交回的柳枝是全然青绿的，除去了先前所有裂痕，牧者对他们表示嘉许，他们于是站回自己的队里。第五队人，原先柳枝半段青绿，半截枯干，现在交回的柳枝，有的完全青绿，有的仍是半段枯干，有的不但枯干且已腐烂，有的却不但完全青绿，而且发了新芽，这一些人，都各自归到自己的队里去了。第六队人，原先的柳枝三分之二青绿，三分之一枯干，现在交回的柳枝，许多是完全青绿的，许多是一半枯干，许多却枯干而被虫腐蚀，这些人也各自归到了本队。第七队人，原先柳枝三分之二枯干，三分之一青绿，现在交回的柳枝，有的是一半枯干而有裂痕，少数却完全青绿，这些人也各自归了本队。第八队人，原先柳枝青绿，只有尖梢上一小部分枯干，现在交回来，有的全部青绿，有的不但青绿，而且发了新芽，这些人也各归本队。第九队的人，原先柳枝只有一小部分青绿，其余大部分枯干，现在交回来，极大多数完全青绿，发了新芽，也结了嫩果，其余的一些人，只是全部青绿，牧者见他们有了这样的进步，极表喜悦，这些人也各自归了本队。

第六章

检查完毕后，牧者对我说：“我对你说过，此类的树，生命力极强。”

他说：“许多已经忏悔自新，生命复苏了，你看见了吗？”

我说：“是的，夫子，我看见了。”

他说：“这是为让你看到上主仁慈的伟大宽宏，他赏赐生命的天使给有能力忏悔自新的人们。”

我说：“夫子，为什么没有全都悔改呢？”

他说：“上主明鉴人心，有的人诚心洗洁自己，定意全心为上主工作，上主于是赐给他们悔改的恩典。有些人恶劣欺诈，既愿意悔改，又没有诚意，因此上主不给他们悔改的恩典，免得他们日后再三地亵渎他的圣名。”

我对他说：“夫子！现在请你给我明白解释那些交回柳枝的人们都是指的什么人？他们各自的性格与归宿如何？并请你解释他们各人归回所站的位置有什么寓意？以使那些因清楚明白有信心并且领受了印记，但没有保存完整而损坏了印记的人们，以此为鉴，也追悔并痛改自己的罪过，从你手中领受新的印记，荣耀上主，感谢上主怜悯了他们，又派你来恢复他们天使的圣洁。”

他说："请听着！柳枝枯干且被腐蚀的那些人，是背弃并辜负教会的人们。他们犯罪侮辱上主的名号，以信奉上主为羞耻。这些人离弃了上主，全然丧失了生命，你看见了他们当中总没有悔过自新的。他们聆听了你的劝告，也听了我命你转报给他们的劝诫，但他们仍未肯悔转。他们的生命远离他们，无法挽回了。柳枝枯干未受腐蚀的人们和前面那些人相似，他们伪善欺人，心中没有诚意，散布外邦人的道理，诱惑上主的仆人们偏离正路，特别诱惑那些犯过罪的人们，放弃忏悔的心思，迷信邪妄的谬说，但是这些人还有悔过自新的希望。自从你给他们传达了我的劝诫的那一天起，你看见了他们中的许多已经纷纷忏悔自新了，将来要忏悔的还有许多，但是那些不肯忏悔的人，丧失了自己的生命，忏悔的人成了良善者，并在第一道围墙里站在合宜的位置，还有些人升到塔内去了。"

他说："由此可知，罪人忏悔，即得生命，不肯忏悔，即归丧亡。"

第七章

"交回的柳枝一半枯干并有裂痕的人，是三心二意心志不专诚的人。这样的人是半死不活的人。即未死亡，又无生命。半段枯干且有裂痕的人，是三心二意心志不专且好毁谤人，心中没有和平的思想，常挑拨纷争或变乱。"他继续说道："但是他们当中有些人有忏悔的可能。你们见到他们当中有些人业已忏悔自新了。可见他们还有忏悔的希望。"

他又补充说道："他们当中，凡是忏悔了的人，在塔中都还有立足的位置，忏悔迟缓的人置身在围墙里，怙恶不悛，不肯忏悔的人则沦落到死亡的苦痛中。交回的柳枝青绿，但有裂痕的人是常有信心的良善人，但彼此之间有裂痕，为争夺职位与荣耀彼此嫉妒，争权夺位的人都是愚妄的人。但是他们的禀性良善，从我这里聆听了劝诫，洗涤了自己的罪恶，立刻忏悔自新了。因此，他们在塔中有安身的位置，但是假若他们重又犯罪，挑拨内乱，嫉妒纷争，[①]就要被逐出塔外丧失性命了。生命的恩赐属于遵守主诫的人们，上主的诫命并没有劝人争夺在上的权柄或荣耀，而是劝人宽宏忍让，居心谦卑。上主赏赐的生命是生活在这些德行中，作乱犯法必招丧亡。”

第八章

“交回的柳枝是一半青绿，一半枯干的人们，是沉沦在纷繁的事务当中。它们不符合圣徒的条件，他们一半有生机，一半死亡。许多这样的人听了我的劝诫，忏悔自新了，在塔中得到了安身的位置。有些人却固执于恶，愿意站在塔外，他们失去了忏悔的可能，为了经营事物侮辱上主的圣名，背弃了他，因了自己的罪过丧失了生命。他们当中许多人三心二意，但若迅速改过，尚有忏悔的可能，并在塔中得到安身的处所。假若忏悔迟缓，则留在围墙以内，如果全不悔改，那就是自己丧失自己的生命了。柳枝交回，三分之二青绿，三分之一枯干的人们，是屡次多方背弃了信心的人。他们当中许多人悔改了，也在塔上得到了安身的处所，然而许多始终还远离上主，永远丧失了自己的生命。还有些人，犯过三心二意的过失，并曾作乱造反。他们如果迅速回转，不屑固执私意，尚有悔改的可能，假若他们固执于作恶，就是为自己预定了死亡。”

第九章

“交回柳枝三分之二枯干，三分之一青绿的人，是原来有信心的，后来发财成了富翁，在外邦人的眼中享有富贵荣耀，狂傲之心便大大增长，自负豪强，背弃真理，不与义者相处，宁愿和外邦人共同生活。他

① 《雅各书》3：16。

们尚未远离上主，尚有信心，只是没有了信心的实行。这些人当中，有许多现在已经忏悔了，也在塔中得到了安身的处所。还有许多人却始终和外邦人共同生活，并且信从了外邦人虚妄的谬说，远离了上主，只愿按照外邦人的行为和举止工作。为了以往的诸多罪过，失掉了自救的希望；还有一些人，不但怀着疑心，而且彼此之间酿成了分裂。这些人都有忏悔的可能，如愿在塔内居住，需要迅速悔改，否则，执迷于欲乐，不肯悔改，他们的死亡便已临近了。”

第十章

“交回的柳枝青绿，只是在尖梢上枯干，而稍有裂痕的那些人，原来都是良善的人，有信心，在上主面前，有显贵的荣耀，然而为了轻微的情欲有了些微的过犯，彼此之间为了细小的事情，互相敌对。他们这样的人聆听了我的劝诫，大部分立刻忏悔了。在塔中也有了安身的处所。有些人却三心二意，扩大了纷争。他们有忏悔的希望，不容易陷于丧亡，因为他们在以往素常是良善的人。交回的柳枝，大部分枯叶已经脱落，只留有尖梢上极小部分青绿的人，是原先有过信心，但同时做了许多违反律法的行为，只因未尝远离上主，甘心侍奉上主的圣名，并且情愿在家里收留上主的仆人。以后，他们聆听了我的劝诫，就毫不迟疑地悔改了，并且做出了各种美德及善功。因此他们在塔内得到了安身的处所。”

第十一章

解毕柳枝的寓意，他对我说，“你们现在可以归去，转告众人，劝他们忏悔自新，并为上主而活，上主心存慈悯，派我颁赐忏悔的恩典。有些人，因为自己犯罪当不起领受这些恩典。宽宏大量的上主愿意派他圣子拣选的众使者去拯救他！”

我对他说："夫子！我希望所有人听了这些劝诫，都忏悔自新。我相信，各人认清了自己的行为，敬畏上主，都要悔改。"

他回答我说："任何人，如果全心悔改，洗洁自己上述的一切罪污，不再罪上加罪，重蹈覆辙，都将从上主手中领受救治往罪的药品。只要他们不再怀疑这些诫命，并定意为上主而活；反之，那些贪恋此世而罪上加罪的人将受死亡的苦刑。你既愿为上主而活，即应遵行我的劝诫，凡是遵行这些劝诫的人，都是为上主而活。"

他向我陈述并说明了这一切，最后对我说："其余的一些事，过几天以后，我再来给你讲述。"

第九　在建塔中战斗与得胜的教会的奥秘

第一章

我笔录这些诫命和寓言完毕以后，那位牧者、忏悔天使又来到我面前，对我说："现在，我愿意给你说明圣洁的天使借教会的形象给你启示的一切都有什么意义。那位圣洁的天使乃是上主之子。先前，你顺从情欲而活，灵命软弱，没有能力得到天使的启示。现在那位天使增强了你的力量，你的灵性足以面晤天使了，于是那位天使派教会给你显现了建塔的工程，你当时敬重童贞者显现的异象，心意圣善地观看了一切。现在那位天使将使你在上主光照之下，观看一些神界的异象。你需要在我训导之下明确详细地学习一切，尊贵荣耀的天使托付我住在你家就是为了这个目的，协助你以敏锐的眼光看清一切，不再像从前那样软弱。"

说完了这些话，他提起我前往阿卡迪亚，一座其状似驼峰的山上，把我置于山顶，指给我观望一片广阔的平地，有十二座山环绕，每座山有不同的景色。第一座黑似煤炭。第二座童山濯濯。第三座荆棘丛生，蓟草充塞。第四座花草满山，远看外表青青，虽然上半部分的枝叶仍青绿，但靠近根部的已渐枯萎，又有些草木受了太阳暴晒，已经枯干。第五座山绿草葱葱，但间有荒芜之地。第六座山多处崩裂，裂口广狭不一，其间草木凋零。第七座山花草繁茂，果实累累，各种飞禽走兽栖居其间，觅食花草，不但取之不竭，反而越取越多。第八座山泉源无数，清流激湍，灌溉养育，泽及上主所造的万物。第九座山干旱荒芜，爬虫出入，为害人类。第十座山大树成林，荫盖全山，群羊静卧荫下，或反刍，或休憩。第十一座山，果木成林，繁茂浓密，树上有着的鲜果各不相同，望之令人垂涎欲滴。第十二座全山洁白，极其美丽悦目。

第二章

他指示给我看，平地正中有一个大石柱，矗立地上，其高超乎群山，形状四方，体积高大宽广，似乎可以囊括世界。石柱年代古老，其中有一个似为新凿的洞门，门面光耀，胜过太阳，使观者惊异称奇。围绕着石门站着十二个童女，四角上站着的那四位荣耀显赫，超乎众人，个个童女荣耀美丽，两人一队，站在洞门中田字形内的四个方块中。个个穿着白纱长袍，腰间系着美丽的绶带，右肩袒露，仿佛是即将去肩负什么重任似的，个个眉飞色舞，英姿矫健。我目睹这异象的美丽荣耀，暗中惊叹不已，那些童女，生性柔弱，但直立门下，气象不凡，像能支持整个天体，这更使我惊奇。①牧者于是对我说："你心里思索什么？为什么又自寻烦恼？你不能明了的，不必强求，如此才是智慧，唯应向上主祷告赏赐智慧，以了解你不晓得的事。你虽看不见背后的，却能看见面前的，背后的尽可置之不顾，不可庸人自扰。面前能见的，要注视得详明清楚，关于其他根本看不见的，不必枉费心思，凡是我指给你看见的，我也都

① 正如伊甸园的天使，参见《创世记》3：24，《启示录》21：11。

将给你解释明白。”

第三章

此后，我看见来了六个男子，容貌相同，身材高大，他们呼召了许多男子来到，都是英俊健壮，身材高大，气宇轩昂，听从六个男子的指挥在石柱和石门上面建筑一座塔。他们动工兴建，围绕着石门东奔西跑，声大震耳。石门洞中围立的童女们激励男子们加速工作，又伸着双手像是向男子们索取什么似的。那六位男子发出命令，令其他男子从某一深渊中起运一些石头，搬运到上面去建塔，于是有石头被抬起了，颜色洁白，尚未雕琢。又呼召童女们搬运着十块石头，穿过石门，运到这边，递给男子们建塔。童女们互相帮助，彼此把石头放在肩上，大家一起工作，将十块石头一块一块地搬运过去。

第四章

童女们围着石门，站立时，一起站立，搬运时，一起搬运，强健的不怕把石头的尖角放在肩上；其余不强健的，只把平面放在肩上，她们接受指挥，样样遵行，搬着石头穿过石门，运到那边递给男子，男子接过石头，开始建塔。此塔建筑在石门之上，以十块巨石作为塔的基础，石柱和石门支撑着全塔的重量。此后，又从那深渊中提起二十五块石头，也由童女们以同样的办法搬运，这二十五块也是尺寸适当。然后，又有三十五块，然后又有四十块，都是尺寸适合，投递上去建塔。所以塔的基础已经建立了，一共有四层石头。深渊里的石头停止了上升，建塔的人也随着休息了片刻。然后，那六个男子命令众人从各处的山上运石头来建塔。于是从那许多山上运来了各样颜色的石头。经过男子们的雕琢，交给了童女们搬运，穿过石门，运到那边，交到上面去建塔。石头的颜色虽然由于来自各处山峰而有不同，但放到了塔中，都改变了原有的颜色，一律变成了洁白。但有一些石头，没有经过童女们的手交到上面去，又没有穿过石门，直接被男子们交到塔上去了，因为它们还保持了原有的颜色，尚未变成洁白的，和白塔的颜色全不相合。那六位男子发现这些石头和塔的颜色不相合，命令他们拆下来，投到下面，搬回所运来的远处。并向运来那些石头的男子们说："你们绝对不应直接运石到塔上，唯应放在近处，由童女们搬运，先穿过石门，再递交到上面。石头若不经过童女们的手穿过石门运到塔上，便不能改变颜色。"他总结道："所以你们不可再做徒劳无益的工作。"

第五章

那一天的工程完毕了，暂且歇了工，塔还没有建完，待将来再建塔上所余的那些部分。那六位男子命令众人暂且退去休息，只留下童女们守塔。众人退后，我向牧者说："夫子，为什么塔未建完他们就停了工呢？"

他说："他们不应一下子把塔建完，需要等待塔的主人前来察验，撤换掉他察验出的经不起天长日久而剥落的一些石头，然后，应当遵照主人的意旨建塔。"

我说："我极愿明白这座塔究竟是为什么建筑？有什么寓意？石柱，石门，周围的群山，童贞的女子，以及那些生自深渊，未受雕琢便直接用于建塔的石块等，都有什么意义？为什么塔的基础四层：第一层有十块石头，第二层二十五块，第三层三十五块，第四层四十块呢？那些用上去建了塔又拆下来退回原处的那些石头有什么寓意？总之，关于建塔的一切，我都求你给我解释，好使我困惑的灵魂恢复安静。"

他说："你不必多奇好问，空费寻思，一切事你都将明了，过不多几天，我们将回到这个地方，你会看见塔上将发生的一切事件，然后，你就能详细明白一切的寓意了。”

果然，过了不多几天，我们回到了上次坐着的地方。他对我说：“我们且去看塔。”塔前没有别人，只有那些童女。牧者向童女们询问塔的主人是否已经来过，她们说：“他将要到来，察验塔的建筑。”

第六章

看哪！果然在瞬息间，我看见了一大队人走向前来，当中有一个男子，高大至极，超过那座塔的高度。指挥建塔的那六位男子左右护送，全数建塔的工匠人等，都陪着他走来，还有其他许多荣耀尊贵的人们，前呼后拥地围着他。不多时，守塔的童女们飞跑上前跪下，和他行亲吻礼欢迎他，紧随着他巡行视察。他仔仔细细地检查塔的建筑，亲身察验石头，手持棍杖，敲击每一块石头。有的石头经他一敲，立时变得黑似烟灰，有的朽如癣疥，有的碎裂，有的残缺，有的不黑不白，有的凹凸不平，不能和别的石头密合，有的有许多瑕疵，这都是各种破烂的石头，垒到塔里面去的，现在都被查出来了。于是他命令将这些石头都从塔上拆下，丢在塔的旁边，另运上其余的石头去放在所有留下的空位里。建塔的人们问他可否从其余的石山上去另运石头来填补那些塔上的空位，他发出了命令，不从山上搬运，但从平地里一个邻近的地方运来。于是他们挖掘平地，果然发现了许多石头，有的形状四方，光明闪烁，有的形状圆滑，把这些石头运来，经童女们的手穿过石门运到那边去。琢磨成四方的石头，放到塔上，填满了所有的空位，圆滑的石头，顽硬，不易琢磨，太费时间，没被选用到塔上，留在了塔的旁边，等着日后加以琢磨，再垒到塔上。这些石头极其光明灿烂。

第七章

那位荣耀尊贵的男子，塔的主人，做完了验塔的工作，招呼牧者前去，将从塔上拆下来堆在塔旁的烂石头，交给他并对他说：“请你用心洗净这些石头，那些可以和别的石头相接合的，放回塔上，不能相接合的，抛在离塔远远的地方。”

这样吩咐了牧者，然后离塔归去，陪他来的那些人们也都一同走开了，只剩下那些童女们环绕着石门站立守塔。我问牧者说：“这些石头已被抛掉怎能再用到塔上去呢？”

他答说：“这边那些石头，你看见了吗？”

我说：“是的，夫子！我看见了。”

他说：“我将琢磨这些石头的一大部分，然后放到上面去建塔，就能和别的石头相接合了。”

我说：“琢磨成细小的以后，怎能填满原有的空位呢？”

他回答我说：“尺寸短小的石头放在中部，大的放在外部，辖制中部短小的石头。”

他说完了这些话对我说：“请我们暂且走开，过两天以后再回来洗净这些石头，然后把它们放回塔的上面去。塔周围堆放的这些石头都需要洗净。否则，主人一旦归来，发现塔旁的石堆污浊，恼怒不悦，恐怕这些石头永无重被选用的希望了，同时主人也要怪我懈怠了职务。”

接着过了两天，我们回到塔前，牧者对我说：“我们现在应把所有的石头察验一下，看有没有一些石头，可以移回塔上去。”

我说：“是的，夫子！就请我们一同去察验一下。

第八章

于是我们开始先察验那颜色黑的石头。我们发现它们的颜色漆黑如故，与刚从塔上搬下来的时候一样，牧者下令将它们搬到离塔远的地方，丢在一旁。然后，牧者察验那些朽如癣疥的石头，取过来琢磨了许多块，然后命令童女们起运放在塔上，童女们遵命把它们运过去放到塔的中部。剩下的一些石头，和那些黑石头丢到一处。然后，他去察验那些有裂痕的石头，拣选了许多，加以琢磨，命童女们搬回塔上，放在塔的外部，因为它们较其余的石头坚固完好，剩下的一些石头，碎裂太甚，无法磨炼，便被抛到塔的远处去了。然后，他去察验那些残缺的石头，发现它们当中有许多石头全成了黑色的，有些还裂开许多大缝，他命将它们都和前面抛掉的那些丢在一处，余下的一些，他加了一番洗涤和琢磨，命将它们运回塔上，童女们把它们搬运过去放置在塔的中间的适当处，因为它们比较脆弱。然后，他们前去察验半黑半白的石头，发现它们当中有许多全部变成了黑的，他命将这些运走，和前面抛掉的那些丢在一处，剩余的一些颜色洁白，由童女们运送过去，放在塔上合宜的接合处，又因为它们坚固完好，因此放在外部以管辖中部，它们当中没有一块残缺的。然后，他前去察验那些凹凸不平，资质顽硬的石头，这些当中少数极其顽硬，无法修琢，因此尽被抛掉。其余的，受了一番琢磨，被童女们搬运过去，因为脆弱易断，放在塔的中部方合宜。然后，他前去察验那些有许多瑕疵的石头，拣出了少数几块黑石抛掉了，和其余的石头丢在一处。余下的石头都是明洁坚硬的，由童女们运到上面，对边接缝地垒置在塔上，它们的质料坚硬，因此被用在塔的外部。

第九章

然后，他前去察验光滑亮白的那石头，对我说：“对于这些石头我们该怎么办呢？”

我说：“夫子！我哪里知道该怎么办呢？”

他说：“你在这些石头上什么东西也没检查出来吗？”

我说：“夫子，我没有这个本事，我又不是石匠，哪有能力检查出什么东西来呢？”

他说：“你看不见它们是极圆滑的吗？若把它们琢成四方形的，就需要砍掉许多部分：同时，不得不采用它们的许多块放到上面去建塔。”

我说：“夫子！你既然明白不得不用它们几块，何必庸人自扰，你且随意选择几块，放到塔上去，岂不可行？”

果然他选择了光泽宽大的几块，加了一番刻凿琢磨的工夫，由童女们搬运过去，对边接缝地垒置在塔的外层。余下的许多石头运回到平地里所自运来的地方，只是还没有弃掉，他说：“这座塔还剩一小部分，应当建筑起来，这些石头极洁白光亮，塔的主人很愿意用它们建塔。”

于是牧者呼召了十二位妇女，她们容貌美丽，身穿黑裙，腰带紧扎，双肩袒露，披头散发，显然是一些乡野姑娘。牧者命她们背起塔下抛掉的石头运回原来的山里。那十二位妇女，面带着喜色，把所有的石头，都运回所采凿的原处。运完之后，塔的周围一块石头也没有剩下。牧者对我说：“请我们一同围绕着塔的四周看一看，塔上有没有什么缺点？”

我就陪着他围着塔转了一周。牧者看见这塔建得美丽，甚是喜欢。真的，这座塔建得这样好，令人一见就十分喜爱，这座塔建得如此精巧，隙缝密合，全无裂痕。活像是用一块整石建成的，而且似乎是从石柱上直接琢磨而成，依我看，简直是一整块石头。

第十章

我陪着他巡行，观赏这么美好的奇物，甚觉畅快。牧者对我说："请你去搬运一些生石灰和碎砖来，填满许多石头被运上去建塔以后，在地上留下的空穴。塔的周围需要处处平坦。"

我就照他的话做了，把他要的那些物品运到他的面前，他说："请你助我的劳作，不久即可完毕了。"

他于是填平了建塔的石头留下的空穴，又命把塔的周围打扫干净。童女们拿过扫帚来打扫，把污秽的物品扔到塔的远方，然后洒了清水，塔的周围打扫得清洁美丽，使人心中愉快。牧者对我说："各处都打扫洁净了，主人前来检阅，不会看到什么瑕疵来指责我们。"

他说完了这些话，就有意动身走开。我于是拉住他肩上的皮袋，以上主的名起誓，央求他先给我解释他显现的一切，然后再走。他说："我现在有一点事忙着，请你在这里等我回来以后，再给你解释。"

我对他说："夫子！你让我独自留在这里做什么？"

他说："你不是独自留在这里，因为有童女们陪伴你。"

我说："那么就请你介绍我给她们。"

牧者呼召童女们前来对她们说："我交托你们陪伴他，等到我回来的时候。"说毕，转身走开了。所以只留我独自一人由童女们作伴。她们笑容可掬，待我和蔼可亲，特别是最荣耀美丽的那四位。

第十一章

童女们告诉我说："今天牧者不回这里。"

我说："那我该怎么办？"

她们说："你应在这里等他，等到天晚，他若回来，就可跟你谈话，他若不回来，你就留在这里，等到他回来。”

我对她们说：“我等他到天晚，他若不来，我就回家，明天早晨我再回来。”

她们回答我说：“牧者把你托付给了我们，你不能离开我们。”

我说：“我怎能留在你们这里过宿？”

她们说：“你和我们留在这里一处过宿，如同你是我们的弟兄，不是我们的丈夫。你是我们的弟兄，我们从今以后，愿终身和你一同居住，我们最爱你。”

但同她们留在一处，我总有些羞怯。这时有一位童女，看去必是她们的长者，过来亲我的面，其余的童女们看见她亲了我的面，也都随着过来亲我的面，并和我旋绕着石塔一起游戏玩耍。我自己仿佛是返老还童了，和她们戏耍起来。她们有的组成了合唱团，有的排成了舞队，还有的只是引吭高歌。我跟着她们围着石塔转过来绕过去，闭口无言，只是满面微笑！天色晚了，我愿告辞归家，她们强加挽留，不允我走，要我睡塔旁和她们一同过夜。她们那些童女们，把她们的纱布长袍铺在地上，叫我躺在她们中间。什么别的事也不做，只是念经，我和她们分秒不歇地一同念经，与她们一样热心。她们见我这样热心念经都满心欢喜。我们这样度过了一夜直到天明。然后，牧者来到了，问童女们说：“你们曾否有谁怠慢了他？”

她们说：“你且问他去。”

我对他说：“她们陪伴我一同等候你，很是周全。”

他问说：“你在进餐时，用了什么食品？”

我说：“夫子！我整夜的工夫进餐，用的食品是上主的语言。”

他说：“她们接待你，接待得好吗？”

我答说：“是的，夫子！她们接待得很好！”

他说：“现在，你愿听我先解释什么？”

我说：“夫子！按着你显现的一切，从头讲起。”

他说：“我就按照你的要求，给你讲解一切，什么也不隐瞒。”

第十二章

我说：“夫子！请你首先给我解释那石柱和石门有何等寓意？”

他说：“石柱和石门象征上主之子。”

我说：“为什么石柱古旧，石门新鲜呢？”

他说：“愚人哪！听我讲来，就明白了。上主之子，生于天地万物以先，和上主圣父同心合谋完成了造世的工程，因此他显得古旧。”

我说：“为什么石门新鲜呢？”

他说：“因为它在时间的尽头，显明到了人间，因此石门显得新鲜，凡是得救的人都需要经过这个门进入天国。”

他说：“你看见那些石头了吗？经过了石门的放到了塔上，没有经过的，被投回原处了。”

我说：“是，夫子！我看见了。”

他说：“这里面的寓意是说：不采取上主之子的名号，谁也不能升入上主的国中！譬如你进一座城，城墙围绕，只有一门，不经过这个门，便不能进到城内，对不对？”

我说：“对的，夫子！不经过这个门，便没有别的门可入。”

他说：“不经过这个门，便不能进入城内，就是这样，不采取上主之子作为自己的名号，便不能进入天国。”

他说：“你看见了建塔的那许多工人吗？”

我说：“是的，夫子！我看见了。”

他说：“他们都是荣耀的天使，他们排成队伍，如同是一座城墙，围护着吾主，石门是上主之子。为走到上主座前去，只有这一个石门可入，不经过这个门，谁也进不到上主面前去。”他又说：“你看见了那六位男子，及他们当中那位荣耀魁伟的男子吗？他曾围绕着石塔视察，并发命抽掉了许多不合格的石头。”

我说：“是的，夫子！我都看见了。”

他说：“那位荣耀的男子乃是上主之子。那六位男子是荣耀的天使在他的左右维护他。”他又说：“这些天使如果没有他，都不能进到上主的面前去，谁不领受他的圣名作为自己的名号，就不能进入天国。”

第十三章

我说：“那座塔代表什么？”

他说：“那座石塔代表教会”

我说：“童贞的女子代表什么？”

他说：“她们代表圣善的天使，除非她们把她们的服装给人穿上，人便不能升入上主的国中。只领受了圣名，而不穿戴她们的服装，乃是不能入天国，这些童贞的女子乃是上主之子的德能。人如额上戴着他的圣名，但身上没有穿着他的德能的服装，戴圣名等于没有戴！”

他说：“你看见的那些被抛弃的石头，不是因为他们额上没有戴着圣名，只是因为身上没有穿上童女们的服装。”

我说：“这些童女的服装是什么样的？”

他说：“她们的名号就是她们的服装，额上戴着上主的名号的人，也需要戴上她们的名号。因为圣子本身也戴着她们的名号。”

他说：“你所见的那些放到塔上去的石头，都是经过童女们的手交递了过去，并保留在塔的建筑以内了。因为它们具备了这些童女们的德能。为此，你看见了那座石塔和石柱构成了一块石头，就是这样，归信上主的人们，因着上主之子的恩佑，得着这些天使的德能。大家与天使合一，共成一体，共穿一色的服装，获得了童女们的名字的人们都得以安居塔中。”

我说:“那么，为什么那些穿过石门经童女们的手交到塔上去的石头，有些也被抛掉了呢？”

他说："因为你关心一切，又愿仔细问，请你听我讲一讲这些石头是怎么一回事。"

他说："这些石头都领受了上主之子的名号，也领受了这些童女们的德能，并且在领受了这些天使以后，它们的能力增强了，也作了为上主工作的一员，也和大家有一个天使，有一个身体，穿一套服装，思想一致，共谋公义的实行。但是过了一个时期，受了那些黑衣姑娘们的劝诱。[①] 你看见了她们身穿黑裙，双肩袒露，披头散发，面貌秀美，那些石头看见了这些姑娘起了恋慕的心，屈服在她们的魔力之下，穿起了她们的服装，脱去了童女们的服装，失去了童女们的德能。因此，被抛掉到上主的门庭以外，交付给那些野姑娘们的手中去了。那些没有受野姑娘美丽的诱惑的，仍安居在上主的门庭以内。"他又说："你现在明白了那些石头的寓意吧。"

第十四章

我说："但是，夫子，请你答复我这个问题：假若这些人，被弃之后，忏悔了自己的罪过，弃绝私欲不再贪恋这些黑衣姑娘了，重新归附到童女们那里去，从今以后，实修他们的德能和善功，他们不能再回到上主的门庭以内去吗？"

他说："当然的，他们能再回进去。只要他们弃绝那些姑娘们的恶行，重新长成童女的德能，操行他们的善功，就可以回去。为了这个理由，建塔的工程曾停顿了一个时期，为等他们回心转意，重归塔中。他们如固执己见，不知悔改，就要承受弃绝，并另有别人进入塔中占他们的位置。"

"为此，你应感谢上主以慈爱善待投奔他的人们，派遣了忏悔天使在我们犯罪以后，劝我们悔罪补过，洗净我们的天使。在我们已经死亡

① 译按：黑衣白衣之异，可参见柏拉图《斐多篇》黑白二马之喻。

没有生命的希望的时候，他给我们新的生命。”我说：“夫子！现在请解释为什么那座塔不建筑在地面上，而建筑在石门上面和石柱顶上呢？”

他说：“你还是这样愚钝吗！？”

我说：“是的！我什么都要请教你，因为我自己什么也不懂，且这些事都是高深广大神光夺目的事体，是他人难以分晓的。”

他说：“请听，上主之子的圣名高深广大，无可限量以维持全世界的生存，所有的受造物，都是依靠他的维持。试想，上主圣子呼召的人，钦崇他的名号，遵守他的劝诫，是要依靠谁去维持自己的生存呢？你看清了吗？谁可以得到他的维持呢？只是那些全心钦崇他的名号的人们！他是他们的基础，维持他们的生存，因为他们不以尊崇他的名号为耻。”

第十五章

我说：“夫子，请你告诉我那些童女们及那些黑姑娘们的名字是什么？并加以解释。”

他说:“请听我告诉你体貌健美，站在四角上的那几位童女们的名字。第一位名叫信心，第二位名叫节制之德，第三位名叫勇德，第四位名叫忍耐之德。在她们中间分立的童女们名叫纯朴、无罪、贞洁、喜乐、智慧、和睦、爱德，人如钦崇着上主之子的圣名，同时加上这些名号，他就能进入天国。”

他说：“请听我也告诉你那些黑衣姑娘的名字。她们当中也有四个比较更为强壮的，第一个名叫无信，第二个名叫无节，第三个名叫抗命，第四个名叫欺骗。别的姑娘们是她们的附庸：名叫忧愁、险恶、放荡、愤怒、谎言、愚妄、毁谤、嫉恨，钦崇着这些名号的教友，将来要看见上主之国，但不得进入国境。”

我说：“从深渊里提起来放到塔上去的石头是代表什么人呢？”

他说:“第一批石块,放在底层的,是义者的第一代。第二批二十五块,是第二代。第三批三十五块,是上主的先知和侍员。第四批四十块,是传布上主之子圣道的众位宗徒和教师。”

我说:“那么,他们何必经童女们的手穿过石门递交塔上去呢?”

他说:“他们是第一具备了这些天使的人,他们的人性的实体和这些天使全然没有分离,就是说,他们具备的这些天使,没有离开他们人性的实体,他们人性的实体也没有离开这些天使。反之,这些天使常附在他们的人性实体上,直到他们去世以后。假若他们人性的实体上没有具备这些天使,他们便不能成为建塔有用的石头。”

第十六章

我说:“再请给我解释一点!”

他说:“你的问题是什么?”

我说:“夫子!那些石头本身,既然已经具备了那些天使,为什么要从深渊里升起,然后才放进建筑塔的里边去呢?”

他说:“为使它们恢复生命,必须使它们从水中复升。脱去了前生的死病,才能进入上主的国中。这些死去的人们,领受了上主的印记,进入了上主的国中。”

他说:“人在没有钦崇上主之子的名号以前是必死而无生命的。领受了印记以后,才脱去了死亡,并重新领受了生命。印记是什么?印记就是水,人死入水,出水即活,那些人听到了这个印记的传布,采用了这个印记,达到了进天国的目的。”

我说:“夫子,那四十块石头已经领受了印记,为什么需要和上面那其余的石头一同从深渊里升出呢?”

他说:“这四十块石头,是传布上主之子圣名的使徒和教师,他们具备着上主之子的德能和信心死去以后,给前代死去的人们宣告了福音,并给他们打上了福音的印记。建塔时他们和上面那些石头一同降入水中，然后又从水中复升。不过，他们是活着降入，活着复升。上面说的那些石头，乃是从他们的手里得到了新生命，并认识了上主之子的圣名。因此，他们也和他们一同从水中升起，放到上面去建了塔。并且，未受修雕就放到塔上去了，因为他们是在公义及至高圣洁之德的地步中去了，当时所缺的只是这个水的印记。现在，你明白这一切的寓意了吗？”

我说：“是的，夫子！我明白了。”

第十七章

我说：“夫子，现在请给我解释那许多山的寓意。请先回答我这一个问题：为什么那些山的景色繁多，各不相同？”

他说：“请听，这十二座山是散居普世的十二支派。他们都从宗徒们的口中听到了上主圣子的福音。”

我说：“但是，请夫子给我解释为什么每座山的景色不同？”

他说：“请听，散居普世的十二支派就是普世的十二国。这些国家的风尚和思想有许多不同形态，你看见了那十二座山有多少形状颜色，这些国家民族也就有多少的不同。他们在风尚和思想上彼此都不相同，且让我为你逐一解释。”

我说：“夫子！请先解释这一点：为什么形状颜色这样不同的山里的石头，放到塔上去以后和那些从深渊里升出的各色的石头一样，都变成了光亮洁白的，一个颜色呢？”

他说：“因为普天之下散居的万国万民，聆听了福音，发出了信心，引取了上主之子的圣名以自号，大家领受了同一的印记，共有同一的感觉，同一的思想，信心一致，爱德合一。同时，他们都以主名自命，又都钦奉着那些童女们的天使，以之用做自己的服装，因此全塔的建筑颜色一致，光明如同太阳。这些石头象征，大家聚合在一起，结成一体之后，有的一些污秽了自己，被抛弃到公义的人群以外去了，变得污浊如同原来的一样，还有的比原来更甚。”

第十八章

我说:“夫子！它们既然已经认识了上主，如何变得比原来还不好呢？”

他说：“不认识上主的人犯了罪，只受那些罪的惩罚，认识了上主的人，有责任不只是躲避罪恶，而且是积极行善。这样的人犯了罪，不是罪过加倍吗？因此，他们也要受加倍的刑罚，陷于永死的苦海中。这样，才能洗净上主的教会。你看见了石塔抛掉了肮脏的石头，把它们交付给罪恶的天使，弃掷到远方，只保留洗净了的石头，共成一体，全体纯净，万石犹如一石，上主的教会也有一样的情形。它需要弃掉犯罪作恶伪善欺人，侮辱主名，三心二意，及其他各式各样的恶徒败类。然后上主的教会，真的能共成一体，共具一心，感觉相同，心智相向，信心一致，爱德合一，上主之子接纳了这样圣洁的民族，也就心满意足，喜乐欢庆了！”

我说：“这个道理是圣善重要光明伟大的！夫子！请你继续解释每座山特有的能力和风格，好使全部信靠上主的灵魂，听了你的讲解赞扬他伟大奇妙荣耀的圣名。”

他说：“请听，那些山和世界上那十二民族各自所有的不同之点。”

第十九章

第一座山颜色乌黑。这座山代表的教友背了教，侮辱了上主的圣名，出卖了上主的忠厚的仆人。这些人没有悔改的可能，死亡是他们的归宿，这些人都是为非作恶的人。因此他们的颜色乌黑。

第二座山，童山濯濯，是代表那些教友，伪善欺人，导人作恶，和上面那座山相似，不结公义的果实，信心空虚，有名无实，如同是童山濯濯，无所生长一样。他们如果迅速悔改，还有悔改的希望，但若懈怠迟缓，必和前山的人同归死亡。我说：“夫子！这山和前山的人在一些方面都是相同的，为什么这山有悔改的希望，前山却没有呢？”

他说：“这山的人没有侮辱他们的上主的圣名，没有出卖上主的忠厚的仆人。他们的罪过是贪图赚钱谋利，伪善欺人，迎合犯罪人的愿欲，引诱众人，他们受了相当的惩罚，同时还有悔改的可能，因为他们没有辱骂上主，也没有出卖为上主辛劳的忠仆。”

第二十章

第三座山，荆棘丛生，蓟草充塞，这山象征的信友率皆富户，陷溺于纷繁的事务当中，虽然符合侍主之人，但受着自己事务的连累，易陷歧途，难守正路。富人往往害怕贫者要求他们施舍，因此难进天国。荆棘和蓟草充塞的地方，行路不易，同样受着财富的纠缠陷溺，事务繁累的富人也不易进入天国。他们有悔罪补过的机会。惟应迅速勿迟，前者枉费岁月，今后应把握时机，立志行善，如果立时悔罪补过、实行善功，还能为上主而活，否则固执于恶，必被交付给黑衣姑娘们去受死刑。

第二十一章

第四座山上花草丛生，岭顶青绿，山麓枯槁，因为有些花草，太阳暴晒，立归枯萎。这山象征的信友，信奉不专，口诵主名，心无诚意。因此，他们的根基枯萎，全无生气。他们的生命只限于空口高谈他们的行为，无异于死尸朽骨，他们既无生命又未死去，如同半信半疑的教友。人的半信半疑，就等于草木的半绿半干，死不去也活不来。太阳暴晒，花草枯萎。教难兴起，疑者丧胆，怯懦屈服跪拜邪神偶像，羞称上主圣名。这样的人等于半死半活，如肯急速悔改，还有复生的希望。反之，不肯悔改，他们即将速被抛弃交于黑衣姑娘们的丧亡手中。

第二十二章

第五座山，花草青绿，种类粗野。象征一些教友，虽然不无信心，但情性粗鲁凶犷，不易教化，自恃己见，自充博学，其实一无所知。蛮暴凶残，智慧尽失，丧心病狂，自夸博学多识，冒充教师，其实自己昏愚，并无真知。许多人，自命渊博，自高自大，空虚不实，自陷丧亡，虚妄自恃，乃是巨大的凶魔。这样的许多信友受了抛弃，有一些忏悔了，恢复了信心，向有真智慧的人表示了服从，承认了自己的无知。这些人有悔改的可能，因为他们本身与其说是恶劣，毋宁说是愚顽癫狂。这些人悔改以后，还能为上主而活，否则，不肯悔改，就只好去和那些作恶陷害他们的姑娘们同去一山。

第二十三章

第六座山，处处崩裂，广狭不一的裂口中，丛生着枯萎而不茂盛的花草。象征的信友如下：有的裂口狭小，彼此怨恨毁谤，信心萎靡不振，但是有许多忏悔了，其余的一些人，聆听了我的讲劝，也要立时悔改。他们彼此间毁谤没有达到深重的程度，他们很快就要悔改的。但是那些宽广的裂口，象征一些人彼此怨恨毁谤久而不止，日积月累，仇恨日深，这样的人就要从山上拆下，被弃绝到建筑以外，难以保守性命。吾主上主，宰制万物，有全权全能，见人明告诸罪，立即施以仁慈宽赦不再咎责。上主尚肯如此，何况吾人？人乃有死有坏，自身罪恶殊多，倘若彼此怀恨，记念旧恶，如同是自操生杀之权，岂可如此！为此，我忏悔天使，劝告众人，戒绝此类思想，忏悔迁改，洗净自己，铲除这样的恶魔，俾能得到上主的慈恩，救治以往的罪恶，否则，自陷魔网，必遭灭亡

第二十四章

第七座山，花草青绿，欣欣向荣，全山茂盛，各种飞禽走兽，栖居山中，食取青草，取之不竭，越取越盛，这座山象征的信友如下：这些信友，终生淳朴，并无罪恶，修成了真福的人格，彼此没有仇怨，常和侍主之人共享欢乐，服膺着那些童女们圣善的天使，常常施爱众人，尽将自己工作的生产，散施予贫者。散施之时，既不以辞色凌人，又不斤斤计较。上主看见他们纯朴，没有失掉婴儿的天真，于是赏赐他们亲手工作的丰富果实，降福他们一切的事物。你们如果有这样的品行，我忏悔天使劝勉你们，常应保守这样美好的品行，不可丧失。如此，你们的祖孙后代，不会有绝嗣的危险。上主察验并悦纳了你们的品行，将你们的姓名登记在我们（天使们）的数目中，你们的子孙后代都要和上主之子同享安居的真福。因为你们分领了他的圣灵。

第二十五章

第八座山，水泉众多，上主所造的万物用来吸取泉水。这座山象征的信众如下：这些信众是众位宗徒和教师。他们分行普世，宣传上主的真道，训诲万民。他们的品行圣善纯洁，未陷于邪欲。修己治世，常笃守着公义和真理，服从他们所领受了的圣灵，他们有资格加入了天使们的进行队中。

第二十六章

第九座山，干燥荒芜，毒虫猛兽，伤害人类，这座山代表的信众如下：他们是那些有许多污点的侍员。他们在教会中经营钱财，行为恶劣，盗掠孤儿寡妇们生活必需的经费和物品，假藉侍员的圣职，营求自己的私利。他们如果固执于恶，自趋丧亡，今后再无得救的希望，但若回头改过，达成侍员的使命，清廉尽职，尚能得救。还有一些颓废腐败的人们，背弃了他们的上主，不肯回头改过，自变粗野荒芜，独自飘零，丧失自己的灵魂，不肯侍奉主的信众。宛如葡萄长在篱笆圈里，无人经营管理，自趋败坏，受稗草的窒息，日久天长，自化荒野，对于主人再无用途。同样，上述的那些人，失掉了自信的智能，变成了荒野的人，对于上主再无用途。但他们若不是从心里背弃了信心，还有悔罪改过的可能，人若从心里背弃了信心，我就不知道他是否再能得救了。这些话不是给现实的人说的。因为不是叫现实的人去背弃信心，然后悔改。从今以后背弃上主的人断难得救，但是以往背主的人，还有悔改的可能，所以，谁若愿意悔改，就应趁着建塔未完的时期以内迅速悔改；否则，追悔莫及，必受败亡于黑衣姑娘的手中。还有一些残缺不完的人，欺诈毁谤。他们是这座山里你所见的野兽，他们用自己的毒素杀害人类，就是说用不良的语言造成人的败亡。他们自己品行不良，因此，信心残缺而不完好。但他们当中有一些人悔改后得了救恩。所以其余同类的人，只要悔改也能得救。否则，执意不改，仍旧留恋那些黑衣姑娘们的魔力，必受她们的陷害，自归丧亡。

第二十七章

第十座山，大树参天，荫庇群羊，这座山象征的信者如下：他们是主教，优待旅行者，在自己家里，收容上主的仆人，殷勤接待，真诚无伪，常常善尽自己看护的职责，以品行的圣洁，照顾穷困鳏寡的人们，勤谨不懈。他们常要受到上主的荫庇，做这样善功的人在上主面前是荣耀圣善的。他们如果贯彻到底，恒心服侍上主，便能在天使的进行队中站得一个位置。

第二十八章

第十一座山，果木丛生，果实满树，果类繁多，树树不同。这座山代表的信者如下：这些信者为了上主的圣名受了逼迫，全心勇毅地牺牲了自己的性命。我说："夫子，为什么这些果木都结了果实，而有的果实特别美丽？"

他说："请你听我讲，凡是为主名受了逼迫的人，在上主面前都是荣耀圣善的。他们都得了往罪的赦免，因为他们为上主之子的圣名受了逼迫，但为什么这些人的果实种类不同，还有的一些特别美丽呢？请听理由如下。"

他又说："有的信友被押解到有权势人的面前，受人的询问，勇敢受难，没有背教。在上主面前，荣耀特别大，他们的果实特别美丽。有的信友却心中反复估计，怯懦犹豫，背教否？证教否？未能立时定断；虽然结果也受了难，但他们的果实，品质低劣，因为他们的犹豫不决是异端背教的意愿。这个意愿是恶劣的，因为引诱上主的仆人背弃上主。你们凡是有这样意愿的人，都要自己留心，不要容许它久留心中，以致丧失上主赏赐的生命。那些为主名受了逼迫的人，没有受上主的嫌弃，得了上主的恩典，得以服戴并支持他的圣名，并由他救治了所有的罪过，故应赞扬上主。如果你们当中有人应为上主受难，你们就应重视这是一件伟大的善功，并应欢庆你们是得了真福。上主要因此赏赐你们真生命。虽然你们自己不能明了。你们有许多重大的罪过，如不为主名受难，不能得到宽赦，恐怕能丧失上主的真生命。这些话是为警劝那些心中背教否？证教否？疑惑不定的人们。你们应宣证信主，免得因背主而被投刑狱。教外民族中，奴仆背主，依法尚应受刑，试想，你们如果背弃了你们掌管万物的上主，更要受他如何处罚呢？所以你们要从心中铲除这些不良的意愿，恒心为上主而活。

第二十九章

第十二座山，颜色洁白，代表宛如新生的婴儿的信友。他们的心中没有产生过丝毫的恶念，根本不知作恶，常保持了婴儿的天真。他们无疑的将在上主国中享受安居的真福。他们从来没有犯过罪，没有侮辱上主的诫命。他们一生的工夫常怀抱着婴儿的天真，常保持着同样的心志和神情。他说："你们如果是圣善天真，如同是新生的婴儿，不怀邪恶，你们将来的荣耀便将超越上面诸上的信友。凡是新生的婴儿在上主面前，都是荣耀圣洁，位列前排的，巴不得你们铲除自己的邪恶，生长天真的圣洁，在为上主而活的功绩上，超越群众。"

他讲完了这群山的寓意。我对他说："现在请你解释采自平地，放到塔上代替被拆掉了的那些石头。还请你解释那些圆滑的石头，有的放到了塔上，有的仍留在了原处。"

第三十章

他说："请听！我也将给你解释这一切。放到塔上代替被拆掉的那些石头，采自平地，乃是采自这座白山的山根上的。这座白山代表的信友都是天真无罪的。塔的主人命从这座山的根子上凿取那些石头，运投到塔上面，因为他知道这些石头放进塔的建筑里面去以后，有能力经久保持颜色的纯净，不会变成乌黑。假若他命人采取别山的石头填满塔上的空穴，他需要回来再做一番察验和清除的工作。反之，这山根子里的石头和山上面的石头是同类的，本性光亮洁白，常要保守固有的信心。这样的人，天真无恶，是蒙真福的。现在请听我解释圆滑白洁的石头。这些石头也都是来自这座白山。但请听我讲它们为什么变成圆滑的。它们稍微受了财物的昏迷和蒙蔽，遮掩了一些真理的光明。但是它们没有背弃上主，它们的口中常说真理，没有说过恶劣的话。它们的心志有能力亲近真理，也能恒心保守自己的圣善。他因此命人将它们的富余部分砍掉，使他们利用所余的一部分做出些善功来，并为上主而活，他们本是出自善类，稍加砍凿和琢磨，就放进塔的建筑里面去了。”

第三十一章

“余下的许多石头没有领受印记，形状依旧圆滑，为建塔尺寸不合，因此放归了原处。它们的形状极其圆滑，必须砍掉它们身上生长着的世俗部分和此世的财富的虚幻，然后它们才能适合进入上主之国，他们天真无罪，得到了上主的降福，必定将升入天国，不会沦亡。即使有人受了恶魔的引诱陷于某些罪过，但很迅速的回头改过，就又归到上主来了。我，忏悔天使，断定你们是蒙真福的。你们是纯洁无罪的，并保持了婴儿的天真。在上主面前你们占据着美好荣耀的位置。我愿劝勉领受了印记的全部人都要纯洁朴实，不念旧恶，不固执于罪习，大家灵里合一，释去仇恨，清除裂痕，使羊群的牧长心中愉快。如果群羊肥健，他自然心中欢喜。否则，群羊失散，众牧者必将受罚。如果众牧者自己逃散，他们牧羊有责，职在守护，还怎能向牧长或主人交代呢？难道他们能托词受了羊群的迫害吗？此类的托词没有可信的价值。牧者受了羊的迫害？这是全然不可信的，这样的托词明明是说谎，是罪不容诛的。我是牧者，我极应为你们的生命负责并向上主交代。”

第三十二章

“你们趁着建塔的时期要救治自己。珍爱和平的上主，愿居住在爱好和平者的群众之间，远避纷争不睦和醉溺于邪恶的人们。你们要把他赋予你们的圣灵，完好无缺的交还给他。譬如你将你的新衣服完整地交给洗衣者，你愿意他将衣服漂洗后，完整的交还你，如果不幸他把衣服撕破了，退回给你，你肯接受吗？你不是要立时面色愤怒，厉声责骂他吗？你必定要对他说：‘我交给你洗的衣服是完好的，为什么你把它撕裂成碎布，使我再不能穿用了！’你必定要说这般的话去责怪他。你为了你的一件衣服，交回时撕破了，还这样伤痛怨恨，试想上主赋予了你完整的圣灵，你却把它全然败坏了，交给上主，为他再无用途，他要如何处罚你呢？他是圣灵的主宰，岂不要判你死刑吗？”

我说：“那是当然的！凡是记仇怀恨，固执不悟的人，都要受上主处罚死亡的重刑。”

他说：“不要践踏上主的仁慈，唯应荣耀赞扬他的宽忍，他忍耐了你们的罪过。他不和你们一样没有忍耐。你们要悔罪改过，忏悔是对你们有益的神功。”

第三十三章

“我，忏悔天使，牧者，给上主的仆人，显现了并宣布了上书的一切。你若发出信心，听从我的话，按照去实行，改正你的行为，你就能保全你的生命。否则，固执于恶，记仇怀恨，不肯迁改，便不能为上主而活。上面我应当宣布的一切都宣布给你们了。”他说道：“你要问我的一切问题，都问完了吗？”

我说：“是的，夫子！”

他说：“你为什么没有问我解释放回塔上的石头，在地上留下的由我们填平了的那些空穴？”

我说：“夫子！我忘了问这个问题。”

他说：“那么请听，我给你解释这一点：那些石头象征一些信友，他们听见了我宣布的劝诫，从心里忏悔自新了。主人看见了他们悔罪补过的心良善纯洁，有能力在塔上保持坚强和洁白，于是下令赦免了他们以往的罪过。地上的那些空穴就是他们的罪过，都被填平了，痕迹未留。”

第十　论忏悔与天使的职权

第一章

我方写毕这部书，把我托付给这位牧者的那位天使，便来到了我当时住的房中，坐在床上，同来的牧者在右边站着。天使呼召了我，对我说了下面的这些话："我把你及你全家托付给了这位牧者照护。"

我说："夫子！是的。"

他说："你若愿意受他的保护，免受一切困窘，在一切行动和言论上收到美好的果效，并愿发扬公义的功能，你就应当遵守我命他给你的一切诫命，好使你能克服一切邪恶。这个世界上的宴乐及情欲都要服从你的控制，你的一切美好的事业都要顺利成功。只是你必须遵守这位牧者的劝诫，你应领受他给你的圣德和节制之德。向所有人宣扬他在上主面前高大的权位和荣耀。他是长老，有伟大的权能，在他的职分上有强大的能力。全世界上只有他有权力颁赐悔罪补过的恩典，请看他的权能是不是极大？然而你们竟敢轻视他给你们所预备的圣德和节制之德！"

第二章

我对他说："夫子，你可以问他，从他开始住在我家以来，我是否做过不合律法的事，得罪过他！"

他说："我知道你什么不合律法的事情也没做过，我相信你在将来也不会做那类的事情，我说这些话的用意是祝你恒心不懈贯彻始终，这位牧者在我面前对你曾有美好的评价。你要将这些话传告众人，劝那些已经忏悔或将来要忏悔的人们，都有和你同样的思想和行为。好使这位牧者在我面前呈现他们美好的报告。也使我将同样的报告，转达到上主面前。”

我说：“夫子！我要给全部的人宣布上主这些伟大的消息。希望犯了罪的人听到了这些消息，都忏悔自新，重得生命。”

他说：“我祝你完成这个任务，恒心不懈。这位牧者要在上主面前享受伟大的荣耀，凡是实行他的劝诫的人，都要得救。不遵守他诫命的人，背弃自己的真生命，违反他，不顺从他的劝诫，自投死亡，等于自杀。为此，我劝你们遵守这些诫命，好救治你们的罪恶。”

第三章

他接着说：“我给你派来了这些童贞的女子住在你家，我看见了她们待你友善。请你收留她们，让她们帮忙你度日，好使你更能遵守这位牧者的劝诫。没有她们的辅佐，这些劝诫是人无力遵守的。依我看，她们愿意住在你家来协助你，我命她们不要离开你家。你只需维持你家中的清洁。她们愿意居住清洁的住宅。她们是清净贞洁勤苦耐劳的，也是上主所宠爱的。如果你家里清洁，她们就要常和你同在。否则，稍有污秽她们就会离开，她们绝不喜爱任何污秽。”我对他说：“夫子！我愿满足她们的欢心，好让她们愿意常住我家。这位牧者是你交托来协助我的。他对我不曾有所指责。我同样希望这些童女们也能对我满意无所指责。”

他于是对那位牧者说：“我看这人愿为上主工作，有救己的诚意，愿意遵守这些劝诫，并愿维持家宅的清洁，使这些童女们安居。”

他说完了这些话，重新把我托付给那位牧者。然后，呼召了童女们前来对她们说：“我看你们愿意住在这人家里，因此，我将他及他全家托付给你们照料，希望你们总不离开他家。”童女们听了他的这些话，表示了同意。

第四章

然后，他对我说："我愿你发奋自强，完成你的使命，向所有人宣布上主伟大的福音，你自己也将因此得到上主的恩典。遵行这些诫命的人，都要得到真生命和真幸福。轻忽这些诫命的人，都不能得到真生命和真幸福。你要时时劝告有能力行善的人应恒心行善，不可停歇，行善对他们有益。我劝众人援救一切遭受困难的人，在日常生活里窘迫匮乏，忍受困苦的人感受着难堪的痛苦，救他们脱免困苦的人自己心上要得到极大的喜乐。忍受困难的人，痛苦极大，和坐在监狱里受刑一样。许多人不能忍受那样的痛苦，宁愿自杀。谁若知道有人陷入了这些痛苦而不去救援他，甘愿使他自杀，乃是犯了使他自杀的重罪，和杀人的凶手没有两样。因此，领受了上主恩典的人，都要努力兴办善举，救援众人，把握住建塔的时间，迅速勿怠。否则，时机一过便无法挽回，现在为了等待你们，建塔的工程暂且停顿一个时期。你们如果不迅速行善，建塔的工程竣工以后，你们就要被拒于塔门以外了。"他说完了这些话，从床上站起来，携领着牧者和众位童女辞别，同时对我说他将来要派遣牧者和众童女重归我家。

致希腊人书 *

* 塔提安著。

亚述的塔提安导言 *

[亚述的塔提安：公元 110 － 172 年]

编者最初想把这位作者，仅仅作为其导师殉道者游斯丁的一份附录，因为塔提安的立场模糊不清，如同半个神甫，半个异教徒。他的善良似乎大多可归于游斯丁的教诲与影响。我们可以认为，他在晚年步入歧途，与其身心的衰弱不无关系，其严厉的禁欲主义，也支持了这个宽容的观点。多年的经验告诉基督徒，要用同情而非谴责来对待人性的弱点，而这些弱点无疑缘于精神的错乱与衰败。早期基督徒还没有学到这样的教诲，因为无论是犹太教，还是异教，他们的头脑都没有完全放弃其无情冷酷的思想。不仅如此，他们高度重视戒律，将此作为对抗外界的嘲讽、辱骂与仇恨，在水深火热中保护自己的至关重要的条件。这使他们把常用于对待自己的激进方法，也用于对付冒犯者，比如斩断罪恶的手，或剜出邪恶的眼睛，但这种方法恐怕过于严厉了。

塔提安，又一个亚述人，从幼发拉底河和底格里斯河出发，追随着伯利恒之星。他个人历史中的寥寥几件事，译者都在其《导言》中作出了充分详细的描述。我们对他放弃异教，皈依基督教的可喜之事讲述不多，实属不当。编者认为，此篇翻译对研究者造成的印象，可能会有失偏颇，因此我们还应仔细斟酌，对其人较好的一面给予稍多同情，更加

---

* 英译本由 J. E. Ryland 根据希腊文本译成。

公正地承认他对早期教会的杰出贡献。

塔提安著作颇丰，可惜在其离经叛道之后，都不幸失传。我们应该为其《四福音合参》给予他高度赞誉，此书名证明，早期教会是承认四部福音书的。不单这本书失传了，据圣杰罗姆认为，他所著的“无数”部其他著作亦均未能幸免。我们应该向这位福音书最早的对照研究者致以崇高的敬意。根据米勒（Mill）和其他博学的权威，我们相信，如果优西比乌斯看过他所批评的著作，他可能会更宽容地表达自己的观点。

从爱任纽忧郁的文字中，我们已经知道了一些塔提安的事迹。他的《四福音合参》，除了省略家谱，西奥多略（Theodoret）在其中也没找出什么错误，恐怕西奥多略自己也没法自圆其说地将家谱合编为一。塔提安在晚年犯的错误如此荒唐，与教会的教条和戒律相背甚远，如果再把他当做一名信徒，必然会给那些长期以来对基督徒口诛笔伐的异教徒提供新的口实，进行恶毒的诽谤。与此同时，让我们细想一下，他的堕落是由于其对自制的过激观点，自制是福音书的箴言之一，也是许多遵奉正统教义的信徒，出于对异教徒恶行的纯粹憎恶，严苛遵行的戒律。在这里有必要再次提及，迦密山（Mt. Carmel）上的以利沙（Elijah），荒野中的施洗者约翰，完全符合耶稣的教诲，依然温和而有所节制，这对其他人来说值得学习。他们虔诚圣洁而不过于严厉的形象，为人们树立了榜样，证明了早期教会可以同时允许两派基督徒共存，一派是严肃的宗教中皆有的；一派似乎是保证最基本的人类本性的。肯定有些人像圣保罗一样，活在世间，却不属于世间；也肯定有些人像施洗者约翰一样，世人会说，“他被鬼附了”[①]。早期天主教徒惊人地沿着福音书的涓涓细流行驶，穿行于众多暗礁和旋涡之中；圣灵始终是他们强大的守护者和劝慰者，让他们幸存于严酷的考验和诱惑。这对所有愿意深思的人来说，

① 《马太福音》11:18：“约翰来了，也不吃，也不喝，人就说他是被鬼附着的。”

都意味着一种深刻的感激之情。早期基督教会的精神，是为了维持福音书上的自制，抑制狂热的禁欲主义，这一点可以在赫马的伦理标准上体现出来。但孟他努教派的可怕瘟疫就像沼地里升起的迷雾，仍在不断蔓延，必然会对西方拉丁教会留下深远的影响;“禁止结婚，戒食荤腥。”唉，我们这位作者产下的蛋，被德尔图良孵了出来，他发明的术语，被后者用到极致；德尔图良更像是塔提安的门徒，而非彼拉纠派（Phrygians）的门徒，尽管他奇异的火焰是两人共同点燃的。在德尔图良之后，整个关于婚姻的话题都陷入了纷乱的辩论，从此拉丁教会就一直没从这场辩论中走出来，对个人和各国都造成了极其关键、极其恶性的侵蚀效应。索西（Southey）认为，约翰•卫斯理（John Wesley）若在罗马公教内，鉴于其才华，尚可被通融，封为圣徒，而他所在的圣公会却全然不能容忍他。但另一方面，我们不妨细想一下，当威克利夫（Wiclif）和胡斯（Hus），或布拉格的杰罗姆在罗马毫无立足之地的时候，许多狂热分子却被利用，而被立为典范，而这些人所犯的错误，远甚于塔提安和德尔图良。事实上，如果他们出生于中世纪，这些宗教狂必会被美化与利用，其愚蠢和对阿尔比派（Albigenses）的迫害，会被用于扩大教皇的权威。

编者已经带着不无忧虑的兴趣，详述了塔提安的双重身份，因为编者在编辑他仅存的一部著作，一部优西比乌斯称之为其代表作的作品时，将尽量少加注释。编者读的时候，怀着同情、崇拜的心情并听从指导。编者欣赏他对异教的辛辣讽刺，他对一切哲学怀着圣保罗式的蔑视，只遵奉福音书的教诲，他颇为感人地介绍了自己的亲身经历，精彩地论述了基督徒的清白无辜，讲述了自己摆脱诱惑，从充满欺骗与虚幻的世界中解脱的经历。简单说，编者感觉塔提安的原著应该得到严谨的编辑，而且是要经由能充分认可他的功绩，充分意识到他与早期基督教联系的某位专家。

以下是原来的导言：

我们从多处资料了解到塔提安是亚述人，但对其出生时间和地点的确切信息则一无所知。埃比梵纽斯（Epiphanius）说他是美索不达米亚人；根据其他确切的相关资料，我们推测他生活在第二世纪中叶。他起初热衷于研究异教文学，似乎尤其专注哲学研究。但希腊人繁复迷离的推测和空想根本无法让他满足，异教以宗教为名作出的行径尤其让他厌恶。在这种情形下，他欣喜地接触到了基督徒的圣书，并被书中教导的纯洁道德，揭示的脱离原罪束缚的方法深深吸引。他似乎在罗马皈依了基督教，他在那里结识了殉道者游斯丁，欣然地接受了这位杰出福音书导师的教导。游斯丁死后，塔提安不幸堕入了诺斯替教派的异端邪说，建立了禁欲主义教派，该教派因其严苛的戒律，被称为“禁戒派”，即“自制者”，“自我的主人”。塔提安后来定居安提阿，拥有了一批数量可观的门徒，他们在他死后依然坚持他所倡导的苦行。禁戒派据推测建立于公元166年，而塔提安似乎创立教派几年后就去世了。

塔提安唯一现存的著作是《致希腊人》，书中毫不留情地直接揭露了异教的深重罪孽。据说塔提安还著有其他书籍，尤其是一部《四福音合参》。在其作品中，他依据诺斯替教派观点，将所有涉及基督肉身及其真实人性的部分，都从耶稣生平的连续性叙述中删除。尽管该书有此瑕疵，我们依然对于失去这本世上最早的福音书合参深感惋惜；不过这本书的书名就已十分重要，它说明，这四部福音书，而且只有这四部福音书，是在第二世纪中叶被认可为权威的。

第一章　希腊人无理地宣称其创造的技艺

噢，希腊人哪，请不要如此充满敌意地对待那些“野蛮人”，也别恶意对待他们的观点。因为你们的哪一项文明创制不是源于那些“野蛮人”？最为声名卓著的忒尔美索人（Telmessians）依据梦幻而发明出占卜术；卡里亚人（Carians）依据星辰发明出预兆术；弗里吉亚人还有更古老的伊扫里安人（Isaurians），通过鸟类的飞翔来预测；从塞浦路斯人那里你们学到了查祭术。对于巴比伦人而言，你们应该把天文学归功于他们；对于波斯人，有逻辑学；对于埃及人，有几何学；对于腓尼基人，是他们教会你们通过字母来书写。够了，那么，去谎称这些模仿来的创造是你们自己的吧。此外，奥菲斯教给你们诗歌和声乐；从他那里，你们也学到了奇妙的事物。托斯卡纳人（Tuscans）告诉你们雕塑艺术；从埃及的编年史中你们学会了编写历史；从马斯雅斯（Marsyas）人和奥林匹斯人那里你们获得了演奏长笛的艺术，——他们这些乡下的佛里吉亚人使得牧羊人的笛声融融悦耳。伊特鲁里亚（Tyrrhenians）①人发明出喇叭；从独眼巨人赛克洛普斯（Cyclopes）②那里，学会了冶炼技术；还有如赫拉尼修斯（Hellanicus）告诉我们的，从一个曾为波斯王后的一名女性，名为阿托莎（Atossa）的，学到书札联结成册的方法。因此，把你们的自负放到一边，并且不要再吹嘘你们措辞的优雅；因为，当你们自吹自擂之时，你们的同胞将理所当然地倾向于相信你们。但是，与一个合乎理性之人相称的是他会等待局外人的证言，而与之相称的是他们也会在其言语上发音一致。然而事实是这样的，就说你们希腊人，即便是在你们的日常交往中也没有操过相同的语言；因为多里安人（Dorians③）讲话的习惯不同于阿提卡（Attica）④地区的居民，伊奥利亚人（Aeolians）⑤与爱奥尼亚人（Ionians）⑥，也不一样。如此，既然存在诸如此类的本不应该存在的差异，我困惑于应该把谁称为一个希腊人。还有，最让人惊奇的是，你们所持有敬意的言辞并不是你们本国的出产物，而

① 意大利中西部古国，伊特鲁里亚海位于地中海上靠近意大利西海岸的地方。

② 只有一只眼睛长在前额正中央的巨人。

③ 古希腊中南部的居民。

④ 希腊中部的一个地区，雅典即在这一地区。

⑤ 希腊中部的古希腊人。

⑥ 源于迈锡尼的一支希腊人，曾在阿提卡、沿萨罗尼克湾的伯罗奔尼撒半岛、欧比亚、基克拉迪群岛和爱奥尼亚居住。

是那些野蛮粗野的言辞的混杂使得你们的语言成为一个大杂烩。有鉴于此，我们业已与你们的智慧断绝关系，尽管我曾精通于它；因为，正如喜剧诗人所说的——这些捡拾来的零碎葡萄般的闲言碎语——其技艺之杂合有如群鸦之喧嚣。

但那些急切地寻求这些的人会急不可耐地叫喊，像群鸦一样地嚷嚷。你们还矫揉造作地运用修辞术以之为不义与谣言服务，为了得到雇用而兜售你们廉价的演讲才能，且经常时而代表正义一方，时而代表不义的一方发表同样的言论。而诗艺，却又被你们用以描绘争斗，诸神的淫乱以及灵魂的堕落。

第二章　哲学家们的恶习和谬误

你们通过追求哲学又发明了什么高尚的东西呢？你们中间最杰出的人们又有谁从虚荣的自夸中解脱出来了呢？第奥根尼（Diogenes）[①] 向他的浴盆夸耀他的特立独行，却因为吃了生的水螅而被肠炎所苦，因贪食而命丧黄泉。阿里斯底波（Aristippos）[②]，穿着紫袍闲逛，按照他所声称的主张，过着放荡的生活。柏拉图，一个哲学家，却因为讲究饮食而被狄奥尼修斯（Dionysius）[③] 收买。而亚里士多德，荒唐地企图为神意划界并将幸福降格为提供快感者，全然与其作为亚历山大的导师的职责不相称，忘记了后者还是个年轻人[④]；且看亚历山大是如何表现出他从导师那里学到的功课的：只因他的朋友不愿崇拜他，就将他关进笼子，如同一只熊或者豹那样待着。事实上，他严格遵守其师的准则——以宴乐来

① 约公元前 404—前 323 年。

② 公元前 435—前 350 年。

③ 叙拉古的暴君（公元前 405—前 367 年），因对西西里岛迦太基人的战役而出名。

④ 亚里士多德任亚历山大教师时，后者年仅 13 岁。

展示他的刚毅和勇气，并且，用枪将他最亲爱的密友刺穿，然后，在悲伤、哭泣并绝食的伪装下，使自己免于招致朋友们对其的憎厌。我还要嘲笑那些今天仍旧持守这一信条者，——他们说月轮天之下的大地之上的事情不在神明的观照中；那么，因为他们更接近于大地而非月亮，且在其运行的轨迹之下，他们便自告奋勇去看顾那些在神明关照之外者；而既然那些既无美貌，也无财富、无强健体魄、无高贵出身的人不会有幸福，那就按着亚里士多德的观点，让这样的人们去进行哲学探讨吧！

第三章　嘲诸哲学家

我无法苟同赫拉克利特，此人师心自用且自视甚高，曾如是说，“我已经了达自身了”。我同样也无法称许他将自己的诗歌藏在阿耳特弥斯（Artemis）[①]的神庙里，以便其后此诗可以作为一项神迹被人发现；而据那些对诸如此类轶事饶有兴致的好事者说，悲剧诗人欧里庇得斯到了那里读了此诗，且默记在心，并小心翼翼地将赫拉克利特的这一用心良苦之秘密传给后代。然而，死亡显示出此老的愚蠢；因为由于患了浮肿，而他曾正如学过哲学那样地学过医术，便将自己浑身涂满牛粪，而当牛粪变干时，将其全身肌肉缩紧，以致他被拉出时已支离破碎而一命呜呼了。因此，吾人便无法听信芝诺之言，因其声称在大火灾来临时同一个赫拉克利特将复活并像以往一样行事。又如，安尼图斯（Anytus）和米利图斯（Miletus）会责骂其客人，布斯里斯（Busiris）甚至会谋杀其客人，海克力斯（Hercules）[②]则会无休止地重复其劳作；那么在此种学说中，他引入了更多的邪恶者而非良善者——一个苏格拉底和一个海克

① 月神与狩猎女神。

② 宙斯与阿尔克墨涅之子，力大无比的英雄，因完成赫拉要求的十二项任务而获得永生。

力斯，以及一些诸如此类者，不过数量不多，因为我们将会在其中发现恶者之数远超于良善者。并且依芝诺来看，神明将显而易见地成为罪恶之渊薮，居于下水道和蛆虫之中，且混迹于那些不虔敬的作奸犯科者之间。此外，西西里爆发的大火驳斥了恩培多克勒（Empedocles）[①] 的空洞自夸。尽管他不是神，但在其自夸中，他差不多是欺骗性地把自己从人界提升到神界。我也要嘲笑费瑞希底斯（Pherecydes）的老妻的言论，它被赫拉克利特所传承，此后，柏拉图的学说尽管在某些方面想法不同，但仍旧是未出其樊篱。还有谁会对各学派打出的旗号表示赞同，而不是拒斥他们的无稽之言，从而转向对于真正值得关注之事的研究？为何不拒绝被这样一群道貌岸然而实非哲人的哲学家们牵着鼻子走：他们武断地提出一种学说来反对另外一种，尽管每一种只不过是一时的某种粗鄙的幻想。此外，他们内部相互牴牾，彼此仇视，沉溺于各种相反的观点中；由于妄自尊大而热衷于趋炎附势高攀权贵。而如果能使他们成为这样就已经不错了：不再未蒙王室召唤便献上殷勤，也不去向执政掌权者阿谀谄媚，而仅仅等候车驾临幸。

第四章　基督徒们单单敬拜上帝

希腊人啊，出于何种缘由，你们将公民权利用来与我们发生冲突，像是拳击那样势不两立？如果我们不愿听从他们之中某些人的使唤，为何就要像那些无耻之徒所遭受的一样被憎恨？至高者若设立了贡物的缴纳，我将随时呈送；耶稣若令我以奴仆身份行事为人，我将感恩领受。人生而平等；唯上帝应受敬拜，——他非肉眼可见，亦非人手所造。当我被迫否认他，我唯有去死而不肯服从以免彰显错谬和不义。我们的上帝不在时间

① 约公元前 495—前 435 年。

之中形成：他自身无始，且为万物之始。上帝是个灵，他并非渗透于事物之中，而是事物灵魂和形状的创造者；他是眼不可见，手不可触，却为可见可触之物的创造者。借着被造之物，我们知道他的存有；借着他的作品，我们了解到他那我们所看不见的大能。我拒绝去拜那些受造之物，它们本是上帝为了我们的缘故而创造出来的。那么，日月被造本为我们，我怎能再去崇拜那伺候我自己的服务者？我怎能把树木、石头说成是神？因为遍及于物质之中的灵要比那更为神圣的灵低级；由此，即便是这灵被同化为我们的灵魂，它也不应得到如同全然完美的上帝所得的那等敬拜。我们也不应向那忌邪的上帝献上祭物；因为他是自身完满的，而非如我们所谬传的那样是有欠缺的。但是我将更加清楚地陈明我的观点。

第五章　基督教中创世的教义

太初之时上帝便已存在；但是，如我们所被告知的，太初是圣言逻各斯之力。作为宇宙的主宰，他自身便是一切存有的当然始基（npostasis），因为没有受造物可以在其存在中独立不倚地存在；既然他的大能覆育万有，其自身是一切有形无形之物的当然根基，则万物是由他而来；由于他，借着逻各斯之力（dia lpgikhs dunameps），圣子——其自身也在他之中——得以存在。凭着父的绝对意志，子亦跃然生出；圣子自身的出现不是徒然的，他是圣父所首生的。据我们所知，他（逻各斯）成就了世界的太初。但他是分有（participation）而在，非分割（abscission）而在；因为那分割下来的是从原物中割裂而出的，而那分有而来的是选择了原物的功用，却并未从那获取中使得原物有所缺乏。这就像是一支火把点燃了很多火把，但这支火把的火并未因为使别的火把燃烧而减弱，所以，自圣父的逻各斯力而来的圣子，并未从生他的圣父的逻各斯力中剥夺什么。以我自身为例，我说，你听，当然谈话的我并没有因为言语的传播而变得言语匮乏，相反，借着声音的发出，我努力去减少，去调整我思想中不协调的部分。正如圣子在太初之时受生，接着按照他自己的需要而首先创造出我们居住的世界，我也如此，在效法圣子中获得重生并拥有他的真理，正尝试着去减少、调理与我自己血肉相关的混乱事物。由于事物不像上帝那样没有起源，也正因为如此，不与上帝拥有同等的能力；它为受造，且非为任何别的生命体所造，而仅仅为那万物的制定者所造。

第六章　基督徒关于重生的信念

正因为这个缘故，我们相信在万事成就之后会有身体的复活，而非如斯多葛派所断言的。他们根据一定周期的反复出现而认为同一个事物的生生灭灭是没有什么有益之目的的，我们却相信那一劳永逸的复活，当我们存活的日子结束，在末了唯独人类活下来以经受审判。对我们的这个审判不是由迈诺斯（Minos）①或拉达曼迪斯（Rhadamanthus）②执行，根据神话故事，在他们自身死亡之前未曾有一个灵魂受到审判；然而，唯有上帝自己，这个世界的创造者，成为审判者。既然我们相信这一教义，因而无论你们是否纯粹把我们视为微不足道的不务正业者或满口胡言的唠叨者，都是无关紧要的。正因为在我出生之前我并不存在，我也不知道自己是谁，我仅仅存在于那潜在的肉体性质料中，但是一旦从无之中获得一个固定的外形而出生，我便已从我的出生之中获得对自己存在的确信；同样，既然已经出生，并经由死亡而不再存在，也不再能被看见，我将再度存在，正如先前我不存在，但出生后我便存在了。甚至尽管我的肉体被大火烧毁了一切痕迹，其蒸发物仍旧在这个世界存留着；

---

① 希腊神话中克里特岛的王，死后做阴间的法官。

② 冥府三判官之一。宙斯和欧罗巴之子，为奖赏他堪为表率的正义感，他死后被任命为地府的法官。

尽管漂散于河流海洋之中，或被野兽撕成碎片，我仍被一位无所不有的主储存于他记忆的库房中。虽然那些无知的人和那些不敬虔者并不晓得储存了些什么，但是至高的上帝，他会在适当的时间把那只有他自己才能够看见的修复如初。[译按：至今耶和华见证人（Jehovah's witnesses）仍持守这一观点]

第七章　关于人类的堕落

论到自天临在的圣子，他是由父所出的灵和从道的能力中所出来的道，他从圣父那里得到大能，而将人赋予了不朽之形象，所以，正如上帝是不能朽坏的，同样，作为分有了上帝的一部分的人类也是可能拥有不朽的。在创造人类之前，圣子已创造了天使。这两者都是被造成有自由意志按其意愿而行动的，并不拥有唯独上帝才有的善的本性，但是人类可以通过自由选择而达至完善，这是为了让那些由于自身的过错而堕落的恶者公正地受到审判；而那些良善者，由于他们在自由选择的行为中攻克己身，没有悖逆上帝之意志而行事，则因其德行受到理所当然的褒奖。这些便是关于天使和人类的景况。圣子之能力包括在其自身之中有能力预知未来的事情，并非因为命定了，而是借着自由行为者的选择，一再预言那将要来到的事物的结局；它也通过戒律而成为邪恶的抵挡者，同时，也是持守良善者的劝慰者。当人类把自身放在一个比万物都精妙复杂的位置，他们已经将自己居于一切存在者之上，并宣称自己就是上帝，尽管这样做是在背叛上帝的律法，以至于圣子的能力将此愚蠢行为的始作俑者和他的一切追捧者排斥在与他自己的美好关系之外。所以，尽管他是按着上帝的形象所创造的，但是那更为强大的灵已经离弃了他，他也成为必死之人；那首先出来的通过自己的犯罪和无知而成为魔鬼；而那些被其同化的人们，则是被其嘲弄者，变成了成群的魔鬼，并且由于自身的愚蠢而在自由选择中失去了盼望。

第八章　诸神在人类中的罪恶

然而，人类构成了他们离弃信仰的要素。因为，上帝已经展示给他们众星排列有序的天象，他们却像那些玩骰子者一样借此推导出算命术，这是一种不能容忍的不义。既然那审判者和被审判者都被这星相所决定；那么谋杀者和被谋杀者、富有者和穷乏者都是同一命运星相的产物；并且每一个人的出生都只不过是被它们所支配的戏剧演出，如荷马所说，"在这诸神之中，宙斯忍不住笑出声来"。

但是不论他们之中谁是单打独斗的旁观者还是参与了某一方，是一个已婚的鸡奸者还是一个通奸者，是嘲笑还是生气，是逃走还是被击中，都必须被看做是必死的吗？因为，他们借助于不论是什么样的行为，展示给人类他们的品性，并由此鼓动他们的倾听者们去效尤。还有，不正是这些诸神自己，与他们的首领宙斯一起，屈从于命运，与人类一样被此激情所压倒？另外，既然在那些存在者中有着那么巨大的相反观点，又为何应当受到崇拜呢？论到瑞娅——她在佛里吉亚山区的居民中被称作西布莉（Cybele），由于她所迷恋的阿提斯（Attis）的缘故颁布了阉割的法律；阿芙洛狄忒（Aphrodite）[①] 却乐于享受夫妻间的鱼水之欢。阿耳特弥斯是施毒者；阿波罗能医治疾病。在波塞冬（Poseidon）所深爱的戈尔贡（Gorgon）[②] 被斩首之后，即由其中跃出神马佩伽索斯（Pegasus）和克律萨俄耳（Chrysaor），阿西娜和阿斯克勒庇俄斯（Asclepios）[③] 从滴下的血中分开；当阿斯克勒庇俄斯利用他们来拯救人类生命时，从那血

① 爱与美的女神。

② 蛇发女怪。

③ 医药神，阿波罗的儿子。

中所出来的阿西娜却成为杀人者和战争的煽动者。至于阿西娜的声誉，在我看来，雅典人将她归源于大地，赫菲斯托斯（Hephaestos）[①] 和她结合所生之子，其实阿西娜可能不是被赫菲斯托斯剥夺了生殖力，如同阿塔兰忒（Atalanta）[②] 被米利格特（Meleaget）所剥夺一样。这个跛足的制作帽饰与耳坠的匠人（赫菲斯托斯），很有可能是用这些女孩子用的装饰品骗取那失去母亲或父母双亡的孩子们。波塞冬时常无故掀起海浪；战神阿瑞斯（Ares）以战争供其取乐；阿波罗是一个竖琴演奏家；酒神狄俄尼索斯（Dionysus）是忒拜人（Thebans）的绝对统治者；克罗诺斯（Kronos）[③] 是诛弑其君王者；宙斯与自己的亲生女儿发生关系，并使之怀孕。我还可以接着举例，艾琉西斯（Eleusis）[④]，还有那只神秘的龙，奥菲斯（Orpheus）[⑤] 说：

“关起门来抵制那渎神者！”

阿多尼斯（Aidoneus）[⑥] 导致了科莱（Kore）[⑦] 的死亡，其事迹也被纳入秘仪之中；得墨忒耳（Demeter）[⑧] 哀悼其爱女，一些人则被雅典人所欺骗。在勒托（Leto）[⑨] 之子的庙宇中有一个叫做欧法洛司（Omphalos）的场所；然而欧法洛司却是狄俄尼索斯的葬身之地。现在且让我来棒喝一

① 火和锻冶之神。

② 一名女猎手。

③ 提坦巨人之一。

④ 又译厄琉息斯，是古代希腊的一种神秘仪式。又：希腊东部的一座同名古代城市，位于雅典附近，是艾琉西斯秘密仪式的所在地。

⑤ 传说中色雷斯诗人和音乐家，他的音乐的力量甚至可以打动没有生命的物体，他差一点将他妻子欧瑞狄柯从地狱中成功救出。

⑥ 阿芙洛狄蒂所爱恋的美少年。

⑦ 农神柯瑞丝（Ceres：古意大利的谷物女神，农神萨杜恩和瑞娅的女儿，宙斯之姊，罗马人将她和希腊的农业女神得墨忒耳同化）的女儿，被冥神强掳到阴间为妻，成为冥后而改称珀尔塞福涅。

⑧ 古希腊掌农业、结婚、丰饶之女神。

⑨ 被宙斯所爱，与其生阿波罗和阿耳特弥斯。

声，哦，达佛涅（Daphne）[①]！——借助于战胜阿波罗的中烧的欲火，你驳斥了他预言的能力；因为没有预知到将在你身上发生什么，他从他的那些技艺中毫无所获。让那擅长远程射击的神来告诉我西风之神泽菲鲁斯（Zephyrus）[②]是如何把雅辛托斯（Hyacinthus）[③]弄得团团转。西风之神战胜了他；按着悲剧诗人的说法：

“一阵微风，是诸神之最值得尊敬的战车。”[④]

仅仅由于一个小小的风波，阿波罗便失去了他的所爱者。

第九章 他们助长迷信

诸神便是那些守护神；正是他们设计了星相术。他们的主要的法则是在天上对于动物的任命。那些爬行在地上的，游在水中的，还有山上的四足兽类，当他们被从天上驱逐下来便与这些动物生活在一起，所有这些使得他们拥有天上的荣耀，如此显得他们仍旧居于天庭，还有，借助于众星铺展的轨迹，将地上的荒唐人生显得合理化。如此便把这些人的生活简单归之于其出生的命运，不管他是春风得意者还是被劳苦所压垮的人，是有节制的还是放纵的，是贫穷者还是富有者。因为生命轨迹的描绘是诸神的工作。当他们之中某一位的能力占据支配地位，一旦其能力发出，它将夺取所有其余者的尊荣；而另一位被战胜者又会在另一时机获得支配地位。届时七颗行星一起供他们玩乐，仿佛是他们在用骰子自娱。但我们基督徒却不被星象命运所左右，我们有一位从不打盹的主，而不像你们的心不在焉的守护神；并且，由于我们并不受星象命运

---

① 为逃避阿波罗而变成一颗月桂树的女神。

② 希腊人认为西风是森林诸神中最温柔者。

③ 阿波罗所钟爱的美少年，被阿波罗误杀后为纪念他使其血泊中长出风信子花。

④ 引诗出处不详。

摆布，当然也就反对它的律法制定者的身份。我恳求您告诉我，特里普托勒摩斯（Triptolemus）① 是否在其伤心之余撒下麦子以示其对于雅典人的恩惠？为何得墨忒耳在其失去爱女之前并非一个人类的施恩者？艾里贡（Erigone）之犬被列入天庭，此外还有阿耳特弥斯的守护神天蝎星座（Scorpion），人马座的怪兽喀戎（Chiron of Deltotum）②，被分开的南船座（Argo）③，卡利斯托（Callisto）④ 的大熊。然而，既然在这些诸神面前陈列着上述功绩，为何那天庭未曾以之装饰？根据一些人的说法，因为西西里⑤ 人或其他人的说法，因为与宙斯之名（Dio/j）的首字母相同，人马座（Deltotum）⑥ 便应该被列入诸星之中，这对谁来说不是一件荒谬可笑的事情呢？那么为何撒丁岛（Sardinia）⑦ 和塞浦路斯（Cyprus）⑧ 不被列入天庭？

---

① 古希腊艾琉西斯城信奉的半人半神英雄。

② 德高学博的半人半马怪物，曾是阿喀琉斯、赫耳墨斯和阿斯克勒庇俄斯的老师。

③ 从前的一个南半球星座，位于大犬座与南十字座之间，现分四个较小星座，船底座，船尾座，罗盘座及船帆座。

④ 一位宙斯心爱的女神，被赫拉所憎恨并被她变为一只熊，后来宙斯将她送到天空中，成为大熊星座。

⑤ 意大利南部一岛屿，位于意大利半岛南端以西的地中海。从公元前 8 世纪起成为希腊殖民地，希腊人赶走了早期定居在此的腓尼基人。迦太基人成为下一个征服者，他们在公元前 3 世纪又被罗马人所征服。在经过其他人相继统治之后，公元 11 世纪该岛被置于诺曼人管辖之下，并形成了两西西里王国的核心部分，由西西里和意大利南部组成。该岛继续多次易手，直到 1860 年朱森珀 • 加里波第征服了最后一个王国为止，它成为统一后的意大利的一部分。

⑥ Otto 认为 The Deltotum 是一颗呈三角形的星。

⑦ 意大利地中海中的一个岛屿，位于科西嘉岛南面。在公元前 6 世纪前由腓尼基人、希腊人和迦太基人居住，该岛于公元前 238 年被罗马人占领，然后又分别被汪达尔人（公元 5 世纪）和拜占庭人（公元 6 世纪早期）占领该岛，于 1720 年归入萨瓦王朝统治下，成为撒丁王国的中心，在此以前该岛曾被许多欧洲力量控制过。维克多 • 伊曼纽尔二世（撒丁王国国王）于 1861 年成为意大利第一位国王。

⑧ 地中海东部的一个岛国，位于土耳其以南。古代新石器文化的遗址，公元前 800 年腓尼基人在此定居，后来相继被亚述人、埃及人、波斯人、马其顿希腊人，还有再一次被埃及人，最后是罗马人（公元前 58 年）占领，拜占庭从 公元 395 年到 1191 年统治该地，并在第三次十字军东征时被英格兰理查德一世占领，1489 年被威尼斯兼并，1571 年被土耳其征服，1914 年大不列颠宣布拥有其统治权。1960 年塞浦路斯独立。

宙斯的兄弟们与他一起共同执掌王国，何以与他们名字相同的没有被一起列入？克洛诺斯被用铁链捆绑并逐出自己的王国，何以成为星象命运的一个制定者？还有，他怎么可以把王国送给那他不再辖管的人？那么，请拒绝这些谬误的东西，请勿再不合乎公义地憎恨我们，做我们的反对者。

第十章　异教之神的荒谬可笑

人类之中有着变形的传说，诸神也与你们一样是变了形的。瑞娅（Rhea）① 变成了一棵树；宙斯为了珀尔塞福涅（Persephone）② 的缘故，变成了一条巨龙；法厄同（Phaethon）③ 的众姐妹变成白杨树，勒托变成了一只毫无用处的小鸟——正因这个缘由，得洛斯岛（Delos）④ 现在也叫欧提吉亚（Ortygia）。的确，一个神变成了一只天鹅，或者说是取了一只鹰的形状，使盖尼米得（Ganymede⑤）成为他的斟酒者，以卑鄙手段取得荣誉。他们热衷于人类的祭品，如果没有收到则会降怒，这样的神灵如何能够获得我的尊敬？让他们拥有他们的星象命运去吧！我才不会去崇拜这些游移不定的星体。柏伦尼斯（Berenice）⑥ 的头发是什么呢？在她死去前她的星星们在哪里？死去了的安修斯（Antious）又是怎么

① 克罗纳斯（Cronus）的妹妹和妻子，得墨忒耳、哈得斯、赫拉、赫斯蒂（Hestia）、波塞冬及宙斯的母亲。

② 得墨忒耳和宙斯的女儿，她被冥神哈得斯劫持但被其母所救，从此以后每年在人间过六个月，然后在地狱过六个月。

③ 阿波罗和克吕墨涅的儿子；因强驾阿波罗的神车，从天上跌下致死。

④ 位于南爱琴海的希腊东南部的一个岛屿，它是塞克拉迪群岛中最小的岛，据传为阿耳忒弥斯和阿波罗的诞生地。

⑤ 特洛伊的美少年，宙斯将他带走做神的斟酒者。

⑥ 埃及托勒密一世的妻子，托勒密二世的母亲。（第二十一章）

在月亮上被凝固为一个美少年？是谁将他运至彼岸：除非在偶然的情况下，像那些为了租金的缘故而不破坏誓言的人类一样，当他们在诸神的谬言之中时说国王已经升上了天国，所以某个人在可能的情况下已经把此人列入神谱并酬以荣耀和奖赏？你们凭什么窃取上帝的荣耀？为何羞辱他的作品？你们以羊为牺牲，同时又去崇拜这种动物。公牛在诸天之中，你们却又屠宰它的雕像。跪拜之人紧紧拥抱着有害的畜类；啄食为人类造福的普罗米修斯（Prometheus）受到了崇拜。天鹅是高贵的，不过也确实，因为它曾是一名通奸者；狄奥斯库里（Dioscuri）[①] 每隔一天出来活动，琉希普斯（Leucippus）之女的劫夺者，也是高贵的！海伦（Helen）还算好些，她抛弃了亚麻色头发的斯巴达王，转而跟随戴着头巾，饰有黄金的帕里斯（Paris）。[②] 诸如此类的人还有索福隆（Sophron），他把这个荡妇送上了天境！但甚至是提因达鲁斯（Tyndarus）的女儿也没有被赠予不朽之礼，欧里庇得斯（Euripides）[③] 机智地把这个妇人描绘成死于俄瑞斯忒斯（Orestes）[④] 手下。

第十一章　人类的罪并非由于命定，而是由于自由意志

那么，当我看到这样的一群命运的主宰时，让我如何再去依据命运

① 卡斯托尔与波吕克斯、宙斯与丽达（Leda）的孪生儿子，海伦和克吕泰尼丝特拉（Clytemnestra）的兄弟，被宙斯变成双子星座。

② 特洛伊王子，因诱走海伦而引发了特洛伊战争。

③ 古希腊戏剧家，他与索福克勒斯和埃斯库罗斯并称为最伟大的古典悲剧作家。他写了九十多部悲剧作品，但仅有包括《美狄亚》，《希波吕托斯》和《特洛伊妇女》在内的十八部作品完整地流传下来。

④ 阿伽门农和克莱德姆内斯特拉的儿子，和其姐姐埃勒克特拉（Electra）通过杀其母及其母情人艾吉其塞斯（Aegisthus）而为其父报仇。

来接纳自己的出身？我没有做君王的愿望；我不会祈望成为有钱人；我拒绝军事命令；我憎恶乱伦；我没有被拥有巨大财富的贪婪所驱使；我不会为了花环而去竞赛；声名的狂热欲望对我无效；我藐视死亡；我对各种疾病具有免疫力；我的灵魂没有遭受忧伤的侵蚀。假如我是一个奴隶，我会忍受对我的奴役。假如我是自由民，也不会去吹嘘自己的良好出身。我知道不论生活得美满抑或贫乏，都在同一个太阳下走向死亡。富人生育，贫穷者享受着同样的生育。富可敌国者死亡，乞丐们同样拥有有限的生命。有很多钱的人缺乏很多的东西，仅仅通过对自己钱财的估量而感觉荣耀；而那些只有一定需求的贫穷者，仅仅寻求可以适合于他的要求的东西，相当容易便达到目的。当你被命定为着钱财的贪婪而失眠时感觉怎么样呢？为何被命定去追求那些常常会消逝的东西呢？对这个世界死心，拒绝其中的愚蠢行为。向上帝而活，在他的心意中丢掉老我。我们受造不是为了死亡，而是因我们自己的罪而死亡。我们的自由意志已经毁了我们；本来自由的我们现在却成为被束缚者；通过罪，我们已经被卖与他者。上帝没有创造任何罪恶；我们自身已经陷于罪恶之中；但是身在罪中的我们仍旧可以去拒绝它。

第十二章　两种类型的灵

我们认为有两种不同种类的灵（sprite），其中之一称为魂（soul，ψυχη），但是还有一种比魂更为高级的，乃是上帝的形象和样式：它们都存在于初造之人中，它们在某种意义上可以称为物质性的（νλικοι），在另外一种意义上来说又是超越物质的。事实是这样的：我们能够看到，世界的整体构造以及所有的受造物都是从物质中造出的，而物质本身是上帝所造的；由此在某个层面上来讲，当它在尚未被分开各从其类时，是粗糙而无定型的，而在另一个层面上，一旦其各从其类，看起来便绚丽夺目、井然有序。因此，在那分门别类之中，物质所构成的穹苍以及其中的日月星辰；地球与在其上的万物拥有一个相似的构造：所以一切受造物是有一个共同的起源的。但是，如果这是一个事实，在这些都是物质所构成的事物中仍旧存在着一定的差异，所以某一个是更为美观，而另一个尽管美观却被那更为佳美者所逾越。这就像身体的结构是在一个管理者之下，在所造之功用下各司其职。尽管这是事实，在这个身体之中仍旧存在着差别，眼睛是一样，耳朵又是一样，还有头发的排列和内脏的分布；最后经由骨与骨髓和肌腱的联结而成为一体；尽管各自不同，仍如同一场音乐演奏，在各自的位置上协调而融洽；——同样，这个世界之中的事物借着它的创造者的大能有的极其壮观，有的并不如此，这都是由那位造物主，一个举足轻重的灵所安排的。这些非凡的解释最终被载入书册，使得这些事物能够被那些不因自负而拒绝它的人察觉出，并会使那些去研究它们的人越发敬爱上帝。因此，这些已经从物质中获得外形并拥有存在于其中的灵的守护神们——像你们所称呼他们的——变得情欲放纵、贪得无厌；其中极少的几个确实是转向纯洁，但是其他的却选择了那些低级的事物，并使自己的生活苟且而与之相一致。噢，希腊人，你们所崇拜的那些家伙，本为物质所造，但是却远远偏离了正确的引导。因为，在自己的愚蠢的虚荣心驱使下，他们摆脱了（那权威者的）引导，已经成为窃取上帝荣耀者；主已经任凭他们随从己欲直到世界的末了。那时，世界被毁灭，审判来到，那些所有曾被这些守护诸神攻击，并在获知那全然完美的上帝之后展开争战的人们，由于其自身展开的争战，会在末日审判时得到更为理想的见证。星体有一个灵，天使有一个灵，植物和江河湖海有一个灵，人类有一个灵，动物有一个灵；但是，即便是同一个，它在自身之中也存在差异。我们并非仅凭传闻说出这些事情，也不是猜想和强词夺理的推论，而是使用一位可靠的神人所说出的话语，你们之中若有谁切愿去学习，而不会轻蔑地拒绝塞西亚

(Scythian)[①] 的阿拉卡西斯(Anacharsis)[②],也不会鄙视被那些遵循一个野蛮的法规的人们所教导,就至少可以赞同接受我们的原则,就像你们愿意接受巴比伦的预言。倾听我们吧,除非你们想做橡木做的神像。然而我们所谈论的正是关于这些狂怒的守护诸神的欺骗,虽然我们所涉及的学说远超过对这个世界的理解。

第十三章 魂之不朽的推论

噢,希腊人们,魂自身并非不朽的,而是必死的。然而,它不死也是可能的。确实,如果它没有认识到真理,它死去,并随肉体一起消散,但是在末日将与身体一起复活,并在审判中接受永远的死亡。但是,如果它获得了上帝的知识,尽管也会有一段消散的时期,却不会死去。在它自身是黑暗,毫无光明的。这也正好说明了这句话:"黑暗不接受光。"因为魂中没有灵,而是灵里有魂,光明之中包含了黑暗。确实,基督是上帝的光,而那无知的魂是黑暗。由此,如果那魂继续闭锁自处,则会趋于沉沦而倾向于物质,与肉身一起死亡;但是,如果它进入与上帝的灵的联合之中,就不再是孤独无助的,而是升到一个处处有圣灵指引的地域:因为灵之居所在上面,而魂之由来在下面。本来,在起初灵是魂的不变的伴侣,但是灵离弃了这个伴侣,因为魂不再愿意跟随它。然而,尽管它仍旧认为自己便是自身能力的亮光,但是由于这个分离,不再能够认识那完美的,当它去寻找上帝,却在诸神之中徘徊,跟随着那些守护神的荒谬之理。

但是上帝的灵并不是与所有的魂在一起,而是为那些正当地生活的

① 小亚细亚与欧洲东南部之一古地区。

② 公元前 592 年左右,梭伦的朋友,一位智者。

人预备居所，并与这些魂亲密相交，借助于预言把隐藏之事向其他的魂显明。那些跟随智慧的魂已经朝向那与自己同源的灵；但那悖逆之子，抵制受难的上帝的牧者，成为上帝的敌对者而非敬拜者。

第十四章　守护神应受到比人类更为严厉的惩罚

噢，希腊人，你们虽则拥有大量的著作，然而其中的思想扭曲到了惊人的地步；你们认为不是有一个主宰，而是有许多个，你们也习惯于追随那些守护神，似乎他们是有能力的。因为，正如野蛮的强盗借助于恐吓去压制他的同类；那些守护神也是如此，他们长期沉沦在邪恶之中，借助于无知和虚假的外表长期欺骗那些在他们面前的魂。因为与肉身无缘，这些家伙确实不会轻易死去。但即便活着，他们也是在练习如何死亡，并经常是在教唆自己的追随者犯罪的同时治死了自己。因此，目前他们与人类最大的不同，是在遭受惩罚之前不会死去：为了领受这一惩罚，他们不会在一个受祝福的永恒中拥有死亡，而是与之无缘。像我们，现在轻而易举就被死亡临到，之后便会拥有永恒的福乐或无尽的痛苦，所以这些在谬误的做法中滥用掉现有生命的守护神，甚至在活着的时候已经在阔步迈向死亡，他们以后仍将像以前一样永远活着，但是那些和他们本性一致的人，在他们的人生中自愿地按照这些守护神所指示他们的行事。但是不正是因为人类生命的短暂，众守护神的生命无限，从而使前者罪孽更少而后者却罪恶滔天？

第十五章　与圣灵合一的必要性

然而，我们现在要去寻求我们所得而复失的——与圣灵合而为一，并在与上帝联合之后继续努力征战。人类的灵魂并不简单，而是由很多部分组合成的；它是复合的，以便能够通过身体显明自身；因为不但它不能离开身体单独呈现，肉体也不能脱离开灵魂而复活。人类并不像那些喋喋不休的哲学家所说的，仅仅是一个理性的动物，能够理解并拥有知识；因为，根据他们的学说，即便是那些没有理性的事物也显得拥有理解力和知识。但是唯独人拥有上帝的形象和样式；但是我这里所说之人，不是行事为人如同禽兽者，而是那已经远远不只是达到了人性——而是有了上帝自身的属性了。这个问题我们已经在本文关于动物的章节中讨论过。但是现在所要说的要点在于，上帝的形象和样式到底是什么。所不能对比的正是这个抽象的存在；但是要对比的正在于此。全然完美的上帝没有肉身，但人类是肉身性的。肉身的联合在于灵魂，灵魂的居所是肉身。这是人的构造的天性；若把它比喻为一个殿，上帝乐意用灵——他的代理——住在里面；但是假如它是这样一个居所，人比野兽优越的地方仅仅在于他有清晰的发音，——在其他意义上，他的生活方式与它们差不多，这样的人便没有上帝的形象。但是没有任何一个守护神拥有肉身；他们是灵的结构，像火或者空气。仅仅那些上帝的灵居于其中，保护者才能够不费力地看到这些守护神们的身体，绝不能被在上帝之灵之外者看到，——我是指那些仅仅拥有魂的；因为低级的不能够明白高级的。在此意义上，守护神本性上无处可以悔改，因为他们是物质和罪恶的表象。但是物质渴望使魂在行动中臣服自己；根据他们的自由意志，这样便给人定了死亡之法；但是人在失去永生之后，已经靠着信仰在顺从死亡中战胜了死亡；通过悔改，一条预定的生命已经给予他们，根据这句话，“既然他们受造只比天使微小一点”[1]。并且每一个悔改了的人，如果他拒绝必死之境，都可能反败为胜。每一个愿意有永恒生命的人都可以毫不费力地看到这一切。

---

① 《诗篇》8：5。

第十六章 诸神所展现的能力是徒劳的

但是那些辖制人类的诸神并非人类的灵魂；因为后者既已死了，如何可能再活动？除非这个人活着时就没有理解力和力量，我们才相信他去世后被赋予了更多的行动能力。但是如同我们在任何地方所显示出来的，这两种情况都是不可能成为事实的。另外，那永在的被身体器官限制的魂，一旦移居他地便更具智慧，这是令人难以置信的。这些激情狂迷的神灵们以理性和人类作对，而这正是他们的软肋，又滥用他们那早已低垂的脑袋来编造动人的谎言，所以是不可能再升上通往天国的道路。但是对我们来说，这个世界上的事情并非隐而未现的，只要那使魂永在的力量临到我们，便轻易明白领会了那神圣者。在这样一些时候，诸神把自己显明在那有魂之人面前：或者被认为是什么东西，或者是可能像伤害敌人一样去伤害他们的恶友，或者是显明给那些和他们同类的人使之有机会对他们感恩戴德。如果可能如此，他们毫无疑问会伙同其他物类一起摧倒天庭。

但是现在他们绝对不可能得逞，因为他们并无此能力；不过他们借助于使那些比他们低等的和肖似他们的相互争斗来发起战争。任何想要战胜他们的人，要与这肇事者断绝关系。

披戴圣灵这个护心镜，才能够保留住所有在它的看护保守之下的。确实，此因诱发的疾病和患难在我们身上，但是诸神把原因归诸事情本身，并且当某人感染疾病，便去进行侵扰。有时他们亲自去骚扰身体的心境；但是，被上帝的道所彻底击败，他们在惊恐中四散而逃，于是患者康复。

第十七章　诸神向追随者空言许诺以健康

根据德谟克利特（Democritus）[①]所同情的与其所憎恶的，照通常的说法，我们只能这样说：阿布德拉（Abdera）城的人就是Abderiloquent？然而，正如那城的名字是依他而起的。据说赫拉克勒斯的一个朋友——有一座城市是根据其名字命名的，被狄俄墨得斯（Diomedes）[②]的马群吞吃，那么鼓吹德谟克利特[③]的人将在末日被当做燃料送进无休止的烈火中。还有你们，如果仍旧不停止你们的嘲笑，将被当做行骗者受到同样的惩罚。噢，希腊人，我把你们当做卓越者而坦言相告，为何你们不倾听呢？把你们从自身的理性需要转变为真理的使者，这里面并没有什么可笑的。一种病态的情绪不能通过与之相反的另一极端来克服。在一个疯子身上挂上一点皮革做的护身符也不能医治他。诸神会做探访，那些患病的人，坠入情网的人，有仇恨的人和渴望有人帮助复仇的人都会把他们当做救星。这就是所谓帮助的方法：正像是字母的排列和那些字母本身也不能明白的诗句，然而人类已经为自己发明出包含着他们的思想的符号，借助于它们的特殊组合，可以分辨那些字母的排序所要表明的意思；同样，根茎菜蔬作物的各种类型以及肌肉和骨骼的相互关系并不能给自身带来什么影响，却成为这些堕落的诸神借以运作的基本材料，这些诸神已经决定其中的每一个可用做什么目的。

当诸神看到人类赞成依靠这些东西为自己服务，诸神就获得了他们并使他们成为自己的奴仆。但是对通奸行为施以援手怎么可以是值得尊

---

① 公元前460—前370年，希腊哲学家，他发展了宇宙原子论，并拥护以自制和安乐为人生目标的学说。

② 特洛伊战争中希腊的一个英雄，阿耳戈斯王提丢斯之子。

③ 原作Magian Ostanes，英译者注，即：德谟克利特。

敬的呢？怂恿人们相互仇恨如何能够成为高贵的呢？把精神疾患的减轻归咎于物质而非上帝，这怎么合适呢？因为他们借助于自己的技巧使人类撇开对于上帝所应尽的职责，引导人类把信心建基于药草和草本植物。但是，假如上帝他已经预备了这些满足人类愿望的东西，会是一个罪恶之物的生产者吗？有鉴于此，上帝自己所创造的每样东西都是好的，但是诸神的肆意放荡把自然受造物滥用于罪恶，这些东西所披戴的罪恶外表就是从诸神而来，而非从全然完美的上帝而来。因为当我活着的时间我绝不犯罪，但是现在却说我死了并且能够随心所欲，我那不可运动甚至也不可感觉的遗体却能够用感官来作用于可以辨识的东西，这样的说法如何能够经受大脑的审查？还有，一个人既含冤而死如何又有能力去帮助别人复仇？如果这是可能的，他更可能防守自己不受仇敌攻击；既然能够去帮助别人复仇，他更应该能使自己成为复仇者。

第十八章　诸神是在行骗，而非医治

然而医学以及任何在医学之中的都是同种伎俩。假如有人通过物质医疗得以康复，通过对它的信任，他更可能是从上帝的大能里得到医治。正如化合物是有害的调治食品，具有同等性质的药品也是这样的。尽管如此，如果我们拒绝使用劣等的东西，仍旧有人经常竭力使用这些不健康的东西与别的东西一起来治疗，希望用有害的东西达到有利的目的。但是，正如一个和强盗一起进餐的人，尽管他自己可能不是一个强盗，由于他和强盗的亲密行为也会一起受到惩罚，所以那与恶者结交的人，自以为和他们共同做一些不坏的事，最终仍会被审判者上帝作为一样的对象来惩处。那相信物质规律的人为什么不愿意相信上帝呢？你们不去接近那更有能力的主，而是妄图去自我医治，就像犬类使用青草，牡鹿使用毒蛇，公猪使用螃蟹，狮子使用猿猴，这又是什么原因呢？你们为什么要神化自然界中的物种呢？为什么当你治愈了你的邻居就被称为恩人呢？遵从基督逻各斯的力量吧！那些诸神并非真的在医治，而是以他们的把戏将人类变成他们的俘虏。那最值得尊敬的查士丁（Justin）[①]已经正确地谴责他们为强盗。因为，他们之中的一些俘获人然后交还给朋友以便敲诈，所以那些被尊为神的家伙们侵入一些人的身体，出现在他们的梦中，命令他们在公众场所出现在大家的目光中，当他们在这个世界之中获得满足，便飞身离开那病人，然后就毁灭他们所制造的病疾，使之恢复到他们以前的状态。

第十九章　诸神崇拜是堕落的起源

尽管你们宣称轻视死亡，并且在各样事情中都感到满足，但是你们并没有察觉到这些事情，是我们之中了解它们的人教导给你们的。这是一个你们的哲学家们所严重缺乏的训练，由于他们之中部分人没有提供什么有效的服务，一年就从罗马皇帝那里领取到了 600 奥里亚（aurea），但是甚至他们所蓄的长胡子都是需要薪水的！这个在大城市中有自己的舒适居所的克里森斯（Crescens），在同性恋上无人能及，并且嗜财如命。仍旧是这个人，宣称藐视死亡，却是如此贪生怕死：他竭力打击查士丁，要把他置之死地，罪名是他说出了真相，即谴责那些哲学家们是贪吃又骗人的家伙；事实上我也在他打击之列。但是除了你们，哪一个哲学家是他时常所猛烈抨击的？如果你们认同我们的教义，说死亡并不可怕，也不像阿那克萨哥拉（Anaxagoras）[②]那样为了愚蠢地在人们中博得虚名而招致死亡，而是由于认识了上帝变得视死如归。世界的构造奇妙宏

① 希腊神学家（公元 100?—165 年），在罗马创建了基督教哲学的一个派别，著有《护教文》和《谈话录》。

② 约公元前 500—前 428 年，古希腊哲学家，对日蚀做过解释并相信物质由原子组成。

伟，居于其中的人类的生命光景却是糟糕不堪；我们可以把这看做不认识上帝的人在一个庄严盛大的集会上受到了隆重的接待。至于卜筮之辞，它是什么东西？你们为何受到它的欺哄？它是那些充满世俗欲望者的导师。当它希望发动战争，就把阿波罗搞成屠杀的一个军师。当它想成功地用暴力对付一个少女，就选择一个神做帮凶。你们的败坏，是因为你们自身的毛病；就像阿伽门农（Agamemnon）[①]想要十个议员，你们需要站在你们一边的神。某个妇人喝了某种水进入癫狂，借助于乳香的气味失去知觉，你们就说她有预言的天赋。阿波罗是一个预言家且是占卜者的祖师：在追逐达芙妮这一事件中他欺骗了他自己。确实，一棵橡树是神谕的，小鸟能发出预言！由此看来你们比动物和植物都更低等！对你们来说，一根纤细的东西理所当然会成为一根卦签，对于一只小鸟的飞翔的假定也是这样的！想让你醉心于钱财之中的人也预言你将会成为有钱人；对于动乱和战争有激情的人同样会预言战斗的胜利。如果你们是超凡脱俗的，自然会藐视所有的世俗事物。不要憎恶我们这些已经获此造诣的人，去批判那诸神，来跟随这独一的真神上帝吧。“万物是藉着他造的，凡被造的，没有一样不是藉着他造的。”[②]如果自然之物中存在毒物，那么它早已被我们的罪恶行径所遮盖了。我会把这些事情中的绝对真理展现出来，若你们能侧耳倾听的话，唯有那信者能够明白。

第二十章 感恩永远归于上帝

即使你们被药物医治（出于礼貌我承认这点），也应当把痊愈归功

① 迈锡尼（Mycenae）的国王，特洛伊战争中的希腊联军统帅，阿特柔斯的儿子，俄瑞斯忒斯、埃勒克特拉以及依菲琴尼亚（Iphigenia）的父亲。他刚从特洛伊返回就被其妻克吕泰尼丝特拉杀害。

② 《约翰福音》1：3。

于上帝。因为这个世界仍旧在羁绊着我们，在软弱中我更倾向于物质。因为魂的双翅是那完美的灵，但是，由于罪，它已经丢弃了双翅，像一只雏鸟扑腾着坠落在地上。既然失去了天上的伴侣，它就追求与低劣的东西。诸神被驱往另外一个住所；初造之人被逐出乐园：事实上，一类被抛下天庭，但是另外的一类从地面被赶走，尽管没有被赶出陆地，但那原居之地①却是有着美妙绝伦的秩序，远非眼下所能及的。我们现在怀念那原初的景况，就必须将一切已被证实为障碍的东西挪走。人哪，诸天不是无限大的，而是有界限和边界的；在它们之外另有更高等的世界，没有四季更替——四季更替带来了疾病，而是享受着永远适宜的天气，没有黑夜，有的是地上的人所不能接近的光。那些对地球进行过详尽描述的人已经尽其可能给人类展现了它的不同地域；但是对于超出它之外的却不能置喙，因为这已非人类肉眼所能及，它们是：潮汐存在的原因；一片海水之中布满杂草，另外一片却为泥沙淤塞；以及一些地方在热烈燃烧，另一些地方却天寒地冻。尽管这样，我们却已经通过先知的教导获知了这些本未显明的事情，他们已经全然相信那天上的灵和魂都会被死亡所笼罩，先知预言了常人的头脑所不能了解之事。但是每个赤身之人都有可能披戴这件衣服，重返原初的家园。

第二十一章　基督教教义和希腊人关于神的比较

噢，希腊人，当我们宣布上帝道成肉身诞生在这个世界上，我们并非扮演着白痴的角色，也不是在胡言乱语。我请你们当中指责我们的来把我们的叙述和你们的神话传说做个比较。按你们的说法，雅典娜

---

① 指伊甸园。——译者注

（Athene）为了赫克托耳王（Admetus）[1]的缘故，取了得福布斯（Deiphobus）的样子，没有修剪须发的太阳神福玻斯（Phoebus）为了阿德墨托斯（Admetus）[2]的缘故，靠放养一头拖着尾巴行走的公牛为生，他的配偶装成一个老妇人走向塞墨勒（Semele）。[3]但是，你们自己都当真地对待这些事情，又怎么能嘲笑我们？你们的阿斯克勒庇俄斯（Asclepios）[4]死了，这个一夜之间蹂躏了五十个处女的家伙在把自己交付于熊熊烈火之时失去了自己的妻子。

被紧锁在高加索山上的普罗米修斯，因了他给人类所行的善事而遭受惩罚。根据你们的说法，宙斯生性嫉妒，隐藏了人类可能得到的梦想，希望他们毁灭。因此，看看你们自己的纪念物，请赐予我们以赞同吧，仅仅为了你们自己的传说和我们的相似的缘故。尽管如此，并非我们在荒唐行事，而是你们的传说不过在胡言乱语罢了。

假如你们谈及诸神的起源，你们也会承认他们是必有一死的。

出于什么原因，赫拉现在不再怀孕？她已经老了？难道没有人来告诉你们？噢，希腊人，现在相信我，不要再把你们的神话和诸神分解成寓言。假如你们试图这样做，你们所持的神圣本性将被你们自己颠覆；因为，假如那和你们一起的诸神正如他们所被言说的，他们因其特性而存在价值；或者，假如被当成自然力量的象征，他们就不再是他们所被言说的那样了。但是我不会被说服来对自然原理投之以宗教的情感，也不能许诺说服我的邻居。而拉姆普撒科斯（Lampsacus）[5]的梅特罗多鲁（Metrodorus）在他关于荷马的论述中愚蠢地把一切都变成寓言。因为他说不论是赫拉、雅典娜还是宙斯都不是那些人们猜想的那样，为他们

---

① 特洛伊王子，是普里阿摩斯和赫卡柏的长子，被阿喀琉斯杀死。

② 塞萨利（Thessaly）国王，到海外觅取金羊毛的阿尔戈英雄之一，娶阿尔刻提斯（Alcestis）为妻。

③ 腓尼基王子卡德摩斯之女。

④ 阿波罗的儿子，药神。

⑤ 古代希腊的城市，在赫勒斯滂的东岸。

献上神圣的院落和林木，而只是大自然的一部分和特定原理的排列。赫克托耳王（Hector）[①]、阿喀琉斯（Achilles）[②]、阿伽门农（Agamemnon）以及差不多所有希腊人还有那些包括海伦和帕里斯的野蛮人，都有共同的本质，你们当然会说，所有这一切仅仅是因了诗歌的文学手段才被引出，这些人物没有一个真的曾经存在过。但是我们所提出的这些事情仅仅是为了辩论的缘故，甚至把我们的上帝的概念和那些在泥污中打滚的人相比都是不当的。

第二十二章　希腊人的节庆仪式之可笑

你们所教导的都是些什么东西呢？你们那严肃的节日为了纪念那些缺德的诸神，把人蒙上丑名，有谁能保证不加以藐视呢？我经常看到一个男人——带着惊奇去看，且那惊奇最终以藐视终结——去想他是如何骨子里是一套，但是表面上假装一个和他不一样的——给他自己矫揉造作的优美的样子，肆意于各种阴阳怪气的表演之中；他不时四处挥舞双手，在脸上涂上泥浆大声咆哮；有时扮成阿芙洛狄忒，有时扮成阿波罗；一个唯一的所有诸神的原告，一个迷信的典型，一个英雄事迹的辱骂者，一个凶杀的参与者，一个通奸行为的编年史记录者，一个愚蠢行为的仓库，一个重刑审判的煽动者；——然而就是这样的一个男人被所有人所赞扬。但是我已经抵制了他所有的虚假，他的不敬虔，他的做作，——简而言之，这个人所有的一切。但是当你们斥责那些不和你们一起追捧的人时，你们被这个人所迷惑。我绝不会目瞪口呆地站在一群歌手前，也不会希望对一个挤眉弄眼的人假装同情。你们表演了什么令人愉快的

① 特洛伊王子，是普里阿摩斯和赫卡柏的长子，被阿喀琉斯杀死。
② 《伊利亚特》中的英雄，是珀琉斯和西蒂斯之子，杀害赫克托耳的人。

或是出色的东西？他们做作的舌头吐出下流的话语，并舞弄出猥亵的动作；你们的女儿和儿子把他们看为在舞台上教唆通奸的课程。确实如此，你们的讲堂，值得称赞的地方，在那里夜晚所犯的主要罪行都在那里大声宣告，那些听众享受着声名狼藉的说话方式！还有，你们那说谎的诗人们也是值得称赞的，他们以其虚构将他们的倾听者诱离真理。

第二十三章　拳击手与角斗士

我看到人们疲于体格训练，随时携带着肉体的负担，在他们面前摆放着薪酬和桂冠，虽然那判决者并非由于英勇事迹，而是因暴力和嘈杂中的对垒而对之欢呼；而那在相互厮打中胜出的人受到了嘉奖。这些是次要的邪恶；更严重的是：有谁不是谈之色变？那些由于肆意放荡而把自己交付于毫无意义之事的人，将自己卖身至死地；贫困者也会牺牲自己以换取某种利益，虽然那有钱人会另外购求他人再来将他打死。而那些观众正是因为这些才就座观看，那角斗士不为别的缘故，仅仅是为了打斗，也不会有任何人走进竞技场施以援手。难道这样的公开演示会有助于你们的荣誉？那人——基本上是你们之中的——收聚众多血腥的杀手，供养他们；他放出这些残暴之徒，你们则聚于此场作为裁决者，成为邪恶的判决者的一部分，也成为参与竞斗者的一部分。未看这杀人的展览的人感觉遗憾，因为他无运气成为这些罪恶、令人憎恶的无信仰者的行为的观众。你们宰杀动物是为了吃它们的肉，你们购买人却为了给你们的魂提供一场吃人的宴席，在这丧失信仰的流血中滋养它。强盗为了战利品而去谋杀，而这些有钱人购买角斗士却是为了使他们丧命。

第二十四章 其他大众娱乐

欧里庇得斯的戏剧上演者，扮演那甚至是丧失人性的弑母的阿尔克麦昂（Alcmaeon）[①]，穿着不适宜男人穿的长袍，手中拿着剑，呲裂着嘴巴在尖叫中被烧死，我能从这个人那里学到什么好东西呢？再到别处去，阿克西劳斯（Acusilaus）所虚构的故事，还有米南德（Menander）[②]，一个与他同样糟糕的拙劣诗人，又能得到什么呢！我为什么要赞美那神话中的风笛手？我为什么像阿里斯托芬一样忙于撰写忒拜的（Theban）安提戈涅（Antigenides）？我们决定离弃你们那些无益的东西；请你们或者相信我们的教义，或者就像我们一样，弃绝你们的那些东西。

第二十五章 众哲学家的自我吹捧和相互争吵

你们的哲学家都实现了什么伟大和令人赞叹的东西？他们留下了一个裸露的肩膀；他们留了长发蓄了胡子；他们的指甲像野兽的爪子。尽管他们声称自己一无所需，然而，像普罗特斯（Proteus）[③]，他们的钱包需要一个鞣皮匠，披肩需要一个织工，拐杖需要一个木工雕刻师，至于其中的富有者还需要一个厨师来满足他们的食物嗜好。噢，你们不认识上帝，把人比作狗，所以转向模仿一个没有理智的动物。你们在公众场合装作权威的样子大声叫嚷，毅然使你们报复你们自己；如果一无所获，就破口大骂，哲学对你们来说是赚钱的工具。你们遵循柏拉图的学说，

---

① 雅典政治家，贵族派的领袖（见希罗多德《历史》第九章）——译者注

② 前342—前292年，希腊戏剧家，他的浪漫主义作品对喜剧之发展有影响。——译者注

③ 一个能任意改变自己外形的海神。——译者注

而伊壁鸠鲁（Epicurus）[①]的跟随者则提高了嗓门来反对你们。此外，你们想要成为亚里士多德的跟随者，而德谟克利特的信奉者则责骂你们；毕达哥拉斯（Pythagoras）[②]说自己是欧福玻斯（Euphorbus）[③]与费瑞希底斯学说的继承者；但亚里士多德驳斥灵魂的不朽。你们接受了你们的祖先的学说，而那学说却是相互冲突的，你们这不一致的在对抗那一致的。你们中的某个人断言上帝是个人，但是我坚持认为上帝是没有肉体的；他说世界是不可毁灭的，我则说它将被毁灭；他说毁灭性的大火会一再发生，我说它将只会发生一次；他说迈诺斯[④]和拉达曼迪斯是审判者，我则说上帝自身是审判者；他说魂自身被赋予永生，我则说它也被赋予了肉体。噢，希腊人，我们对你们造成了什么伤害？你们为什么憎恨那些遵循上帝的话语的人，就像他们是人类中坏透的人？吃人肉的并不是我们——你们中宣称有这事的人被唆使做伪证；你们当中佩罗普斯（Pelops）[⑤]尽管是波塞冬所爱的，被做成诸神的一顿晚餐，克罗诺斯吞吃了他的孩子们，宙斯吞下了美提斯（Metis）。

第二十六章　对于希腊人学问的嘲笑

请不要再开口炫耀那些从别人那里拿来的东西；也不要再像穴鸟（daw）[⑥]一样用借来的羽毛来修饰自己。假如每一个城邦都把他们的贡献

① 约公元前 342—前 270 年，古希腊哲学家。

② 约公元前 580—前 500 年，古希腊哲学家和数学家，在意大利南部创立学派，强调对音乐和谐及几何的研究：他证明了毕达哥拉斯定理的广泛有效性，并且被认为是世界上第一位真正的数学家。

③ 特洛伊中的人物，英雄之一。（第二十二章）

④ 克里特岛之王，宙斯和欧罗巴之子，死后成为地府的三个法官之一。

⑤ 坦塔罗斯（Tantalus）之子和阿特柔斯之父。

⑥ 或作 jackdaw，一种小乌鸦，因其爱啄走明亮之小东西而闻名。

从你们的话语中拿走，你们的谬论就会失去力量。当被问及上帝是什么，腹中空空的你们对此茫茫然一无所知；当你们大张着口瞪着天空时，便坠入了眼前的盲井之中。阅读你们的著作就像穿行在迷宫里面，读者就像是达那伊得斯姐妹（Danaids）①的木桶（永远也填不满）。为什么你们把时间分割开来，说过去是一部分，现在是一部分，未来是一部分？当现在仍旧存在时未来是怎么消逝的呢？这就如同那些在自己未知之域遨游想象的人，也正如同一只船在行驶时，以为（那原本静止的）山峰在运动，所以你们不知道是你们自己在时间之中，而它本身则只要造物主想要让它存在就一直呈现在那里。为什么我应该一一解释我的观点？为什么你们如此急于把它们统统推翻？难道你们不是和我们以同样的方式出生，又同样在这个世界的统治下？你们并没有另外一个太阳，或是另外的星空，也没有一个更为非凡的出身和一个更为优越的死亡，却为什么说智慧仅仅在你们那里？文法之士已经成为这种没有价值的谈话的开始；你们分有了智慧，把智慧的若干部分的名号瓜分给某一部分人，却与真理的智慧无缘；你们不认识上帝，只是在充满火药味的争论中相互诋毁。并且值此缘故，在你们所有人身上找不到任何价值。如果你们对自己妄称唯一拥有探讨的权利，那只能是瞎子在对聋子说话。你们并不知道如何建筑，又为什么要抓住建筑者的工具呢？既然你们对于事务向来冷漠并疏远，且自负于美誉之辞而一旦运气不佳便沮丧不已，却又为什么使自己忙碌于搬弄言辞呢？你们的行事方式与常理相悖，因为你们在公众之中显露出饰美之物，而把你们的教导藏在角落里。明白了你们是这样的人，我们便不再理会你们，不再关心你们的教理，而是遵从上帝的话语。噢，人们啊。为什么要去堆砌字词用来相互对仗呢？你们为什么要像在拳击比赛中一样，使他们的声音在一起撞击，且用一种假装

① 达那乌斯的女儿们，听命于父亲，在新婚之夜杀死了她们的新郎，被罚入地狱里永不停息地用渗漏的工具取水。

文雅的雅典的说话方式，尽管你们更应该按着自然的方式来说？既然你并非雅典人而选择了雅典的方言，请求回答我为什么你不能像多里安人那样说话？这是怎么回事呢？在交流中多里安语对你们来说更为顺畅舒服，而雅典语却佶屈聱牙。

第二十七章　基督徒所受的憎恨是不公正的

如果你们单单坚持他们自己的教导也就罢了，却为什么因为我乐于选择这种教义的观点而与我对抗呢？作为一个强盗并不会因为他所背负的名声而遭受制裁，而只有在关于他的真相查明之后，这是否并非不合理？然而我们在未经审查时就滥受攻击。狄奥戈拉（Diagoras）是一名雅典人，但是你们以泄露雅典的机密而处罚他；然而你们中有人读了他的佛里吉亚的演讲稿而仇恨我们。你们垄断了列奥（Leo）著作的解释权，对我们所进行的驳斥不满；你们把关于埃及神的 Apion 的看法抓在自己手中，公开指责我们，说我们是最不敬虔的。尽管有人说克里特（Crete）[①] 人是惯于说谎者，但是奥林匹克山神中宙斯的坟墓却出现在你们中间。你们那诸神的汇编什么都不是。既然他们的藐视者伊壁鸠鲁已经在前面举起了火炬，我就不再向这些立规者隐瞒我所持的关于上帝对这个宇宙的统治的观点。你们为什么要我失信于自己的准则呢？你们为什么说自己藐视死亡却劝我们使用方术来避开它？我没有一颗驯鹿的心，但是你们对于辩证法的热衷就像饶舌的瑟赛蒂兹（Thersites）。[②] 我怎么能相信这样一个人呢：他告诉我太阳是一块又红又热的东西，月亮则是一个土块？这样的主张更多是文字游戏而不是对于真理的审慎解释。

① 希腊东南沿海的一个岛屿，位于地中海东部。它的迈诺斯文明是世界最早的文明之一，并在公元前 17 世纪达到其财富和权势的顶峰。

② 荷马史诗《伊利亚特》中的一名希腊士兵，喜欢骂人。

怎能有比相信希罗多德（Herodotus）① 关于赫拉克勒斯历史的著作更愚蠢的了呢？它告诉我们赫拉克勒斯杀死了一只从天上的洞穴里面出来的狮子。还有，有什么东西有益于雅典的文体、哲学家的三段论、变幻莫测的演绎、地球的尺度、星体的位置、太阳的轨道？你们的工作就是被这样的钻研所占用，把想法强加在自己身上，仿佛你们就是那法规本身似的。

第二十八章　对于希腊人的立法的谴责

由于这个原因，我也拒绝你们的立法；因为应该有一个对于所有人都一样的政治；但是现在有与城邦一样多的行为规范，所以一城之中可耻之事在另外的城中却是值得尊敬的。希腊人认为和一个母亲发生性关系是非法的，但是这一行为被波斯祭祀看作最适当的；鸡奸被巴比伦人诅咒，但是对于罗马人来说，他们竭力去雾集成群的男孩，就像是在放牧群马，这对于权贵来说甚至是件有荣耀的事。

第二十九章　塔提安皈依之缘由

因此，看到这些事情，我更被那启示的真理折服，并调查了各处的宗教仪式，它们为一些妖气、可悲的人所举行，看到在罗马人中，他们拉脱维亚（Latiarian）② 的朱庇特（Jupiter）③ 在人类的血块和被宰杀的人的

---

① 希腊历史学家，他的作品主要涉及波斯战争，系人们所知的叙述体史书的最早样品。

② 北欧波罗的海沿岸一地区。13 世纪被利沃尼亚佩剑骑士团征服并开始信奉基督教，拉脱维亚于 18 世纪被沙皇接管。

③ 即希腊神话中的宙斯，统治诸神主宰一切的主神，古罗马的守护神，朱诺的弟弟和丈夫，也作 Jove。

鲜血中狂欢；在距离这个伟大的城市不远，阿耳特弥斯批准了同样的行为；此处的这个魔鬼，他处的那个魔鬼正在鼓动着罪恶的事情，——我自己从中退下了，我在寻找着如何才有可能发现真理。当我全力以赴去关注此事，偶然遇到了一些粗野的著作，与希腊人的思想相比更为久远，且与他们的谬误相比更为神圣；我被这东方的质朴的语言引导着对这些产生信任：写作者非人工的特征，显明未来事件的先见之明，行事准则的卓越品质，宣布这个宇宙的管理集中于一个存在者。还有，我的魂被上帝所教导，看清楚以前诸种著述把人引向刑罚，但是这些结束了在这个世界中的不自由，把我们从形形色色的统治者和成千上万的暴君手中营救了出来，当它们给予我们，确实并非我们以前没有收到过，但是我们以前所收到的仅仅是防止谬误继续发生。

第三十章　他是如何断然反抗魔鬼的

因此，被传授和教导了这些事情，我希望抛弃以前的如同孩童时期的荒唐和愚蠢一般的错误。因为我们知道邪恶的本性就像最微小的种子；尽管它已经从一个小小的开端开始长大而变得强大，但是假如我们遵从上帝的话语，并不把我们自己分散，将会再次把它摧毁。因为上帝已经成为我们所依赖的可靠的隐藏的财富的主，确实，当我们挖掘它时会蒙上灰尘，但是我们珍惜它如同我们不动的产业。谁全部接受了这个财富就是已经获得了这最宝贵的财产的支配权。把这些事情说给我们的朋友吧。但是，对于你们希腊人，我能说什么呢，除了请你们不要再辱骂那些比你们更好的，假如他们被称为野蛮人，也不要将之视为取笑的机会。因为，假如你们愿意，你们会发现海鸥们没有能力理解对方的语言的原因；对于那些想要考察我们的教义的人，我会给出一个它们的简单而又丰富的解释。

第三十一章　基督徒的哲学远比希腊人的古老

但是现在看来是适合去论证我们的哲学要比希腊的哲学体系更为年长的时候了。摩西和荷马应该是我们的边界，他们中的每一个都是伟大的古人；一个是最古老的诗人和史家，另一个是所有原初的智慧的开启者。那么，让我们在他们之间进行一下对比吧；随之我们便会发现我们的学说更为古老，不仅是比希腊的，而且要比字母的发明更为古老。并且，我不会从我们自身之中拿出证据，而是求助于希腊人。若按前者去做会很蠢，因为不会被你们承认；但是后者会让你们大吃一惊，当使用你们自己的武器来对付你们之时，我举出你们无法怀疑的证据。现在荷马的诗歌、他的出身以及他创作的活动期都已经被最古老的作家所考察，——被康比斯王（Cambyses）① 时期的瑞纪翁（Rhegium）② 的提亚进尼斯 (Theagenes) ③，萨索斯岛（Thasos）④ 的斯特谢姆布罗图斯（Stesimbrotus）⑤，克勒芬（Colophon）⑥ 的安提马库斯（Antimachus），哈利卡那苏斯（Halicarnassus）⑦ 的希罗多德，奥林西安人（Olynthian 的

---

① 波斯国王，公元前 529—前 522 年在位，他将波斯人的统治扩张到尼罗河流域。

② 意大利南部的城镇。

③ 神话为寓意 (也称寓言) 之说的创始者，约于公元前 525 年创立此说。此种说法大概可以再分为二：其一，神话为物理寓意 (physical allegory)：提亚进尼斯以为荷马用寓意式语言来写神话，以神与神之间的冲突来寓意宇宙间各元素之相生相克。其二，神话为心理寓意 (psychological allegory)：提氏也以为神话中之神明是世人情绪的化身，例如：战神阿瑞斯 (Ares) 代表愤怒；爱神厄罗斯 (Eros) 代表情欲；阿西娜 (Athena) 代表智慧，等等。

④ 希腊的一个岛。

⑤ 公元前 5 世纪的作家。

⑥ 小亚细亚古希腊一座城市，位于以弗所西北部，以其骑兵而闻名。

⑦ 一座位于今天土耳其境内小亚细亚西南部爱琴海上的希腊古城。在公元前 4 世纪，阿米特米西娅王后在此为她的丈夫摩索拉斯国王修建了一座雄伟壮观的陵墓，这座陵墓被认为是世界七大奇迹之一。

狄奥尼修斯；他们之后是库迈（Cumae）[①]的厄弗罗斯（Ephorus）[②]，雅典的菲罗克洛斯（Philochorus）[③]，亚里士多德学派的 Megaclides 和 Chamaeleony，再之后是文法师们，芝诺多图斯（Zenodotus）[④]，阿里斯托芬，卡里玛柯斯（Callimachus）[⑤]，克拉特斯（Crates），埃拉托色尼斯（Eratosthenes）[⑥]，阿里斯塔克（Aristarchus）与阿波罗多罗斯（Apollodorus）。在他们之中，Crate 说他的活动期在赫拉克勒代（Heraclidae）[⑦]收复之前，特洛伊战争结束 80 年内；埃拉托色尼斯说在特洛伊被攻占[⑧]一个世纪后；阿里斯塔克斯（Aristarchus）[⑨]说大概在爱奥尼亚人迁移时期，大概在那次事件之后 140 年；但是，根据菲罗克洛斯，是在爱奥尼亚人迁移之后，在阿基普斯（Archippus）担任雅典执政官时期，特洛伊战争 180 年后；阿波罗多罗斯说在爱奥尼亚人的迁徙百年之后，大约是特洛伊战争 240 年后。有人说他生活在“奥林匹亚德”年前 90 年，也就是在特洛伊战争 317 年之后。另有人说应推迟到一个更晚的时期，与阿基洛克斯（Archilochus）是同时代的；但是阿基洛克斯的活动期大约在第 23 个“奥林匹亚德”年期间，在吕底亚（Lydia）[⑩]的巨吉斯（Gyges）时期，特洛伊战争 500 年后。因此，根据上述诗人的年代，我想要说的是，荷马以及

① 意大利中南部的一座古城和希腊殖民地，位于现在的那不勒斯附近。该城创建于公元前 750 年，是意大利境内最早的希腊殖民地。在公元前 2 世纪以后库迈采用了罗马文化并随着邻近城市的兴起反而逐渐衰落。

② 约公元前 405—前 330 年。

③ 约公元前 340—前 260 年。

④ 约公元前 3 世纪，曾对语言进行较深入的分析，归纳各种范畴，分出各种词类。

⑤ 译按：马拉松战役中雅典的军事执政官，他坚决支持米泰亚德的建议，从而赢得了这场战役的胜利，但是他自己却在战斗中牺牲。

⑥ 公元前 3 世纪的希腊数学家、天文学家、地理学家，他设计了一种世界地图并推测了地球的周长及地球到月球和太阳的距离。

⑦ 赫拉克勒斯的子孙后代，伯罗奔尼撒的征服者。（第四章）

⑧ 原文作伊里昂城（Ilium），特洛伊的别称。

⑨ 希腊语法学家和鉴赏家（公元前 217?—前 145?），因其校订和研究《伊利亚特》和《奥德赛》而著称。

⑩ 小亚细亚西部的富裕古国。

那些论及他之人，我们已经以一种概述的方式充分地说明了那些能够精确考察的人。因为已经可能展示出关于事实的各项观点自身也都是错误的。因为，所指定的日期在各方都没有达成共识，其历史真实性也是不大可能的。是什么原因使得在著作之中，而非在不真实事件之中充斥着谬误的叙述呢？

第三十二章　基督徒的教义与那各执一词的争论迥异，且适合于所有人

但是对于我们来说不存在虚荣心的需要，我们也不会游移于杂乱的观点中。因为我们已经从流俗中分别出来，顺服在上帝的命令下，跟随永在的圣天父，我们拒绝任何建立在以人的意念为基础的东西。不仅仅是我们当中的富有者追求我们的哲学，那些贫穷者也享受到免费的教育，因为从上帝而来的非尘世的礼物所能相比。我们接纳所有想要来听道的人，甚至是老年妇女和年幼者；总之，每个年龄阶段的人都受到我们的善意款待，但是任何方式的放肆都会被拒之门外。假如你坚持不信最终会面对一场审判，这将是一件美妙的事情；但是，尽管那是可能的，我们的根据将继续被上帝所宣布的审判坚固。嘲笑吧，如果你喜欢；但是从此以后你将不得不哭泣。根据你们的说法，在战斗中力图与年轻人竞争是受到推崇的，涅斯托尔（Nestor）[①] 由于年事已高而衰弱并行动迟缓致使自己没有来得及砍断马的缰绳，然而我们中有人与年老抗争，去获得有关上帝的事情，却遭到你们的嘲笑，这不是极其荒谬的吗？当你们告诉我们说存在着亚马逊（Amazons）[②] 和塞米勒米斯（Semiramis）[③] 以及

① 特洛伊的一位英雄，对希腊人来说是位著名的年高足智的顾问。

② 相传曾居住在黑海边的女战士族。

③ 古代传说中的亚述女王。

其他某些尚武的女性，然而却对我们中的年轻女性投以责备，有谁会不加以嘲笑呢？阿喀琉斯是一个年轻人，且被认为是一个非常有雅量的人；涅俄普托勒摩斯（Neoptolemus）[①] 更年轻，却更强壮；还有那菲罗克忒斯（Philoctetes）[②]，但是那神明却需要他来与特洛伊作对。瑟赛蒂兹是什么样的人？他照样在军队中听从军令，假如他不是由于愚蠢而口舌放肆，他本不至于因为他的秃顶而受到责备。至于那些想要学习我们的哲学的人，我们不会根据他们的长相来测试，也不会根据其外表来论断那些到我们这里来的人；因为我们所有人都可能有一个优秀的大脑，尽管他们可能身体虚弱。但是你们的行为却充满忌妒和过度的愚蠢。

第三十三章　为女性基督徒辩护

因此我一直渴望从你们被看做光荣的事情中，证明我们的教会显然是清醒理智和审慎节制的，而你们的集会则是在疯狂中的封闭的情感关系。你们中说我们在妇女和小男孩、少女和老妇人之间胡言乱语，并且嘲笑我们没有和你们一起，请听，在希腊人中盛行着何等的愚蠢。因为他们将其艺术作品奉献给毫无价值的对象，然而他们从你们所获得的崇拜甚至高过了你们的诸神；还有，你们的妇女的行为表现与其身份极不相宜。因为利西波斯（Lysippus）铸造了普拉克西拉（Praxilla）的像，而后者的诗歌不含有任何有教益的东西，而美涅特拉图斯（Menestratus）造了一尊李尔奇斯（Learchis）的像，赛兰尼恩（Selanion）造了一尊名妓萨福（Sappho）[③] 之像，瑙希德斯（Naucydes）造了一尊女同性恋者爱

① 阿喀琉斯之子，在攻打特洛伊期间杀死了普里阿摩。

② 在特洛伊战争中用其父大力神赫拉克勒斯所遗之弓和毒箭杀死特洛伊王子帕里斯的英雄。

③ 或译莎孚，公元前 6 世纪前后希腊抒情诗人。

琳娜（Erinna）的像，波伊斯库斯（Boiscus）造了一尊弥阿蒂斯（Myrtis）的像，赛菲索多图斯（Cephisodotus）造了一尊拜占庭（Byzantium）的米洛（Myro）之像，戈弗斯（Gomphus）造了一尊普拉克西戈里斯（Praxigoris）之像，还有安菲斯特拉图斯（Amphistratus）造了一尊克里托（Clito）之像。我又能对这些人说些什么呢？安尼塔（Anyta），特里希拉（Telesilla）和弥斯提斯（Mystis）？尤希克拉特（Euthycrates）和赛菲索多图斯两人为安尼塔造了一座像，尼希拉图斯（Niceratus）为特里希拉，阿里斯托多图斯（Aristodotus）为弥斯提斯造了一座像；尤希克拉特又制作了以弗所的（Ephesian）涅希阿奇斯（Mnesiarchis），赛兰尼恩制作了哥林纳（Corinna）的一个像，尤希克拉特又造了阿哥斯的塔拉基斯（Thalarchis）之像。我提及这些妇女的目的是：你或许会不再把在我们之中见到的事情看做稀奇，还有，与你们眼前的雕像相比，你们可能不再轻蔑对待我们之中追求哲学的女性。这位萨福，一个放荡的害着相思病的女人，吟唱着自己的风花雪月；然而我们的所有女性都是贞洁的，妇女们在她们的位分上唱着圣诗，远比你们的少女高贵。因此，你们这些接受女性门徒的，却反而嘲笑那些持守我们的教义的女性，以及她们所经常举办的神圣聚会，你们不觉得羞愧吗？戈拉希普（Glaucippe）所展现给你们的是如何高贵的一个婴孩啊，在尼希拉图斯为他所浇铸的塑像上，可以看到戈拉希普生出了一个奇迹，雅典的尤克特蒙（Euctemon）的儿子！但是，如果戈拉希普所生出的是一头象，她是否还有理由享有公众的尊敬？普拉克希特拉（Praxiteles）和希罗多德为你们制作了名妓弗琳尼（Phryne）之像，而尤希克拉特浇铸了潘丢基斯（Panteuchis）的铜像，她怀上了一个嫖客的孩子；而狄诺美涅斯（Dinomenes），因培奥尼亚（Paeonians）的贝萨提斯（Besantis）女王生了一个黑色的婴儿，狄诺美涅斯便用他的技艺不辞辛苦再现了对她的回忆。我还要谴责毕达哥拉斯，他塑造了骑在公牛身上的欧罗巴；还有你们对宙斯这个应受指控者却大加艳羡，只因他的风流才能。我也要挖苦米伦（Myron）[①] 的技能，他制作了一头小母牛，在其上骑着胜利女神，因为成功劫走了阿戈诺（Agenor）的女儿，赢取了通奸和淫荡的大奖。奥林希恩的希罗多德制作了名妓格里瑟拉（Glycera）和喋喋不休的阿该亚（Argeia）的塑像。伯里阿克西斯（Bryaxis）制作了一座帕西法厄（Pasiphae）[②] 的雕像；并且，借助于对她的淫荡之态的回忆看起来几乎是代表了你们的愿望：现如今的时髦女性应该以她为楷模。美拉尼帕（Melanippe）算是一个贤明的女人，由此里希斯特拉图斯（Lysistratus）制作了她的雕像。但是，恐怕你们不会相信在我们当中有贤明的女性！

第三十四章　对于希腊人所树立的雕像的嘲笑

当然了，吞吃婴儿的暴君巴拉里斯（Bhalaris）获得极大的尊敬，并因此被作为一个非常令人羡慕者展示在安勃拉奇奥特（Ambraciot）的波里斯特拉图斯（Polystratus）的作品之列，甚至一直到今天！因为他吃人，阿戈里根廷斯（Agrigentines）害怕看到他的脸；但是今天文明的人们把拥有他的塑像作为值得夸耀的事！你们面对着波里尼希斯（Polynices）和埃提奥克勒斯（Eteocles）的雕像，把杀死兄弟姐妹作为值得尊敬的，而不是把他们和他们的制作者毕达哥拉斯一起埋葬，这算不算可耻之事呢？毁掉这些极不道德之举的纪念物吧！我为何要带着钦佩之情来注视那个生了三十个孩子的妇人，仅仅是由于这雕像出自艺术家佩里克里美诺斯（Periclymenus）之手？一个人应该怀着厌恶离开那毫无节制地生育的人，这样的人在罗马被喻为大母猪，却被他们以同样理由说成是值得一种神秘的崇拜。战神阿瑞斯与

---

① 希腊雕刻家，传为《掷铁饼者》的雕刻者。

② 迈诺斯之妻。

阿佛洛狄忒犯下通奸后，安得龙（Andron）制作了他们生出的后代哈蒙尼亚（Harmonia）的雕像。向来擅长写作琐碎荒谬之事的索福隆，更擅长的是其铸造金属的手艺，有些样品时至今日仍旧存在。不仅他的故事使寓言家伊索（Aesop）存在了永远的记忆中，而且阿里多忒莫斯（Aristodemus）① 也因索福隆所做的雕塑而声名鹊起。再者，你们之中拥有如此多的只创作垃圾的女诗人、无数的高级妓女和毫无价值的男人，却毫不害羞地诽谤我们当中的女性的名声，又是怎么回事呢？欧安忒（Euanthe）②，在培里帕图斯（Peripatus）生下一个孩子，或者打着哈欠看那卡里斯特拉图斯（Callistratus）的古怪的艺术，或者凝视着 Calliades 的尼娅拉（Neaera），这些与我有什么相干呢？因为尼娅拉是一个高级妓女。莱丝（Lais）是一个普通妓女，特努斯（Turnus）曾使她一度卖淫。你们为何不觉得赫费斯提翁（Hephaestion）③ 的乱伦之可耻呢？尽管斐洛（Philo）将之描绘得充满艺术色彩。你们又为何敬拜利奥凯尔斯（Leochares）的双性人伽尼墨德斯（Ganymede），似乎你们觉得其中有什么值得赞美的东西？普拉克希特拉甚至制作了在其上有一个不洁的污点的女人塑像。它与你们相宜，你们应该批判所有此类物事，去寻找真正值得关注的东西，当赞同收下菲赖尼斯（Philaenis）和埃利凡提斯（Elephantis）的粗鄙作品时，不要厌恶地从我们的生活方式中转开。

---

① 赫拉克勒斯的儿子许洛斯的曾孙之一，传说中斯巴达的创立者。（参见希罗多德《历史》第四章）

② 与宙斯生下美惠三女神者。

③ 亚历山大的最好的朋友。（参见希罗多德《历史》第二十章）

第三十五章 塔提安作为目击证人的陈述

我所业已陈述于你们面前的这些事情都不是我通过二手途径听到的。我拜访了很多国家；与你们一样，我曾追求过修辞学；我曾沉醉于很多艺术和发明；所以最后，当我在罗马城逗留时，观摩了被你们带到那里去的丰富的雕塑；跟许多人的习惯一样，我不想试图以别人的评价来支持我自己的观点，而是希望从我自己亲眼见过并接触过的事物出发，给你们一个截然不同的解释。因此我告别了罗马人的傲慢自大和雅典人的夸夸其谈，以及他们所有的病态想法，来拥抱我们的野蛮人的哲学。我本拟开始向你们展示这野蛮哲学是远比你们的体系更为古老的，但是为了讨论一个更需要即刻关注的问题，未能完成就离开了；但是现在应该是我试着阐明我们的教义的时间了。请不要亵渎我们的教导，也不要精心炮制一份无关肯綮的下流回复，说什么，“塔提安，切盼超越希腊人，超越无数的哲学的研究者，利用野蛮人的教义，已经走出了一条新路”。因为这是何等的冤枉，明显无知的人能被一个本质与他们差不多的人赋予理性？或者根据你们自己的智者的说法，常学新知者是不知老之将至的。

第三十六章 关于摩西的古老的迦勒底的证词

且让荷马不比特洛伊战争更晚，就姑且假设他是与之同时代的罢，或者甚至他就在阿伽门农的军队中，更进一步，如果有人乐意，假设他生活在字母发明前。我们前面提到的摩西却是被显明在占领特洛伊城之前很多年，也远比特洛伊城的建立，或比特洛斯（Tros）和达达努斯（Dardanus）远为古老。为了证明这一点，我会召集迦勒底（Chald）[①]人来作目击证人，此外还有腓尼基（Phoenicia）人和埃及人。还需要我说更多的吗？一个表示要说服他的听众的人理应力求简要地把事情叙述出来。贝拉索斯（Berosus）[②]，巴比伦人，他们的神巴力（Belus）[③]的祭司，生于亚历山大大帝统治时代，为安提克王朝塞琉古士三世（Antiochus the third）[④]撰写了三部关乎迦勒底历史之书；因为叙述国王的言行，他提到了其中一位国王尼布甲尼撒的名字，后者发动了对迦勒底人和犹太人的战争，那些我们所知道的事情是通过先知的预言，且发生的年代要比摩西的时代晚很多，在波斯帝国之前70年。不过贝拉索斯是一个相当值得信赖的人，撰写关于亚述人历史的犹巴（Juba）是一个足以证实这一点的证人，他自述曾从贝拉索斯那里学习那段历史：他有两本书是关于亚述人的。

第三十七章　腓尼基人的证词

迦勒底人之后，腓尼基人的证词如下。在他们之中有三个人：西奥多图斯（Theodotus）、希庇西克拉特斯（Hypsicrates）和墨刻斯（Mochus）；凯图斯（Chaitus）将他们的著作翻译成希腊文，并且附记了他们的精确

---

① 古代美索不达米亚南部一地区。公元前1000年建立，在尼布甲尼撒二世统治时权力达到鼎盛。公元前539年迦勒底帝国被波斯人消灭

② 马杜克神的祭司。公元前2世纪（或公元前3世纪中期）用希腊文编写《巴比伦—迦勒底史》，记有巴比伦关于创世和洪水的神话。原书共3卷，已佚，仅于约瑟福斯和尤西比乌的史书中保存片段。

③ 巴力，一译贝勒斯，在古代巴比伦的宗教中巴力是对神的一种称谓，而非一个神的名字。但是后来被用来专指一个神马尔杜克（Marduk），是美索不达米亚宗教所崇奉的众神之首。是巴比伦城的主神和巴比伦国的国神。

④ 安提克，统治叙利亚的赛琉西（Seleucid）王朝（公元前280—前64年）。其最重要的人物是塞琉古士三世被称作“大帝”（公元前247—前187年，公元前223—前187年在位），他征服了小亚细亚大片土地，但在公元前190年被罗马人击败。

生平。这样，在上述作家的历史中呈现出欧罗巴被拐是发生在其中的一个国王的统治下，并且给出了一个缘由：墨涅俄斯（Menelaus）① 进入腓尼基，这些事件也关系到奇拉姆斯（Chiramus），他把女儿嫁给了犹太人的国王所罗门（Solomon），并且为建圣殿提供了各样木材。帕加姆斯（Pergamus）② 的米兰德写作的历史也涉及相同的事情。不过奇拉姆斯的年代是关于特洛伊战争；而与奇拉姆斯同时代的所罗门比摩西的年代要晚很多。

第三十八章 摩西在伊那科斯统治下的埃及

在埃及人中也有精确的编年史记载。托勒密（Ptolemy），并非是身为国王的那位，而是一个门德（Mendes）③ 人的祭司，是他们的重大事件的解释者。这个叙述国王言行的作者说犹太人在摩西的领导下离开埃及到他们要去的地方发生在阿摩司（Amosis）王时，因此他说："阿摩司王生活于伊那科斯（Inachus）王时期。"在他之后，文法家阿皮翁（Apion），一个受到最大限度尊敬的人，在他的五卷本的《埃及史》（*AEgyptiaca*）第四卷，除了叙述许多其他事情，还说，阿摩司在阿哥斯（Argive）④ 伊那科斯王时代摧毁了阿瓦利斯（Avaris）⑤，如同门德人托勒密在他的编年体史书中所记载的。但是从伊那科斯王到特洛伊战争的发生用了二十代人的时间。进一步的论证如下：

---

① 特洛伊战争期间的斯巴达王；海伦之夫及阿伽门农之弟。

② 地名，古代特洛伊的首都。

③ 今属非洲西部国家塞拉利昂。

④ 希腊东南部古城。

⑤ 喜克索斯人（Hyksos），埃及语意为"外来的统治者"，是来自亚洲的游牧部落，包括以闪族人为主和其他复杂种族成分的人，这一大股人从公元前 18 世纪 30 年代由埃及东北部侵入尼罗河流域，占领埃及北部并定都阿瓦利斯。

第三十九章　希腊国王名录

希腊国王包括如下这些：伊那科斯，弗罗纽斯（Phoroneus），阿庇斯（Apis），克里亚希斯（Criasis），特里奥帕斯（Triopas），阿基尤斯（Argeius），福耳巴斯（Phorbas），克洛托帕斯（Crotopas），斯特涅罗斯（Sthenelaus），达那乌斯（Danaus）[①]，林寇斯（Lynceus）[②]，普罗伊图斯（Proetus），阿巴斯 (Abas)，阿克里西乌斯（Acrisius），珀尔修斯（Perseus），斯特涅罗斯，欧瑞斯透斯（Eurystheus），阿特柔斯（Atreus），堤厄斯忒斯（Thyestes），还有阿伽门农，在他统治特洛伊城第十八年的时间成为希腊王。每一个聪明人都会细心地察觉：根据希腊人的传统，他们没有历史记载；教授他们文字的卡德摩斯在很多世代之后才进入比奥提亚（Boeotia）[③]。但是在伊那科斯王之后，在弗罗纽斯王的统治下，艰辛地逐步停止他们的原始游牧生活，转而进入一种新的生活秩序。因此，如果资料显示摩西是伊那科斯王时代的人，他就比特洛伊战争早四百年。不过这是从雅典（还有马其顿的、埃及的托勒密王朝的以及安提阿的）诸王更替中论证的。因此，假如伊那科斯王之后希腊的最为杰出的事迹都被记载并广为传播，那么显然一定是发生在摩西之后。在伊那科斯王之后的弗罗纽斯王年间，俄古革斯（Ogygus）在雅典人中间被提及，那时发生了第一次大洪水；福耳巴斯年间是阿克泰俄斯（Actaeus），他称阿提卡为阿卡泰亚（Actaea）；特里奥帕斯国王统治期间有普罗米修斯、厄

---

① 传说中建立了阿耳戈斯的埃及人。（见希罗多德《历史》第二章）

② 卡律东（Calydon）野猪狩猎盛会的英雄，见奥维德《变形记》。按林寇斯是 Abas 的父亲，Abas 则是 Perseus 的曾祖父。

③ 又译为皮奥夏，比奥夏，维奥蒂亚，玻奥提亚，希腊的一个地区，在希腊的北部，南边是阿提卡，靠科林斯湾。

庇米修斯（Epimetheus）、阿里亚斯（Arias）、双性的科刻洛普斯（Cecrops）和伊娥（Io）[①]。在克洛托帕斯的统治期间，发生了法厄同的被焚与丢卡利翁（Deucalion）[②]的大洪水；在斯特涅罗斯的统治期间，发生了阿姆披克提翁（Amphictyon）的掌权与达那乌斯进入伯罗奔尼撒（Peloponnesus），达达努斯建造了达达尼亚城（Dardania），以及欧罗巴从腓尼基到克里特的回归；在律恩凯乌斯的统治时，科莱（Koré）的被拐，在艾琉西斯建造寺庙，与特里普托勒摩斯的耕种，及卡德摩斯（Cadmus）[③]进入并建造了忒拜城，及迈诺斯的掌权；在普罗伊图斯统治期间，发生了欧谟尔普（Eumolpus）与雅典人的战争；在阿克里西乌斯统治期间，发生了佩罗普斯被佛里吉亚（Phrygia）[④]征服，以及伊翁（Ion）[⑤]进入雅典，及科刻洛普斯二世[⑥]，以及帕希乌斯与狄奥尼索斯，与穆萨乌斯（Musaeus）统治期间，出现奥菲斯的门徒；在阿伽门农的统治期间古特洛伊被攻占等诸般事迹。

第四十章　摩西远早于那些异教的英雄们且更可信

因此，从我们已经说过的证据中可以明显看出摩西比那些远古英雄、战争和诸神更早。我们应该宁可相信他，因为从年代来看，他居于希腊

① 宙斯的情人，后被宙斯之妻赫拉施法变为母牛。

② 希腊神话中的人物，希腊人的祖先赫楞的父亲。

③ 欧罗巴的哥哥；忒拜城的建立者。

④ 小亚细亚中西部古国，在今日土耳其安纳托利亚的西部和中部地区。（见希罗多德《历史》第二章）

⑤ 传说中希腊人的始祖赫楞的三个儿子之一。

⑥ 传说中科刻洛普斯是雅典的第一位国王，人面蛇身或半人半蛇（也可能是鱼尾）。当时雅典娜和海神波塞冬各自给雅典城（那时还不叫雅典城）一个礼物，开克洛普斯喜欢谁的礼物，谁就做雅典城的保护神。雅典娜送的是橄榄树，海神波塞冬则用他的三叉戟在卫城上开了一眼咸的泉水。结果开克洛普斯认为橄榄树比较有用，于是城市就命名为雅典。其实波塞冬的礼物是将海上霸主的地位送给雅典，不过科刻洛普斯当时不知道。

人的前面，后者已经在无意识之中把他的教义作为源泉来汲取。因为他们之中的许多智者被好奇心所刺激，竭力在从摩西那里学到的不管是什么东西中掺进些什么。在他们之中像他一样进行哲学探讨的人有可能思考到关乎他们自身的问题，这是其一。其次，由于使用一定带修辞色彩的艺术技巧遮掩任何他们所没有理解的东西，他们可能把事实误传为神话。但是，希腊人中的博学者已经谈及了我们的政治和我们的律法的历史，有不少各种类型的人们已经撰写过这些事情，这些都将在反驳那些已经探讨过神圣事物的人的论辩中展开。

第四十一章　续上

但是至关重要的事情在于，用完全的正确性努力澄清摩西不仅仅是比荷马更早，并且比他之前的所有作家都早——林努斯（Linus），菲拉蒙（Philammon），塔米里斯（Thamyris），安菲翁（Amphion）[①]，穆萨乌斯，奥菲斯，得摩多科斯（Demodocus），费缪司（Phemius），西彼拉（Sibylla），克里特岛的埃皮门尼德（Epimenides）[②]，他曾去过斯巴达，普洛孔涅索斯（Proconnesus）的阿里斯泰俄斯（Aristaeus）[③]，他记述了阿里马斯皮亚（Arimaspia）。半人半马的阿斯珀罗斯（Asbolus the Centaur）[④]，伊萨提斯（Isatis），德莱蒙（Drymon），塞浦路斯的尤克鲁斯（Euclus），萨摩斯岛的（Samian）贺拉斯（Horus），和雅典的普隆纳皮斯（Pronapis）。这样说来，林努斯是赫拉克勒斯的老师，而后者是特洛伊战争的前一代人；这从他

---

① 宙斯之子，泽萨斯的孪生兄弟，曾用其七弦竖琴的魔力把石头变成底比斯城墙。

② 埃皮门尼德，克里特人。据说他曾在克里特的一个献给宙斯的山洞中足足睡了57年，醒来后就拥有了预言的能力。雅典人曾邀请他清除阿尔克门尼德家族留下的污秽。（见希罗多德《历史》第五章）

③ 阿波罗和西里尔之子，以善养蜜蜂著称。

④ 半人半马怪物，能根据飞鸟的方向预言未来的卜算者。

的儿子特勒波勒墨斯（Tlepolemus）参加了反对特洛伊的军队那里得到了证明。奥菲斯与赫拉克勒斯是同时代的人；此外，据说所有归在他的名下的作品都是雅典的奥诺玛克利托斯（Onomacritus）所写，后者生活在僭主庇西斯特拉图（Pisistratids）的统治时期，大约是第五十个“奥林匹亚德”年前后。穆萨乌斯是奥菲斯的信徒。

论到安菲翁，既然他比围攻特洛伊城早了两代人，对于那些需要信息的人来说，这阻碍了他们获取关于他的进一步的细节。得摩多科斯和费缪司正生活在特洛伊战争期间；因为他们之一与请愿者一起居住，另一个与费阿刻斯人（Phaeacians）[①] 生活在同一时代。

塔米里斯和菲拉蒙不比他们早多少。因此，关于他们在各个领域的几项成就和他们的时代以及关于他们的记载，我们已经写的足够了，还有，如我所想的，有全部的准确性。但是，我们可以更完善。仍旧需要的是，我将给出关于被认为是有智慧的人的解释。迈诺斯一直被认为是在各种智慧中都是优秀的，并且思维敏锐，有立法能力，他生活在林寇斯时期，后者的统治是接着达那乌斯，伊那科斯王之后第十一代。莱克库斯（Lycurgus）出生在获取特洛伊之后很久，为斯巴达人[②] 制定了法律，德拉古（Draco）[③] 大约生活在第三十九个“奥林匹亚德”年期间，梭伦[④] 大约在第四十六个“奥林匹亚德”年期间，毕达哥拉斯大约在第六十二个“奥林匹亚德”年期间。我们已经论证过第一届奥林匹克运动大会在攻破特洛伊 407 年之后开始。

论述了这些事实，我们将简要地谈论关于希腊“七贤”的年代。他

① 《奥德赛》中居住在许瑞亚岛（Scheria）的一个民族。许瑞亚岛为《奥德赛》世界的世外桃源。

② 原文（Lacedemonians），拉凯戴孟人，斯巴达人的别称。

③ 雅典政治家，制定了雅典的法典（公元前 621 年），该法典因其公平受到赞扬，但因其严酷而不受欢迎。

④ 约公元前 638—前 559 年，古雅典的立法者及诗人。他的改革保留了建立在财富基础之上的阶级系统。

们之中最早的是泰利斯[①]，大约生活在第五十个“奥林匹亚德”年期间；并且我已经扼要地谈论了在他之后者。

第四十二章　作者的总结陈词

噢，希腊人，我塔提安，一个野蛮哲学的门徒，已经把这些事情写给了你们。我出生于亚述人的土地上，曾经一度在你们的学说的教导下，后来却在另外的，它就是我现在着手来宣示的教导之下。从今以后，我知道了上帝是谁和他要做的工，当我坚定不移地遵循上帝而生活时，我把自己呈于你们面前准备经受关于我的教义的审查。

---

① 约公元前624—前546年，古希腊哲学家、数学家、天文学家、希腊“七贤”之一，被认为是第一个西方哲学家以及几何学和抽象天文学的奠基人，他认为物质由水组成。

致奥托莱库斯书*

* 提阿菲罗斯著。

安提阿的提阿菲罗斯导言 *

[提阿菲罗斯：约公元 115—181 年] 欧西比乌斯十分赞赏早期牧师对传道的忠诚，他们孜孜不倦地保护耶稣的子民远离异端邪说，让信徒们的灵魂免受撒旦的毒害。他们劝勉训诫，唇枪舌剑，亲自与异端邪说抗争，及时地击退噬人的猛兽，保护基督的羔羊。而按照欧西比乌斯的观点，这都是提阿菲罗斯应得的赞誉。他尤其提及现已失传的后者批驳马克西安（Marcion）的著作，认为其是“非常高贵的。”提阿菲罗斯是第一批对福音书加上注释的人之一，而且很可能是最早的一人。此外，他似乎还是旧约教会最早的基督教史学家。他唯一存世的著作，即在这里呈现给各位读者的，如欧西比乌斯举例证明，似乎是由“口头讨论”整理而来。但是似乎没有人尊他为基督徒中圣经年代学的创始人，给予他应得的赞誉，只有他在现代的伟大继承者大主教乌什尔（Usher）没有忘记在他的年表（1673 年巴黎版）的前言中赞颂他的这项功绩。

继圣依那爵（Irenæus）主教之后，提阿菲罗斯在这历代虔诚的人之中占据了一个有趣的位置，他们代表着巴拿巴（Barnabas）和其他安提阿的先知和教导者，① 在那个古老的教区里，我们的名字“基督徒”就由此而来。我不禁又要在此提及近世的那些作者，他们如此精彩地描绘了

---

* 英译本由 Marcus Dods 根据希腊文翻译而成。

① 《使徒行传》13：1。

早期基督徒的安提阿。[①] 因为，如果我们想理解奥托莱库斯，必须对当时那让他迷恋，却让提阿菲罗斯厌恶的社会状况感同身受。这些前辈们只对那些缺乏想象，不能重现其时代，或不能按地域和年代研究他们的人表现得冷漠难解。除此以外，我们研究他们的著作时，还应该考虑到他们那种对基督无限热爱而产生的同情心，我们不妨借用一位非洲诗人的高尚话语，稍加修改，作为这种同情心的座右铭："我是一名基督徒，任何与基督教有关的事情都是我自己的事情。"

提阿菲罗斯之于我们，只是一位与游斯丁和圣依那爵志同道合的护教者。他本可以和塔提安（Tatian）一起在我们的丛书中列入两者之间，可惜我们汇编的规则不可动摇，才把他们编进这卷书中。我无需对后面译者的话再多加添什么，只是希望其他人能像我一样喜爱这位作者，给予他很高的评价，甚至与阿萨那戈拉（Athenagoras）平起平坐。在对待反对者时，他严厉而文雅，我们不能指责他对异端邪说的傲慢蔑视，圣保罗在其著作中流露出的蔑视与他相比有过之而无不及，他公开批判柏拉图和苏格拉底，并强调他的箴言："凭着此世的聪明是无法了解上帝的。"对于他而言，活着就是为基督；而我正因为这一点瑕疵而喜爱提阿菲罗斯。他属于安提阿，而且对自己的身份非常满足：别无他求，单单做一名纯粹的基督徒。

下面是原来的介绍说明：

安提阿的提阿菲罗斯，其生平经历为人所知者甚少。我们根据从下面其著作中搜集的信息可知，他出生时是异教徒（第一部，14 章），后来仔细研究圣经，才皈依了基督教。优西比乌斯（Eusebius）的《教会史》中（Hist. Eccl.，iv. 20）宣称他是早期传教士中叙利亚安提阿的第六位主教，据推测其前任为爱洛斯（Eros），柯涅留（Cornelius），希洛（Hero），伊格纳修（Ignatius）和友阿丢（Euodius，第二主教）。我们还从这位作

---

① 勒南《圣保罗》，第一章；法勒《圣保罗的一生》，第十六章。

者口中得知，提阿菲罗斯在马库斯 · 奥勒留（Marcus Aurelius）统治期的第八年，既168年继任了安提阿的主教职位。据传他卒于181年或188年，有人说他任主教之职13年，有人说是21年。

根据优西比乌斯，哲罗姆（Jerome）等人的说法，提阿菲罗斯写过几部著作抨击当时风行的异端邪说。在下面的文章中（第二部，第30章），他本人提及了自己的另外一部作品。以福音书合参形式写作的对福音书的注释，以及对《箴言》的注释，都被哲罗姆归为提阿菲罗斯的著作。但是仅存的传世著作，共包含了下面的三部书，是写给他的朋友奥托莱库斯的。但这些书是何种场合写作的，却存在一些疑问。据猜测，这些书是为了批驳奥托莱库斯发表的一部反对基督教的著作。但更可能的观点是，它们是由谈话中贬抑性的言论推导出的。该结论的根据是作者所使用的语言（参见第二部，第1章）。

提阿菲罗斯在处理其论题时，所处的立场跟殉道者查士丁和其他早期护教者们基本一样。他有些倾向于对圣经进行富于想象的解释，不过他显然对这些有感而发的作品相当熟悉，而且他强有力地展示了相对于那些野蛮人的诗歌和哲学，这些作品在各个方面所表现出的巨大优越性。整篇论文非常适于引导一位聪慧明智的异教徒心悦诚服地接受基督教。

编者推测提阿菲罗斯的出生日期，大约是115年前后。①

---

① 我们的按作者年代顺序先后的编辑安排不能保证细节上的精确，为此我们可以借鉴提阿菲罗斯的理由，他在自己的年代考证（第三部第29章）中也提到了微观准确性的困难。若把塔提安和提阿菲罗斯一起排在本丛书的第一卷里，就必然要把爱任纽的章节分开，把其中一部分放在第二卷里。但由于他们是同时代的人，这种年代次序的打乱是无关紧要的，不会造成混乱。

第一卷

第一章　奥托莱库斯：一位偶像崇拜者与藐视基督徒者

一只如簧的巧舌和一种优雅的风格提供快乐和虚荣所乐此不疲的赞美，然而这是为了那些心智已然腐败的可怜之人；但热爱真理的人并不着意于演讲的藻饰，而是着重于演说中真正要紧之事，其本身为何，及其关乎何者。

因为，我的朋友，既然你已经用空言，夸耀你的石雕木塑、穿凿镂刻的神，它们既不能看也不能听，因为他们本是偶像，系出自人手的作品；并且既然你称我为一个基督徒，仿佛这是难以忍受的一个受诅咒的名字，而我，在我的位分上，声明我是一个基督徒，并承认这一个上帝所爱的名字，希望能为上帝所使用。①

因这并非如同你所想象的那样，仿佛承认上帝之名是如何困难；而你之所以抱有对上帝的这种成见，更可能是因为你自己仍然不能为他所用。

---

① Eϋχρηστος，与基督徒（Christian）一语双关谐韵，[比较本篇第 12 章以下 . 标题“基督徒之名的意义”及查士丁第一卷第 164 页，但在此句原文本“φορῶ τὸ Θεοφιλὲς ὄνομα τοῦτό”中，作者也双关地道及了自己的名字“爱神者 Θεοφιλὲς”。

第二章　灵魂之眼睛一定要先洁净才能得见上帝

然而如果你说，“向我显明你的上帝”，我将答道，“向我显明你自身[①]，那么我便会向你显明我的上帝”。

那么，就向我表明你的灵魂之眼是能够注视，以及你的心灵之耳是能够聆听的；因为当那些以肉体的眼睛来看的人感知的是属世的物体和此世的思虑相关之物，而且同时能分辨出事物的种种不同，如：光明的或黑暗的，雪白的或乌黑的，畸形的或美好的，按比例的与对称的或不均衡与不雅观的，怪异的或残缺的；而且通过肉体之耳，我们也以类似的方式来分辨出尖锐的，深沉的或甜润的声音；而至于灵魂之眼和心灵之耳则只把握善，并正是借着它们，我们才能够得见上帝。

因为当他们的灵魂之眼睛被打开之时，上帝被那些能得见他的人看到：因为所有人都有眼睛；但是他们中有一些是被翳障蒙蔽了的[②]，从而无法见到太阳的光芒。然而并不因为盲人无法得见，从而日光便不照耀；而只能让盲目者怪他们自己和他们自己的眼睛。

而你也是如此，人啊，你的灵魂之眼也被你的罪与恶行蒙蔽着。正如一面镜子要被磨（才会清晰），人们也应该让他的灵魂洁净。当镜子上有锈之时，它是不可能清晰地照出人脸的；同样，当一个人有罪时，这样一个人是不能够得见上帝的。因此，你就向我袒露你自己吧，无论你是否犯奸淫者或一个私通者，或一个小偷，或一个强盗，或是一个窃贼；无论你是否恋童癖者；是否侮慢无礼者，或是造谣中伤者，或是狂热的，

① “你自身”，按字面直译意为“你的人”；可能意谓不可见的灵魂，作为人的最尊贵的部分。

② 此处原文用的是一个有关眼疾的专门名词，类似于白内障者。

或是嫉妒的，或骄傲的，或目空一切的；无论你是否生性便好与人争执吵闹或贪婪妄羡，或是对父母悖逆不孝的；且不论你是否出卖你的孩子；因为做这些事情的人是无法看清上帝的，除非他们已经从所有的污秽中洁净了自身。这样，所有这些事物，都将你包围在黑暗中，如同蒙在眼睛上的翳膜阻碍人们看到太阳光一样：同样如此，人啊，因你被恶包围在黑暗中，所以你不能够得见上帝。

第三章　上帝的本性

然后，你将会对我说，“那么请你，能得见上帝者，向我解释上帝的容貌。”

听着，人啊。

上帝的圣容是无法形容的和不能用语言表达的，也不能够被肉眼看到的。因为在荣光中他是无法理解的，深不可测的，高不可仰的，力不能比的，在智慧上无与伦比的，在良善上无法企及的，在仁慈上不可言传的。

因为如果我称他是光，只是道及了他自己的作品；如果我称他为圣言，只是道及了他自己的主权；如果我称他为思想，只是道及了他自己的智慧；如果我称他作圣灵，只是道及了他自己的呼吸；如果我称他为智慧，只是道及了他自己的涌现；如果我称他为力量，只是道及了他的影响；如果我称他为能量，只是道及了他的活动；如果称他为天意，只是道及了他的仁慈；如果我称他为王国，只是道及了他的荣耀；如果我称他为统治者，只是道及了他作为审判者的一面；如果我称他为法官，只是道及了他的公义；如果我称他为父亲，只是道及了万事万物自他而出；如果我称他为火，只是提及他的义怒。

那么，你将会问我，“上帝会发怒吗？”

“是的；他会对那些作恶的人发义怒，但他是良善，慈爱和仁慈的，对于那些敬畏他和爱他的人；因为他是磨炼敬神者的试金石，及义人的父亲；然而他是不信者的法官和惩治者。”

第四章　上帝的属性

因为他并非受造的，所以他是无始无初的；又因为他是永远的，所以他是不朽的。

他被称为上帝 [θεός]，因为他安置他自己所造的万事万物；并因了其流溢 [Τεθεικένα]]，[θέειν]，他运行，活动，并且生出并滋养万物，预见万事，统治万有，而使万类并存，生生不息。唯有他是主，因他掌管全宇宙；他是父，因他在万有以先；他是创制者和创造者，因为他是宇宙的开创者与制造者；他是至高者，因他是君临于万有之上的；他是万能的，因为他自己统治并且掌握一切。因天之高，渊之深，和大地之末了，全在于他的手中，而且没有超乎他之外的地方。

因天堂是他的作品，大地是他的创造，海洋是他的手笔；人是他的形式和他的形象；太阳，月亮和星星是他的元素，这一切都被作为季节，日月，和年岁等征兆而造，以便它们可以服务于人类；而上帝已经参透了万事万物，以俾经由他的作品上帝的伟大得以被清楚晓得。

第五章　不可见的上帝通过其作品得以被感知

因为人类中的灵魂不能被看到，对于人眼是不可见的，然而可以借由身体的行动感知其存在，因此同样，上帝确乎不能够直接被人的肉眼看到，却借着其旨意与所创造的，上帝能被看见并被感知。

因为，与之相类似的，任何的人，当他见到在海洋上的一艘在行驶中的装配好的船，且其是在驶向港口之时，无疑可以推论出在她里面有一位掌舵者在领航；由此我们也必定可以感知上帝是整个的宇宙的统治者 [领航员]，虽然肉体的眼睛是不能看见他的，因为他是不能把握的。因为如果一个人不能够向上直视太阳，虽然它看上去只是一个非常小的天体，这是因了它的非比寻常的光热和力量，那么为什么我们却不能理解一个不免一死的人更是无法直面上帝的难以形容的荣光？

因为正如那石榴，借由容纳它的果皮，及在其中的被纤薄的膜所分开的许多单元，里面包含有许多种子，同样，整个的创造被上帝的灵[①]所包容，而且那包容之灵是连同创造物一起包容在上帝之手中。那么，正如石榴的种子，因了居于石榴之内，不能够看到石榴皮之外的东西；同样，人们作为连同所有的创造物一起出于上帝之手，也无法直接看到上帝。

况且，既然人们都相信属世的国王的存在，即使他未曾被所有人看到；因为通过他的律法和律令，权威，能力和塑像，国王就得以受到承认；那么你为什么却不愿意经由他的作品和伟大的作为，而承认那独一的上帝？

第六章　上帝被他所造的杰作知晓

人哪，试想吧，上帝所造的杰作，包括四季的按时周转，气候的变化；众星的运行有序；昼夜与岁月都秩序井然地交替；以及各样物种、植物与果实的缤纷各异的美好；还有，四足动物，鸟，爬行动物，以及河与海中的鱼的繁衍众多[②]；试想这些动物出于本能繁殖并且生养众多，并不

① 按：此“灵”指的并非圣灵，而是被视为充溢遍布宇宙的能量。可参同书第二部第四章“哲学家论及上帝的荒谬观点”。

② 原文字面意思为繁殖（“propagation”）。

为其自身的利益，而只是为了供人的需用；上帝为所有的躯体提供滋养，并且令万物都臣服于人类。

再试想，甘甜的泉和川流不息的河水的流动，露珠的适合于季节的供给，阵雨，和大雨；天体的多种多样的运行，晨星升起而且预报完美的光照的来临；昴宿星团的星座（Pleiades），猎户星座（Orion），和大角星（Arcturus），及其他众星以圆周轨道运行于诸天，上帝的诸般智慧已经全然被他们自己的名显现。“上帝独自在黑暗中造出光，从他的宝物中发出光，乘南方的旋风而行。”（《撒迦利亚书》9：14）“他聚集海水如垒，收藏深洋在库房。”（《诗篇》33：7）并从他的宝物中发出美好的光。“耶和华在天上，在地下，在海中，在一切的深处，都随自己的意旨而行。他使云雾从地极上腾，造电随雨而闪，从府库中带出风来。”[①] 上帝发出他的可怖的雷电，借着电闪雷鸣发出预言，以振聋发聩，使各人的灵魂不致沉睡。而当闪电惊彻诸天时，上帝也平息它的威力，以便它不致将大地烧毁，因为，若那闪电的威力被允许全部发出，就会将整个大地销溶。

第七章　当我们被披戴上不朽之时，我们将得见上帝

这是我的上帝，万有的主，他立定了在他下面的宽广大地；激起海洋的深渊，使海的波浪翻涌；他掌管着它的力量，而且使它的骚动平息；他在水域之上建造了大地，而且给予了圣灵以滋养它；他的气息给予万物以光，当他收回他的气息，全地都将彻底的消失。借着他你才能言说，哦，人啊；你呼吸着他的气息却浑然不知。而这正是你的有限，因为你

① 《诗篇》135：6—7。

的灵魂盲目，且你的心坚硬。

但是，如果你愿意，你可以被医治。

将你的信赖交付医师，他将会使你的灵魂和心之眼舒畅。

谁是那医师？是上帝，那经过他所说的话语和智慧痊愈且复活万物的。

上帝借着他自己的圣言和智慧创造了万事万物；因为“诸天藉耶和华的命而造，万象藉他口中的气而成”[1]。

最超卓的是他的智慧。借着他的智慧，上帝立定了大地；借着知识，他预备了诸天；并借由理性，那伟大的深渊的泉源涌出，云朵撒出他们的露珠。

如果你能领会这些事物，人啊，坚贞地、圣洁地和公义地生活，你就能得见上帝。

但是在让信心与对上帝的敬畏占据你的心之后，你才能领会这些事物。

当你脱下可朽坏的，而披戴上不朽坏的，那么你将合宜地得见上帝。

因为上帝将会使你的灵魂与肉体不朽；然后，当你变得不朽时，你将得见不朽者，如果现在你信靠祂；那么你将明白你曾不公义地谈论他，不义地抵挡他。

第八章　信心在一切的事物中都是必需的

然而你不相信死去的人能得复活。当复活即将发生之时，那时你将会相信，无论你愿不愿意；但你的信心将被视为不信，除非你现在就相信了。

而你为什么不相信？你不知道信心是在一切事物之中最首要的原则？为什么农夫能收获，若非他首先对播入大地的种子寄予了盼望？谁

① 《诗篇》33：6。

能越过海洋，除非他对船和飞行员首先有着信赖？病人如何能得以痊愈，除非他首先信赖医生对他的照料？

谁又能学到任何艺术或知识，除非他首先信靠并听从了老师？

那么，既然，农夫信赖大地，水手信赖航船，病人信赖医师，你为什么不把信心放在上帝之上，当你从他的手已经得到了如此多的凭据？

因为首先他从无中创造了你，而且使你得以存在（因为如果你的父亲与母亲都未受造，你自己一刻也不能存在），而且从微小的点滴之物中塑造了你，甚至从最小的一滴中无中生有，上帝由此将生命赋予你。你若相信被人类制造的偶像是诸神，且他们能行出伟大的事；而你却不相信创造你的上帝能够也在此后再一次创造你？①

第九章 诸神的种种所谓不朽

论到那些你所敬拜者的名字，实在不过只是些死人的名字。

而那都是些什么样的人类？

农神萨杜恩（Saturn）岂非早就被发现作为食人者，残害和吞食他自己的孩子？

如果你把他的儿子称为宙斯，应该也听说过有关他的行为和事实罢——首先，他如何被伊达（Ida）山上的一只山羊吮吸，而且按照神话，杀了它，并且将之剥皮，而为他自己做了件兽皮的外套。至于他的其他行为，他的乱伦，通奸及贪欲，最好还是由荷马和其余的诗人来详述罢。

我为什么还要进一步说到他的儿子们呢？

关于海克力斯如何自焚；喝得烂醉了的愤怒的酒神巴库斯之事；还有阿波罗的害怕和逃避阿喀琉斯，并陷入了对达芙妮的热恋，而不理会

① 亦即在复活中。

雅辛托斯（Hyacinthus）将遭遇的命运；以及维纳斯的受伤，与作为凡人苦难的根源的战神玛斯，从这些所谓的神身上处处可见种种原本应属于凡人的令人憎厌之事。

以上这些，实在算是较温和的传说，既然比起那称为奥西里斯（Osiris，司阴府之神）的神发现被肢解，有关他的秘仪一年一度被举行，他的残骸也被一肢一节地寻觅着。因为既不知是否他已经腐朽，也不清楚是否他被找到。

我何必再提及阿提斯的被毁伤，阿都尼在森林里的流浪和狩猎的时候被一只野猪弄伤；医神埃斯库拉皮斯的被雷击中；被追逐而从西诺帕（Sinope）逃亡到亚历山大里亚的塞拉皮斯（Serapis）[①]；或是斯库提亚（Scythian）的黛安娜，她自己，也是一个逃亡者，杀人犯及女猎手，以及恩底弥翁（Endymion）[②]的狂热的爱人？

不是我们揭示出这些事迹的，而正是出自你们自己的作者和诗人笔下的。

第十章 偶像崇拜的荒谬

我为什么还要更进一步详述被埃及人敬拜的诸多动物，包括了种种爬虫类动物、牛、野兽、鸟和河里的鱼；甚至于洗脚盆与可耻的噪音？[③]

但是如果你引证希腊人和其他民族的人，他们崇拜石头和木头，和其他种类的物质，——这种种偶像，如同我们已经说过的那样，不过是死人的。因为雅典的雕刻家菲迪亚斯（Phidias）被发现在比萨为伊勒伊

① 古埃及地下之神，其崇拜者曾遍及希腊、罗马。

② 黛安娜所爱的英俊牧童，亦为月神。

③ 回声女神艾柯（Echo）及其可羞的寓言应隐喻某个事例。

安人（Eleians）[1] 雕刻奥林匹斯山的宙斯，而在雅典为密涅瓦的雅典娜制作塑像。

我将要向你追问，我的朋友，有多少宙斯存在？

因为，首先有称为奥林匹亚的宙斯，也有称为拉修瑞斯（Latiaris）的宙斯，称为喀西约（Cassius）的宙斯，称为雷神托南斯（Tonans）[2] 的宙斯，称为普巴陀 (Propator)[3] 的宙斯，称为潘尼刻犹斯（Pannychius）的宙斯，称为波留库斯（Poliuchus）的宙斯，和卡必托里纳斯 (Capitolinus) 的宙斯；和那个作为农神萨杜恩的儿子的宙斯，在克里特有坟墓者，是克里特人的国王。而至于其余那些，或许是不值得建坟墓的罢。

而且如果你说到那些被称为诸神的母亲者，我甚至不想提及她的行为，或是那些敬拜她者的行径（因为对我们而言，即便提及这些事物都是不合宜的），以及她和她的众子们如何获得供应国王的巨额税收。

因为这些不是神，而是偶像，如同我们业已说过的一样，是出自人类的手和不洁净的魔鬼的作品。所有那些制造偶像并且去信这些偶像的都将变成他们那样！

第十一章　国王应予尊敬，上帝应被敬拜

因此我宁可向国王致敬 [而不愿敬拜你们的神]，确切地说，不会礼拜他，但是会为他祈祷。但是上帝，永生和真实的上帝，我敬拜他，因了知道国王是受造于上帝。

于是你将要问我，“你们为什么不敬拜国王？”

---

① 伊勒伊安位于伯罗奔尼撒半岛，按著名的宙斯神庙是伊勒伊安人在公元前 5 世纪时用石灰石按照多利斯风格建造的，设计者是伊勒伊安的建筑家李班（Libon）。

② 雷神是朱庇特 · 托南斯 (Jupiter Tonans)。

③ 意为第一父或原父。

“因为他受造不是为了被敬拜，而只是享有应得的合法的尊敬，因为他不是一个神，而只是一个被上帝任命的人，不应受到敬拜，而应得到公正的判断。因为在某种意义上他的治权是神授予的：正如他不会将在他自己统治下的那些人叫做国王；因为‘国王’是他的称号，而且让另外的人使用它也是不合法的；这样，除上帝之外，若敬拜任何人都是不合法的。”

因此，人哪，你全然是在迷雾之中。

因此，尊敬国王，服从于他，而且用忠诚的思想为他祈祷；因为如果如此行，你便是按上帝的意志行。因为这一律法是出于上帝的，“我儿，你要敬畏耶和华与君王。不要与反复无常的人结交。因为他们的灾难，必忽然而起”①。

第十二章 基督徒之名的意义

论到你称呼并嘲笑我为“基督徒”，你其实不知道你在说的是什么。

首先，因为这一受膏者之名②是甘甜与有益的，且一点也无可羞之处的。

正如什么样的船能够经久耐用且适于航海，除非它被首先以膏抹（因而能防止渗漏）？哪个城堡或房子会美观并经久耐用？当它尚未被膏抹之时？哪个人，当他诞生之时或进入运动场之时，不先受膏油的涂抹？且哪样杰作会拥有熠熠生辉之美，除非它被涂抹而且经过打磨？空气和在天堂之下的一切都以某种方式被光和圣灵膏抹；而你为什么不愿意受上帝的膏抹？正是因为我们受了上帝的膏抹，因此在这意义上我们称为基督徒。③

① 《箴言》24：21—22，提阿菲罗斯在此所用的希腊文以“尊敬”一词代替了“敬畏”。

② 基督徒本义即为受膏者。

③ 《约翰一书》2：20：“你们从那圣者受了恩膏。”

第十三章　复活之事被许多事例表明

那么，对于你的否认死者复活——因为你说过，“给我看一个从死里复活的人，我才会相信”，——首先，当你已看到所成就的事之时，如果你信了，那将是怎样伟大之事？

再者，你既然相信那大力英雄海克力斯，在自焚之后又活过来了；以及那位医神爱斯库拉皮厄斯（Aesculapius），曾被雷电击中也复活了；那么你却不信那上帝告诉你之事吗？但是，设想一下我即使给你看了一个死人起来复活了，那样你也不会信。

上帝确乎已经向你展现了让你可能相信他的许多确据。如果你愿意想想的话，试想，多少个季节，多少个昼夜，都消逝了，而这些是怎样地死而复生的。

还有什么呢？

不是还有种子和果实的重新复活吗，而这，也不正是因了要为人类所用？

例如，一粒小麦的种子，当它被撒进地里的时候，先是死去并腐烂掉，然后得以复活，长成一棵麦子，并且结出麦穗。其他谷物也是这样。

而且树木与果树的本性，——难道它们不正是遵从上帝的旨意按照季节，从那不可见者长出它们的果实来的吗？

再者，有时一只麻雀或其他一些鸟儿，当饮啄时，将苹果或无花果或别的种子咽进肚里，接着来到山石的缝隙或墓地上，经过排泄，将种子遗于其上，而那种子，当被咽进鸟儿的肚中，经过其体内体温的加热，便扎根抽出芽来，长成树木。

而这所有一切，都是上帝智慧的效验，为了要借着这些事物，彰显出上帝能够使所有的人都得以复活。

而若你愿意见证那更奇妙的景象，它可以证明复活的不只是属世的，更是属灵的身体，试想那月亮的重生吧，月亏，月食，月盈，每月都在发生着。

再试想，人啊，复活的工作在你自身上持续发生，即便你未曾留意到这一点。

因为也许你有时患病，以及失去肉体的鲜活，力量，和美貌；但是当你再次从上帝那里得蒙仁慈与医治，你便再度恢复肉体和外表的鲜活，同时也恢复你的力量。而且正如你不晓得你的肉体如何消逝并到了何处，同样你也不晓得它何时重生，以及从何而生。但是你将会，“从肉与酒变成血”。事实便是如此；且这也是上帝的工作，正是上帝而非任何别的，如此运行。

第十四章　提阿菲罗斯现身说法：皈信的一个例子

因此，不要怀疑，只要相信；因为我自己过去也一直不信这会发生，但是现在，在业已把这些事物经过审慎考虑之后，我信了。同时，我遭遇了圣先知的神圣经文[①]，圣先知已借着上帝的灵预言了那已应验的诸般事物，仿佛他们当时业已经历了这些事一样，以及那正在发生与未来将要发生的各事，都将一一应验。

因此，承认事情的发生如同先知所预言的，这足以为证，我不再不信，而是相信，降服在神面前，如你愿意，你也能相信神。否则即使你现在不信，将来当你被永罚折磨之时，你总会信的，而这惩罚，是被先知预

① 《诗篇》119：130：“你的言语一解开，就发出亮光，使愚人通达。”注意这里提阿菲罗斯将其信仰的皈依归于圣灵所感的经文与其皈信的大能；也可以理解为圣礼的大能，参见《约翰福音》6：63：“叫人活着的乃是灵，肉体是无益的。我对你们所说的话就是灵，就是生命。”

言了的，却被后来的诗人与哲学家从《圣经》中窃为己有，而使他们自己的教条显得可信。这些惩罚事先也已明言，以警醒那些不敬神的与不信的，也为了不至于有人没有听到见证，也不至于有人能说，“我们未曾听见，我们也不知道”。如果你愿意，你也能，真诚的留意先知在经上所论的①，而他们将使你的道路更平坦，而脱离永罚，并从上帝那里获得永远的奖赏。因那使口能言，使耳能听，使眼能看的上帝，将察验万事，将进行公义的审判，给各人以应得的报应。凡恒心行善寻求的，神就以永生，喜乐，和平，安息，与各样的丰盛报应他们。②“[如经上所记]，神为爱他的人所预备的，是眼睛未曾看见，耳朵未曾听见，人心也未曾想到的。”③“唯有结党不顺从真理，反顺从不义的，就以愤怒恼恨报应他们。将患难，困苦，加给一切作恶的人。”④而末了永火将吞没这些人。

既然你对我说，“把你的上帝显现给我”，这便是我的上帝，我劝告你敬畏他，信从他。

① 参见《启示录》19：10。

② 参见《罗马书》2：7，原文作：“凡恒心行善寻求荣耀尊贵，和不能朽坏之福的，就以永生报应他们。”

③ 参见《哥林多前书》2：9。

④ 《罗马书》2：8—9。

第二卷

第一章　本书写作的缘起

我的好朋友奥托莱库斯，当我们先前已有了一些交谈，而且当你问及我的上帝是谁，而且开始略为注意一些我所谈的话的时候，关于我所信的宗教，我已向你做了些解释；然后我们彼此分别，各自怀着相互的友谊回到自己的住处，虽然起先你对我还心存芥蒂。因你或许还记得，当时你认为我们的教义很是愚蠢。

你后来促使了我在这方面做一些解释，对此我很乐意，虽说我在演说方面未受过良好的教育，以便能经由这一篇论文更确切地向你表明，那将你掳去的徒劳和虚妄的崇拜；而且我也愿意，从你所读的你们自己的一些历史，也许仍然有欠明晰的，对你讲明真理。

第二章　当他们被雕凿之日，诸神无人理会；但当其被人买进之时，便身价倍增

如下的事实在我看来是相当荒谬的。

那些雕像家与雕刻匠，或画家，或制模者，他们既负责设计又负责

上漆，雕刻，铸成，与装潢好诸神的神像，当他们被工匠生产的时候，这些诸神被认为是没有什么价值的；但是一旦他们被某些人买进且放在一些所谓的神殿之内，或在一些房子里，不但那些买他们的人对他们献祭，而且那些创造并且出售神像的工匠们，也兴致勃勃地赶来献祭，献上酒，敬拜他们；将他们当作真的神，仿佛全然看不到他们被制作的时候，无论是用石头，或黄铜，或木材，或颜色或一些其他的材料等造成的。而你们的情形其实也正是如此，当你们读了所谓的神的历史和神谱的时候。因为当你阅读他们的出生故事时，你把他们当做人类，但是之后你却又称他们为神，而且敬拜他们。不去想想也不了解那当他们出生的时候，他们全然是与你同类的存在，一如你先前所读的那样。

第三章　诸神是如何变出来的？

早先时代的诸神，如果他们的确是被生出来的，他们应该世代繁衍生子。但是现在，哪里能看到他们的后裔？因为，如果以前他们是被生出且能生育的，那么它现在也应该有诸神继续在被生出且能生育的；或至少如果它并非如此，一个如此的种族将会被视为无繁衍能力的。因为或者他们已经变老，因而便不再繁殖，或者他们业已死亡而不再存在。

因为如果诸神是能繁殖的，他们便应该如同人类一样，甚至直到现在还在繁殖，那么诸神的数量就应该比人类还多，如同女先知西比尔所说的：

> 因为如果诸神能够繁殖，且每一位都长生不死，
> 那么神的族群一定是
> 比凡人多得多，而其势汹涌，
> 为数如此庞大，以至于凡人发现自己无立锥之地可容。

因为既然直到今天，婴孩的出生仍是易夭折且生命短暂的，然而人类仍充满了城市和村庄，甚至乡村边远之地也都有人居住，那么那些诸神，根据你们的诗人所言，是不死的，岂不应该更加生养众多吗，既然依你说来，诸神是世代相续相衍的？

再者，为什么从前那居住着诸神的奥林匹斯山，现在却成为荒场？还有，为什么按照荷马和其他的诗人，在远古的往昔中，宙斯居住在伊达山，而且众所周知他是在那里居住，但是为何现在却不再能看到？而且他为什么只在大地的某个局部里被发现，而非在各处？

因为要么他忽略了大地的其余各处，要么不能够临在于各处且关照一切。例如，若在东方的某处的话，他便不在西方；反之，若他在西方某处的话，他便不在东方。但是这是上帝的属性，最高的和万能的永生上帝，不但临在于各处，而且看顾与聆听群生万有，且不会被限制于一个地方中；因为如果是这样，那么容纳他的地方会比他更广大；因为容纳者是比那被容纳者更广大。因为上帝并非被容纳的，他自己便是万有的所在。

那么为什么宙斯离开了伊达山？

是因为他死了，还是因为那座山不再使他满意？且他离开后去了哪里？去了天国？

但是你也许会说，没有。

到了克里特岛？

是的，是去了那里，看，他的坟墓到今天还在那里。

或者，你会说，到了比萨，在那里他经过菲迪亚斯之手仍存留了昔日荣光。

那么，且让我们，进而再来看看哲学家和诗人笔下的作品吧。

第四章 哲学家论及上帝的荒谬观点

一些斯多亚的哲学家声称全然没有上帝；或者，如果有的话，他们说上帝除了自己之外什么都置之不管；而这些看法大体上表现出伊壁鸠鲁与克里希波斯（Chrysippus）的愚拙。

又有其他人声称万事万物的产生都不需要经由外部的力量，以及世界并非受造的，而自然是永恒的；并且竟然敢于狂言全然没有上帝，声称上帝不过只是每个人的良知。而其他人也主张渗透万事万物的是上帝的圣灵。

柏拉图和他的学派确实承认上帝并非受造的，且是万事万物之父与创造者；但是接着他们却主张物质与上帝一样，都不是受造的，而且断言它是与上帝同等的。但是如果上帝是非受造的，物质也是非受造的，按照柏拉图学派的意见，则上帝便不再是万事万物的创造者，而且，按他们的意见，万物也并非由上帝的主权设定的。

进而言之，既然上帝，因了他既非受造，因此也是不能改变的；那么如果物质也非受造，它也将是不能改变的，而成为与上帝同等的了；因为受造者是易变的和可变的，而非受造者是永恒的和不能转变的。

若上帝只不过是用已有的现成材料制造世界，他又如何够得上伟大呢？甚至对于一个人类的艺术家而言，当他从某些人那里得到物质材料时，他也可以按他所乐意的将之塑造成他想要的。

然而上帝的力量就在此显现，即从无中创造出任何他所愿意的何种事物；正如生命与活力的赠予是除了上帝之外无人能有的特权。因为甚至人们确乎能创造出一个偶像，但人们却不能够给予那出自人手所造的以理智、气息及知觉。但是上帝拥有超过人类的神性，在他所创造的作品中，他赋予了理性、生命与知觉。正如在所有的这些方面上帝比人类更有力，同样地，他从无中创造，并按他所乐意的那样创造。

第五章 荷马和赫西俄德关于上帝的看法

可见你的哲学家和文学家的意见是不一致的；因为当前者已经提出前述意见的时候，诗人荷马却被发现在大相径庭的另外一个假设基础上，解释世界与诸神的起源。

因为他在某处说过：

诸神之父，众海之父还有她
那生育了他们的母亲特提斯（Tethys），
所有的河与海，都从她那里涌出。

然而，在这些叙述中，他并非对我们讲述上帝。因为谁不知道大海本是水？而如果仅仅是水，那就不是上帝。上帝，既然是万事万物的创造者——这一点确定无疑，也同样既是水又是海洋的创造者。

赫西俄德（Hesiod）[①] 自己也宣称了起源，不只是关乎诸神，而且也关乎世界本身。虽然赫西俄德说世界是受造的，他却没有明白告诉我们它是被谁造的。此外，他说农神萨杜恩和他的儿子宙斯，海神和冥王是神，虽然我们发现他们是比世界更迟诞生的。

而且他也述说了萨杜恩如何在他自己的儿子宙斯的战争中被攻击；因为他：

他（宙斯）借着武力征服了他的父亲萨杜恩，
而在不朽者之中，他却是以正义与明智来进行统治，

① 古希腊诗人，《神谱》的作者。生活于约公元前 8 世纪。——中译者注

而且将荣耀一一分配给诸神。

接着赫西俄德在他的诗中介绍宙斯的女儿，他把她称为缪斯，并在对缪斯的祈求中，他想要弄清万事万物是如何受造的；因为他说：

宙斯的女儿，万众欢呼！
请赐我你大能的帮助
以使我依次将诸多井然有序的，
不朽的诸神能颂唱这伟大的诞生；
那催生了星光照耀的诸天与大地；
那起初从黝黯的夜晚涌出，
借着咸咸的大海养育而且看护。
也告诉我，谁最先塑造了大地，
以及众水，与无边无际的海洋
当波浪不息的下沉，终于浮现出了在高处的顶峰；
再看那远处延展的灿烂天篷
遍布高天镶嵌其间的闪烁星辰。
在那儿涌现出赐予所有的善之诸神？
一些是丰盛，另一些是富有，还有一些是名望；
他们从最久远之时起已经居住
在峰峦起伏的奥林匹斯山中，那阳光充沛之处。
这些事物，你，沉思之神缪斯，请告诉我们，谁曾经安居
在奥林匹斯峰的荫护中，既然你能看得出：
从起初你的足迹就已践斯土；
然后告诉我们万物最初如何被塑。

但是，比世界更年轻的缪斯女神啊，她如何可以明白这些事理？还

有，诸神们，如何能够向赫西俄德叙述 [过往曾发生之事]，当他们的父亲尚未出生之际？

第六章　赫西俄德论世界的起源

在某种意义上，赫西俄德的确承认物质 [作为自在自存的] 和世界的创造 [没有借由一个创造者]，他如是说：

起初，万事万物本是出自一团混沌，接着才是
胸怀宽广的大地，作为一切的根基被牢牢立定，
不朽者们在哪里安然地世代居住？
他在白雪皑皑的奥林匹斯山居留。
然后塔忒鲁斯（Tartarus）[①]
在休息中催生了有着宽广的路的大地，
还有爱神，诸神之中的最美丽娴静者，
她的来临征服一切，甚至使思想和意志也在她面前屈尊，
从心思中细绎出，然后给予
诸神与人类心胸明智的忠告。
从大混沌中诞生了厄布斯（Erebus）[②] 和夜晚，
从夜晚和厄布斯中又跃出空气和早晨。
大地像她那样造了星光照耀的天堂，
天堂荫庇着天下的万事万物，
而且那受祝福的诸神可以在那里休息。

---

① 暗无天日之深渊。

② 阳间与阴间当中的黑暗界。

高耸的山借着她的力量升起，
她为森林的宁芙女神创造了舒适的洞穴，
从她而出的天下众水都汇成茫茫大海，
起初无动于衷；但是借着天国她的爱被唤醒，
于是生出了深不可测的大洋。

然而即使说完了这些，赫西俄德仍未解释所有这一切的创造者是谁。

因为如果大混沌在起初便存在，而作为某种质料，作为非受造者，是先前便已存在的，那么是谁导致了混沌的状况的改变，并且给予它不同的规则和形状？

难道是质料本身变换其形式而在世界中设定其自身（因为宙斯是被生的，不仅是在质料产出很久之后，而是在世界和许多人类之后；他的父亲农神萨杜恩同样也是如此），抑或存在着某种主宰力量来做到这一点？当然，我指的主宰力量便是上帝，正是上帝将质料赋予形式，并使之进入世界。

此外，人们在各处都可以发现赫西俄德所谈论的其实毫无意义，且自相矛盾。因为当他提及大地，天空和海洋的时候，他想让我们理解诸神是从这些自然物中被生出的；同时，他又宣称是从这些 [神] 中，某些非常可怕的人类被生出，——如泰坦神的族类与独眼巨人赛克洛普斯，很多巨人，以及埃及的神族，或者甚至是生出了空虚的人类，如亚玻伦（Apollonides）①，其姓为霍拉皮乌斯（Horapius），在赫西俄德题为《神谱》（*Semenouthi*）的书中，和在他的其他历史书中提及埃及人和他们的王的敬拜，和他们所费心力的徒然劳苦。

① 译按：恶魔，《圣经》中的人物，无底坑的使者。

第七章　传说的异教神谱

为什么我还要详述希腊的神话，比如关于冥王——黑暗之王，关于海神——沉入了海洋之下，拥抱美拉尼珀，而生出了一个食人的儿子，还有许多传说已经由你们的作者编进他们的悲剧之内，以及记录他们的家谱之中，因为他们生来便是人类，而不是神？

而且滑稽诗人阿里斯托芬（Aristophanes），在那出叫做《鸟》的剧中，业已大胆地开始处理关乎创世这一主题，声称在起初世界是诞生自一个蛋，他说：

> 起先，有翼的暗夜生出了一个在风中摇摆的蛋卵。

但是萨提罗斯（Satyrus）也撰写了亚历山大家族的历史，从也被称作托勒密的斐洛帕托（Philopator）开始，声称酒神是他的祖先；因此托勒密也是这一个家庭的鼻祖。然后萨提罗斯如是说：

> 依我所见，从酒神（Bacchus）和塞斯提乌斯的女儿奥瑟娅（Althea）生出了德雅尼拉（Dejanira）；德雅尼拉又与宙斯的儿子酒神海克力斯[①]，生出了许诺斯（Hyllus）；而从许诺斯生出了克里奥戴默斯（Cleodemus），克里奥戴默斯生出了阿里斯托马库斯（Aristomachus），阿里斯托马库斯生出了忒米诺斯（Temenus），忒米诺斯生出了塞苏斯（Ceisus），塞苏斯生出了马隆（Maron），马隆生出了特斯特鲁斯（Thestrus），特斯特鲁斯生出了阿库斯（Acous），

① 译按：即狄俄尼索斯。

阿库斯生出了阿里斯托米达斯（Aristomidas），阿里斯托米达斯生出了卡瑞勒斯（Caranus），卡瑞勒斯生出了提里马斯（Tyrimmas），提里马斯生出了帕底卡斯（Perdiccas），帕底卡斯生出了菲利浦，菲利浦生出了埃洛普斯（Aeropus），埃洛普斯生出了阿克塔斯（Alcetas），阿克塔斯生出了阿明塔斯（Amyntas），阿明塔斯生出了博克鲁斯（Bocrus），博克鲁斯生出了梅里格（Meleager），梅里格生出了阿辛诺（Arsinoe），从她和拉格斯（Lagus）生出了托勒密·索特，从托勒密·索特和阿辛诺（Arsinoe）又生出托勒密·尤尔格特斯（Euergetes），从他和马伽（Maga）的女儿柏伦尼斯，生出了塞利尼（Cyrene）之王斐洛帕托的托勒密。

以上便是亚历山大国王直到酒神巴库斯的家谱。

因此在狄奥尼西亚（Dionysian）一族那里的家族谱系是清楚的。

奥瑟安族人源自于奥瑟娅（Althean），她是塞斯提乌斯（Thestius）的女儿和狄奥尼修斯的妻子；而德雅尼拉族人源自德雅尼拉，她是奥瑟娅与狄奥尼修斯而生，海克力斯的妻子；这两个家族的名称就是由此而来。

阿里亚丹（Ariadne）的家族源自阿里亚丹，迈诺斯的女儿与狄奥尼索斯的妻子，一个尽责的女儿，以另一种形式与其父狄奥尼索斯乱伦；塞斯提乌人源自奥瑟娅的父亲塞斯提乌斯；陶提安人（Thoantian）源自陶斯（Thoas），狄奥尼索斯的儿子；斯达菲勒人（Staphylian），源自狄奥尼索斯的另一个儿子斯达菲勒斯（Staphylus）；尤埃尼恩人（Euaenian）源自狄奥尼索斯的另一个儿子尤埃尼（Eunous）；马隆人（Maronian）源自阿里亚丹和狄奥尼索斯之子马隆；他们全都是狄奥尼索斯的众子。事实上，许多其他名字就是从这里起源的，而且存留到今天；如赫拉克勒代源自海克力斯，阿波罗代（Apollonidae）源自阿波罗，波塞科尼（Poseidonii）源自海神波塞冬，以及迪伊（Dii）和迪奥根尼（Diogenae）源自宙斯。

第八章　关于神意的观点

我有何必要更进一步详列如此繁多的名字和琐屑的神谱？以便所有的作者和诗人，及那些被叫做哲学家的人，全都作为被欺骗者，再去将注意力放在他们之上？

因为他们充分创作了寓言和愚蠢的故事，以演绎有关他们诸神的逸事，而且不像神那样展现他们，而是如人类无异，而这些人，也是属于酗酒的酒徒或是私通者及凶手。但是论到世界的起源，他们也发表了自相矛盾的荒谬意见。首先，他们中的一些，如我们先前所解释的，认为世界不是受造的。而且那些说世界是非受造而是自我生成的观点，与那些认为世界是受造的观点是相矛盾的。因为他们所说的只是借着推测和人类的观念，且不晓得真理。而且其他作者，说有神意存在，这便攻破了前述作者的论点。

事实上，阿拉图斯（Aratus）[①]，如是说：

从宙斯开始我的颂歌；
这名号不应该被轻易叫出：
万物都充满你；
诸天和众水：条条道路，但凡人类足迹出没之处；
我们的一切仰赖于你；在你里面我们的起居劳作生生不息；
一切都是你的子孙和宙斯的后裔。
出于仁慈，他警醒世人行善，
激励人们劳作以得到食物的希望。

---

① 诗人，约公元前 270 年活跃于马其顿。——译者注

他告诉人们在何处牛群可以得到最好的草场，
以及何处有肥沃的土壤，
深深地犁过后，黄色的谷粒将会生长。
他教导农夫们应该何时种植或播种，
这只有他能说出，唯独只有他知道。
因此，我们确应将他信赖仰望。

那么我们应该相信谁的说法呢？是在此引述的阿拉图斯，还是如索福克勒斯（Sophocles）所说的？

并没有谁能预知将来，世事无常；
一个人所能做到的最好的便是，随遇而安。

而荷马，也同样不同意前述无神论作者的观点，因为他说，德行

Waxes or wanes in men as Jove decrees.
在人里面的兴衰皆来自宙斯的天命。

而西蒙尼德（Simonides）也说过：

除却上帝，没有人类或城邦拥有德性；
忠告归于上帝；而可怜属于人类
他一无所有，除了他的可怜可悯。

欧里庇得斯也如是说：

唯有上帝是一切的主宰，

此外，没有什么是人类所能掌管。

还有米南德：

除了上帝，没有谁供给我们所需的一切。

而且欧里庇得斯又说道：

因为只要当上帝定意救赎，
他将会使万物顺服，
被他使用而为他的目的服务。

又如塞斯提乌斯所言：

如果上帝已计划拯救你，准保你就安然无恙，
即便你只乘一苇航行在茫茫大海之上。

而且当述说无数此类相似之事时，他们不免陷入了自相矛盾。至少就像索福克勒斯，他在别处文章中曾否认过上帝，却又如是说：

没有凡人能逃避上帝的击打。

此外，他们既引入了众多的诸神，却又仍然谈到（神的）独一；并且，既反对那些肯定只有一位上帝的人，又反对那些断言不存在上帝的人。因此欧里庇得斯叹道：

我们徒然费尽心力，

因了我们的向导，只是虚空的希望，而非先知。

因了所行之事都毫无意义，他们承认他们不晓得真理，而只是被魔鬼所激动，并因而不假思索地肆意胡言乱语。

因为诗人们，机智的荷马，与赫西俄德，如同他们所说的，的确是被缪斯女神所激发，诗人们因了某种具有欺骗性的幻想而发表言说，然而这是因了某种谬误的而非纯洁的灵。

而且，事实的确表明，甚至到今天，那被鬼所附的人，有时仍靠着永生的和真实的上帝的圣名得以将其身上的鬼赶出；而这些邪灵他们自己承认他们也是从前激发了这些作者的魔鬼。

然而有时他们中的某些人在灵魂深处被唤醒，从而他们能得以作为一个见证，既是对于他们自己也是对于所有的人，而与先知一致地见证与宣告关于上帝的全能统治，末日审判，以及此类事物。

第九章　被圣灵感动的先知

唯独属神的人，有圣灵在他们里面运行，而成为先知，被上帝的灵感动并得到智慧，成为经上帝晓喻者，成为神圣者与公义者。

因此他们也配得酬谢，他们应该成为上帝的工具，而且接纳从他而来的智慧，通过这智慧他们述说那世界与其他一切事物的被创造。因为他们也预言了瘟疫、饥荒和战争。而且先知并非只是一两个人，而是有许多，在各种不同的时代和季节，在希伯来人之中；同样在希腊人之中则有女先知西比尔；且他们所论的是彼此先后一致之事，在他们之前和在他们自己的时代内发生的，及正在眼下我们自己的日子里被成就之事：因此我们也被劝勉留意那些将会应验之事，如同这些事起初就已经成就的那样。

第十章 世界是上帝通过圣言创造的

首先，先知们一致教我们明白上帝从无中创造万事万物；因没有什么是和上帝同时并生的。

唯独他在他自身所在，而且毫无匮乏，而且在岁月以先存在，他决意创造人类，以便知晓他的作为；为了他自身，他预备了世界。因为那受造的仍是匮乏的；而那非受造者坚立，一无所需。因此，上帝，将他自身的圣言置于其内，生出圣子，在万有以先，连同他自己的智慧一起流溢出来。

他将此一圣言，作为他创造的一位辅佐，通过圣言他创造了万事万物。

他被称为“统治法则”，因为他掌管着，而且是他所塑造的所有一切的主人。因此，他，作为上帝的圣灵，并作为统治法则、智慧和至高的大能，临到先知，而且借着他们的口述说世界的创造和一切其余事物。因为先知所述说的，并非是世界形成之后，而是在圣子里面的圣父，和那总是与圣父同在的圣言。

因此上帝借着先知所罗门如是说：

他立高天，我在那里。他在渊面的周围，划出圆圈。①

以及在所罗门之前许多世代以前的摩西，可以说，上帝的圣言借着他，如同借着一个工具，他说：“起初，上帝创造天地。”②

---

①《箴言》8：27。提阿菲罗斯引用的是七十士译本。

②《创世记》1：1。

摩西首先提及了“开始”和“创造”，然后他才引出了上帝；因为不可妄称上帝的名。因为神圣的智慧预见到一些人会无事生非地造出许多不存在的诸神的名目。

为使永生的上帝能被他所造的作品认识，而且借着他的圣言人们可以认识到上帝创造了天堂和大地，以及在其中的一切，摩西说：“起初，上帝创造天地。”然后论到他们的受造，他对我们解释道：“地是空虚混沌，渊面黑暗；上帝圣灵运行在水面上”。①

神圣的经文在开端处便如是教导，这为的是显明，上帝是从质料开始创造并且塑造世界，而这创造是以某种方式被上帝创造的。

第十一章 六天创造的工作描述

这样，创造的开始是光；因为有了光之后那受造之物才得以显明。

因此经上说：“上帝说，要有光，就有了光。上帝看光是好的。”② 显然这好是为了人而造的。“上帝就把光暗分开了。上帝称光为昼，称暗为夜。有晚上，有早晨，这是头一日。上帝说，诸水之间要有空气，将水分为上下。上帝就造出空气，将空气以下的水，空气以上的水分开了。事就这样成了。”上帝称空气为天，上帝看着是好的。有晚上，有早晨，是第二日。③ 上帝说：“天下的水要聚在一处、使旱地露出来。”事就这样成了。上帝称旱地为地、称水的聚处为海，上帝看着是好的。

上帝说：“地要发生青草和结种子的菜蔬，并结果子的树木，各从其类，果子都包着核。”事就这样成了。于是地发生了青草和结种子的菜蔬，各从其类；并结果子的树木，各从其类，果子都包着核。上帝看着

---

① 《创世记》1：2。

② 《创世记》1：3—4。

③ 《创世记》1：4—8。

是好的。有晚上、有早晨、是第三日。

上帝说："天上要有光体，可以分昼夜，作记号，定节令、日子、年岁，并要发光在天空，普照在地上。"事就这样成了。于是上帝造了两个大光，大的管昼、小的管夜，又造众星。就把这些光摆列在天空，普照在地上，管理昼夜，分别明暗。上帝看着是好的。有晚上，有早晨，是第四日。

上帝说，水要多多滋生有生命的物，要有雀鸟飞在地面以上、天空之中。事就这样成了。上帝就造出大鱼，和水中所滋生各样有生命的动物，各从其类；又造出各样飞鸟，各从其类。上帝看着是好的。上帝就赐福给这一切，说："滋生繁多，充满海中的水，雀鸟也要多生在地上。"有晚上，有早晨，是第五日。

上帝说："地要生出活物来，各从其类；牲畜、昆虫、野兽，各从其类。"事就这样成了。于是上帝造出野兽，各从其类。牲畜，各从其类。地上一切昆虫，各从其类。上帝看着是好的。上帝说，"我们要照着我们的形像，按着我们的样式造人，使他们管理海里的鱼、空中的鸟、地上的牲畜和全地，并地上所爬的一切昆虫。"上帝就照着自己的形像造人、乃是照着他的形像造男造女。上帝就赐福给他们，又对他们说："要生养众多，遍满地面，治理这地；也要管理海里的鱼、空中的鸟，和地上各样行动的活物。"上帝说："看哪，我将遍地上一切结种子的菜蔬、和一切树上所结有核的果子、全赐给你们作食物。至于地上的走兽和空中的飞鸟，并各样爬在地上有生命的物，我将青草赐给他们作食物。"事就这样成了。上帝看着一切所造的都甚好。有晚上，有早晨、是第六日。①

天地万物都造齐了。到第七日，上帝造物的工已经完毕，就在第七日歇了他一切的工，安息了。神赐福给第七日，定为圣日，因为在这日

① 《创世记》1：10—31。

神歇了他一切创造的工，就安息了。[1]

第十二章　六天工作的荣耀

这六天的工作，没有人能为其全体给予一种与其价值相应的解释和描述，即使他有了一万个舌和一万张嘴也不可能做到；不可能，即使他能活上一万年，甚至他不可能说出与这些事物的价值相应的任何东西，鉴于在这六天的创造工作中体现出的上帝的智慧之伟大与丰盛，是超乎人的言语所能描述的。

许多作者的确尝试去效仿了这一叙述，而且以散文的风格试图给这些事物以某种解释；然而，虽然他们因此得出了一些设想，这些设想是有关于世界的创造和人类的本性两方面的，他们这些尝试都仍未发出真理的最微小的火花。还有哲学家、作者和诗人的言说，虽然诗人们有着可取信于人的外表，因了他们的措辞优美；但是因为他们的无谓的轻薄之辞为数过多，所以他们的话语被证明只是辞费和于事无补的；可以说，甚至真理的些许影子也没被他们发现。因为即使任何的真理已经被他们发现，它也是混杂着谬误的。

当一种药物本身是有害的，即使将之掺上蜜或酒，或一些其他的东西，也是如此。在这样混合之后，反而会使得全体混合物都成为有害和无益的了；同样如此，我们将看到他们的口才也被置于这样徒然无益的情形中；是的，确实对于那些运用它的人变成了一件有害的事物。

又如，[他们说]，关于第七天，所有的人都知道；但是绝大多数人不明白，为什么在希伯来人之中叫做“安息日”的这个词“Sabbath”，被转变为希腊语的“第七的”（εβδομδς）。

---

① 《创世记》2：1—3。

这是一个被每个民族采用的名字，虽然他们不明白这一名称的缘起。

当诗人赫西俄德[①]言及，来自大混沌的厄布斯被生出时，大地和爱便君临并掌管了他[赫西俄德]所说的诸神和人类，他的这些断言显然是于事无补的，及对于真理是相当隔膜的。因为甚至连禁欲之人也可以禁绝低层次的快乐与邪恶的贪欲，若以为上帝会被快乐所征服的话，是极其大谬不然的。

第十三章　论世界的创造

而且，他[赫西俄德]所论及的人类，以及非常薄弱的关于上帝的观念和想法，从一开始便可发现是被赫西俄德从来自下方的属世的角度来讲述万物的创造。对于人类而言，他们是从地下开始建造，而且除非已经首先打好地基，他们是不能够井然有序地建造屋顶的。但是上帝的力量在此即被显示，亦即，首先，他按照他的意志从无中产生他所造的事物。

"因为在人所不能的事，在神却能。"[②]

因此，先知也提到天堂的创造，最初类似于作为某种穹顶（即不是自下而上，而是自上而下地），先知说："起初上帝创造了天"——经由"最初"原则，天堂被造出，如同我们前面已经显示的一样。

而且在此借着"大地"，先知意谓地面和基础，正如借着"渊面"，先知意谓众水；以及所说的"黑暗"，指的是因了上帝创造的天堂正像一个盖子覆盖着水域和大地。而且借着运行在水上的圣灵，先知意谓那是上帝为给予其所创造的以气息，如同他给予了人生命的气息一样，将好

① 译按：《神谱》的作者。

② 《路加福音》18：27。

的与好的调和在一起。

因为圣灵是独一的，而且持守光所在之处，那所在是位于诸水与天穹之间，以使得黑暗不可能以任何方式与离上帝较近的天穹相通，在上帝说出“要有光”这句话以先。

这样，天穹好似一个圆顶形的覆盖，包蕴了像一个土块般的质料的大地。

还有另外一个先知，名叫以赛亚的，这样说:“神（坐在大地大圈之上，地上的居民好像蝗虫。他）铺张穹苍如幔子，展开诸天如可住的帐棚。”[①]

因而，上帝的命令，也就是说，他所发出的圣言，闪耀如一间紧闭的密室里的一盏灯，照彻在天国之下的一切，当他在黑暗的世界中分别出光的时候。

上帝称光为昼，称暗为夜。[②]既然人类还不能够称光为昼，称暗为夜，事实上也不能命名其他的事物，因此人类尚未获得来自那创造了万有本身的上帝的命名的应许。

因此，在最起初，有关历史和世界的最初起源，神圣的经文所说的天不是那我们直接眼见的这天空，而是那我们肉眼看不见的那个天国。而这一我们可见的天是被称为“天空或苍穹”（firmament）的，属于这上面一半的水被用于为人类降大雨和阵雨，以及洒下露珠。而另一半留在地上的水，则成为河流，溪泉，与海洋。 于是，水充满了整个大地，尤其是在其低洼之处，而上帝，通过他所发出的话语，使得诸水聚集在一处，并且使得变干的土地显露出来，而在此前大地是被淹没而不可见的。

这样，大地成为可见的了，但仍然尚未被赋形。因此上帝为大地塑形，并且用各样的草木，种子与植物装饰它。

---

① 《以赛亚书》40：22。

② 《创世记》1：5。

第十四章　世界与海洋相较

接下来，我们再进一步试着去思想，各样植物的品种各异，千姿百态的美，和丰富繁多，以及如何借着这种种植物（每当冬去春回而重新复苏），复活之事被展现出来，这些都为的是上帝预先给所有人类的复活一个样式。

因为，凡是思想过这些事的，谁会不惊异于一棵无花果树从一颗无花果的种子中生出，以及那些极其硕大之树都是从那些非常微小的种子长出的？

而且我们说，世界与海洋颇为相似。因为正如海洋，假如没有河和泉的汇入和滋养，早就会干涸而成为盐碱地；世界也是如此，假如它没有上帝的律法，与先知口中涌出的甘美之言，怜悯，公义以及上帝的神圣诫命与教义，只怕这世界早已被毁灭，因了邪恶和在它里面的罪。

而且正如在海洋之中有一些岛屿，其中有些是可居住的，雨水丰沛，果实丰饶，有港口和避风港，在航行中遭遇大风浪者可以在那里发现避难所的港口，因此上帝已经为这被罪驱使与颠覆的世界准备好了这样一处所在，我指的是教会，我们在那里借着真理的教义平安地度日，正如平安地停泊于避风港之中；而且那些渴望得救者跑进来，作为真理的渴慕者，他们愿意逃脱上帝的义怒与审判。

而且，还有一些岛屿，岩石崎岖，干涸缺水，寸草不生，时有野生畜生骚扰，是无法居住之地，只对那些航海遇险者与遭遇暴风雨者的避难有用，在其上的船只都是被毁坏的，以及腐朽的残骸——错谬的教义也类似于此——我指的是异端。这些异端将毁灭那接近它们的人，因为他们不是由真理的圣言引导的，而是有如海盗，当海盗们装满自己的船，将他们驱赶到上述的荒岛之后，海盗们就会毁灭他们，同样，这一情形也发生在那些偏离了真理而陷入谬误者身上，他们全然由于其谬说而被毁灭。

第十五章　第四天

在第四天发光体被造出；因为全知的上帝对徒劳的哲学家之愚蠢了然于心，他预先晓得这些哲学家会宣称，大地上生命的生长是因了这些天体而非上帝，以借此排除对上帝创世的信心。

因此，为显明真理，植物与种子在天体之前就被造出，因为作为后造之物不能够生出先造之物。而且这里还蕴含了一个伟大的秘密的式样和种类。 因为太阳是上帝的一个范式，而月亮则是人类的一个范式。正如当太阳在力量和荣耀上，远远地超出月亮一样，同样，上帝之超越人类也是如此。而且，如同太阳永远保持圆满，从未稍有衰减，同样上帝也总是保持完满无缺，充满一切的大能、理智、智慧、不朽和一切的良善。

然而，月亮却是每月一度地亏缺，并以某种方式消亡，这表现如同人类生命的一种样式；接着它再度出现，而且显露出新月，显现为将来的复活的某种样式。以相似的方式，那在发光体被造出以前的三天，是三位一体，即圣父、圣言，及其智慧的样式。而第四个则是人类的样式，人类需要光，因此应有的顺序是圣父、圣言、智慧、人类。因此也在第四天光被造出。

众星的排列，也包含秩序与排列的样式。这一样式是关乎公义者，虔敬者和那些保守律法与上帝诫命之人的。那些灿烂的和明亮的恒星是先知的一个模仿，因此他们恒定不移，也不衰减，也不从一处到另一处。那在另一处地方保持亮光的，是公正之人的样式。而那些变换他们的位置，而且从一处逃到另一处的，他们也叫作行星，是从上帝那里游离出的人的一个样式，这些人放弃了上帝的律法和诫命。

第十六章　第五天

在第五天，水里长出了有生命的各样活物，借此上帝各样的智慧也被显明；因为谁可以数清如此众多的和品种各异的族类？而且，从众水中生出的各样物种是受到上帝的祝福的，因此也成为人类注定要接受罪的悔改和赦免的印记，经过水与重生的洗礼，——只要来接近真理的，都会得到重生，并接受上帝的祝福。

然而，深渊的怪兽与食肉的鹫鸟，则是贪婪的人类与悖逆者的一个象征。因为正如鱼和鸟是有其本性的，其中一些的确服从于其自然的状态，而且不伤害比他们自己弱的那些人，只是保守上帝的律法，而且取食大地产出的种子；其他一些野兽，则违背上帝的律法，吃动物的肉，而且伤害比他们自己弱的那些人。这样，公义者保守上帝的律法，从不伤害别人，而是圣洁与公义地活着。但是强盗和凶手，而且不信神的人像深渊的怪物，旷野的野兽与兀鹫；因为他们在吞食那些比他们自己弱的人。这种人，是属于鱼和爬行动物的种类，虽然分享了上帝的祝福，却没有得到与禽兽明显区别的特性。

第十七章　第六天

在第六天，上帝造了四足的兽类，荒野的牲畜与地上的爬虫，但上帝没有为他们祝福，而是将祝福保留给他要在第六天创造的人类。

四足的动物与野兽，是为这样一类人而造的样式，他们既不认识也不敬拜上帝，而只是顾念属地的事物，且不知悔改。

对于那些从悖逆中回转并公义地生活的人，他们里面的灵如飞鸟上腾，他们留意的是在上的属天之事，而且对于上帝的旨意满心喜悦。

但是那些既不认识，也不敬拜上帝的人，他们就像那虽然有翅膀，却既不能够高飞，更无法翱翔在属神之事上的人。因此，这些人虽然也叫做人类，却被罪捆绑压制，他们留意的只是匍匐在地的属世的事物。

这些动物被叫做野畜，因了他们的被猎获，因为没有什么事物一开始就被上帝创造为邪恶的[1]，而是一切都很美好，甚至可说是非常好的。——只是那人类里头的罪招致了邪恶。

因为人类何时悖逆了神的旨意，万物也就与他一同背离。

因为，如果房子的主人自己行为端正，家里的仆人也必然会行得端正；然而如果主人犯了罪，仆人也与他同犯了；因此人类的罪也是与之相类似的，因了人类是万物的主人，那从属于他的万物都由于他而犯罪了。

因此，只有人类重新将他所行的道路回转，转回他最初的天然状态，并不再作恶，万物便也将回复到它们最初的良善与美好。

第十八章　人类的创造

但是论到人类的受造，人类本身的受造是不能被人类自己得以明白解释的，虽然神圣的经文给出了一个相关的简明解释。因为当上帝说:“我们要照着我们的形像，按着我们的样式造人。”（《创世记》1：26）之时，他首先宣示了人类的尊严。

因为上帝业已借着他的话语创造了万有，将他们看为完美的作品（bye-works），尤其将人类的创造看为借着他自己的手所造的最杰出的作

① 《罗马书》8：22：“我们知道一切受造之物，一同叹息劳苦，直到如今。”

品。还有，有人从以下的话语中，以为自己发现了似乎上帝需要谁的帮助："我们要照着我们的形像，按着我们的样式造人。"（《创世记》1：26）

然而事实上，当上帝说"让我们造人"时，他所说话的对象，除了他自己的圣言和智慧以外别无他人。当上帝已经造好并赐福给了亚当，以便他可以生养众多并遍满全地，上帝将万有都交付他治理，并让万有都为他效力；上帝从起初就指定人类应当从地上的果实，从种子，与青草，和结种子的菜蔬中获得滋养，同时上帝安排牲畜的习性与人类相近，以便它们也可以从地里获得种子为食。

第十九章　人类被置于乐园之内

到第六天，上帝既已造了天堂，大地和海洋，以及所有在他里面的万有，便在第七天歇了一切的工。于是神圣的经文用这些话作为一个概述：

"创造天地的来历，在上帝造天地的日子，乃是这样。野地还没有草木，田间的菜蔬还没有长起来，因为上帝还没有降雨在地上，也没有人耕地。"①

通过这经文，上帝向我们表明，整个大地在那时都被一个神圣的源泉浇灌，无须人手的耕作；而是大地借着上帝的命令自然地生产了万事万物，从而人类不必因耕作而疲倦。

人类的受造可能很单纯，以致在人类之中原本不存在什么解决不了的问题，因为上帝说："让我们来造人。"因了上帝的创造仍然未被简单地讲述，圣经教导我们说："有泉源② 从地上腾，滋润遍地；耶和华上帝

① 《创世记》2：4—5。

② 按今通行本译作"雾气"。

用地上的尘土造人，将生气吹在他鼻孔里，他便成了有灵的活人。”[①] 因此大多数人的灵魂本是被称为不朽的。

在人类造好之后，上帝为他选定了在东方之地的某个地方，阳光明朗，空气清新，生长着各样最好的植物；正是在这地他安置了人类。

第二十章　圣经对于乐园的记载

圣经如是述说神圣的历史：

上帝在东方的伊甸立了一个园子，把所造的人安置在那里。上帝使各样的树从地里长出来，可以悦人的眼目，其上的果子好作食物。园子当中又有生命树和分别善恶的树。有河从伊甸流出来，滋润那园子，从那里分为四道。第一道名叫比逊，就是环绕哈腓拉全地的。在那里有金子，并且那地的金子是好的。在那里又有珍珠和红玛瑙。第二道河名叫基训，就是环绕古实全地的。第三道河名叫西底结，流在亚述的东边。第四道河就是伯拉河。上帝将那人安置在伊甸园，使他修理看守。上帝吩咐他说："园中各样树上的果子，你可以随意吃。只是分别善恶树上的果子，你不可吃，因为你吃的日子必定死。"

上帝说："那人独居不好，我要为他造一个配偶帮助他。"上帝用土造成了野地各样走兽和空中各样飞鸟，都带到那人面前，看他叫什么。那人怎样叫各样的活物，那就是它的名字。那人便给一切牲畜和空中飞鸟，野地走兽都起了名。只是那人没有遇见配偶帮助他。上帝使他沉睡，他就睡了。于是取下他的一条肋骨，又把肉合起来。上帝就用那人身上所取的肋骨，造成一个女人，领她到那人跟前。

那人说："这是我骨中的骨，肉中的肉，可以称她为女人，因为她

① 《创世记》2：6—7。

是从男人身上取出来的。”

因此，人要离开父母与妻子连合，二人成为一体。当时夫妻二人赤身露体，并不羞耻。①

第二十一章 人类的堕落

上帝所造的，唯有蛇比田野一切的活物更狡猾。蛇对女人说：“神为什么说，（按今和合本译作：神岂是真说）不许你们吃园中所有树上的果子？”

女人对蛇说：“园中树上的果子，我们可以吃，唯有园当中那棵树上的果子，神曾说：‘你们不可吃，也不可摸，免得你们死。’”

蛇对女人说：“你们不一定死，因为神知道，你们吃的日子眼睛就明亮了，你们便如神能知道善恶。”

于是女人见那棵树的果子好作食物，也悦人的眼目，且是可喜爱的，能使人有智慧，就摘下果子来吃了。又给她丈夫，她丈夫也吃了。他们二人的眼睛就明亮了，才知道自己是赤身露体，便拿无花果树的叶子，为自己编作裙子。

天起了凉风，上帝在园中行走。那人和他妻子听见神的声音，就藏在园里的树木中，躲避上帝的面。

上帝呼唤那人，对他说：“你在哪里？”

他说：“我在园中听见你的声音，我就害怕。因为我赤身露体，我便藏了。”

耶和华说：“谁告诉你赤身露体呢，莫非你吃了我吩咐你不可吃的那树上的果子吗？”

---

① 《创世记》2：8—25。

那人说："你所赐给我，与我同居的女人，她把那树上的果子给我，我就吃了。"

上帝对女人说："你作的是什么事呢？"女人说："那蛇引诱我，我就吃了。"

上帝对蛇说："你既作了这事，就必受咒诅，比一切的牲畜野兽更甚。你必用肚子行走，终身吃土。我又要叫你和女人彼此为仇。你的后裔和女人的后裔也彼此为仇。女人的后裔要伤你的头，你要伤他的脚跟。"①

又对女人说："我必多多加增你怀胎的苦楚，你生产儿女必多受苦楚。你必恋慕你丈夫，你丈夫必管辖你。"

又对亚当说："你既听从妻子的话，吃了我所吩咐你不可吃的那树上的果子，地必为你的缘故受咒诅。你必终身劳苦，才能从地里得吃的。地必给你长出荆棘和蒺藜来，你也要吃田间的菜蔬。你必汗流满面才得糊口，直到你归了土，因为你是从土而出的。你本是尘土，仍要归于尘土。"

这些便是神圣的经文对人类与乐园的历史所给予的解释。

第二十二章　为什么经上说到上帝行走

接着，你将会问我："你说上帝不应该被容纳在一个地方，而你现在为何又说他在乐园里行走？"

且听我道来。

的确，圣父上帝不能够被容纳，而且不能在某个地方被发现，因为没有供他休息的地方；但是借着他的圣言上帝创造万有，作为上帝的大能和智慧，显现为圣父与万有之主的位格，以上帝的位格临到伊甸园，与亚当说话。

---

① 提阿菲罗斯将圣经此处经文写作："它将盯着你的头，而你将留意他的踝。"

因为那神圣经文本身已经教导我们，亚当说他已经听到声音。而除了作为上帝之子的圣言之外还会有什么声音？并非如同诗人们与神话作者们所说的，诸神的子女是通过男女的交合而生，而是如同真理宣告的，那永在的圣言逻各斯，是一直居住在上帝的内心的。

因为在一切开始产生之前，上帝将他作为一位顾问，作为自己的思想和意念。但是当上帝愿创造所有他决定创造的，他创生了这圣言，是万有以先首生的，并非他自己因生出圣言（逻各斯）而被倒空，而是生出了逻各斯，并且总是与他的逻各斯交通。

神圣的经文，以及所有的圣灵感动的人由此而教导我们，其中之一，约翰论道："太初有道，道与上帝同在。"① 表明了起先上帝便是独一的，同时圣言是在他里面。接着他说，"道就是上帝。……万物是借着他造的；凡被造的，没有一样不是借着他造的。"于是，圣言，作为上帝，并自然地从上帝而生，无论何时，凡每当宇宙之父愿意，便送他到无论何处；而圣言，在他被差遣而来临之际，是既可听到也可看到的，且在某个地方中被感知。

第二十三章 《创世记》所讲述的真理

因此，上帝在第六天创造人，而且在第七天之后使得这创造显明出来，当上帝创造了乐园，以便人类能处在一个更好的优越的地方之中。而且事实证明了，这真理本身是确实的。

因为一个人如何能忘记他所见的产妇在产褥上遭受痛楚，以及此后产妇却因得子的喜乐而将先前的痛楚遗忘这样的情形，这些都为的是上帝的圣言能得以成全，且人类的种族能得以加增与繁衍？②

---

① 《约翰福音》1：10。

② 本尼迪克版本的编者评论道："妇人生产的痛苦是作为罪的一种惩罚，但她们会忘却这痛苦，由此人类的繁衍不至于因而受到妨碍。"

而且我们不也见到了对蛇的审判，——它用肚腹在地面爬行并且吃尘土，该是如何的懊恼！我们也可能有这样的结局——如果我们像先前预言的这诸般事物所证明的那样。

第二十四章 天堂的美好

于是，上帝使各样的树从地里长出来，可以悦人的眼目，其上的果子好作食物。[①]

因为起初只有第三天创造的事物存在——各样树木，种子，草本植物；但在乐园里的事物是出于至爱与至善而造的，既然那乐园里的植物据说是由上帝亲手种植的。

至于其余的植物，的确，世界是容纳了植物，像乐园容纳植物那样；但是有两棵树——生命树和知识树[②]——只有乐园里才有，大地上其余地方是没有的。

而且那乐园本是在大地上的，而且生命树和知识树就种在地上，圣经论到它说："耶和华上帝在东方的伊甸立了一个园子，把所造的人安置在那里。耶和华上帝使各样的树从地里长出来，可以悦人的眼目，其上的果子好作食物。（园子当中又有生命树和分别善恶的树。）"[③] 因此，由这里的"从地里"与"在东方"之叙述可见，神圣的经文清楚地教导我们乐园是在天国之下，因地和东方显然都是在天国之下。而且在希伯来人的语言中，"Eden"（伊甸）一语原本意谓"喜乐"。

第一道河名叫比逊，就是环绕哈腓拉全地的。在那里有金子，并且那地的金子是好的。在那里又有珍珠和红玛瑙。第二道河名叫基训，就

---

① 《创世记》2：9。

② 译按：又译"分别善恶树"。

③ 《创世记》2：8。

是环绕古实全地的。第三道河名叫西底结，流在亚述的东边。第四道河就是伯拉河。上帝将那人安置在伊甸园，这象征一条河从伊甸流出滋润那乐园，而且从那里分为四道河流；其中两条被称作比逊（Pison）和基训（Gihon）浇灌园的东边，尤其那称为基训的河，流经埃塞俄比亚的全地，据说，流经埃及时又名为尼罗河。而另外两条河是我们可以明白地辨认的——那称作底格里斯河和幼发拉底河的——因了这两条河环绕着我们所生活的地方。而且如同经上已经说的，上帝将人安置在伊甸园，使他管理看守。上帝吩咐他说："园中各样树上的果子，你可以随意吃。只是分别善恶树上的果子不可吃，因为你吃的日子必定死。"[①]

而且上帝从大地中（用泥土）造出了人，又将他移至乐园里面，提升了他，以使他变得成熟而完美，甚至被宣告为如同一个神，这样，他可能进入天国，拥有不朽。因为人类的本性已经被造成某种居中的状态，既非全然的朽坏，也非不朽，而是有可能亦此亦彼；同样如此，乐园的美好也被造成是居于天国与大地的中间状态。

而且借着上帝所说的，"耕种这地"，我们看到没有其他的物种被上帝的诫命如此要求，上帝这样说是唯恐人们，因了悖逆神而毁灭他自己，而事实上他确已借着罪而毁灭一样。

第二十五章　上帝在禁止人类吃智慧树上的果子之事上是公义的

分别善恶树本身是很好的，而且它的果实也甚好。因为其实并不是树里头含有死亡，如同一些人认为的那样，而是在那悖逆不服从的里面有死亡。因为在分别善恶果里面除了知识没有别的；而如果人们将知识运用合宜，那么它本身就是好的。

---

① 《创世记》2：8—17。

但是亚当，作为仍然处在幼年的一个婴儿，在这一阶段上接受知识尚不合宜。

因为，正如当一个孩子出生的时候不能立刻给婴儿吃面包，而是先喂食牛奶，然后经由年岁的加增，才逐步增进到可以食用坚硬的食物。同样道理，亚当也不适宜获得善恶的知识；因为并非像某些人认为的，如同一些人对上帝进行恶意揣度的那样，上帝禁令亚当不许吃知识果是一种试探。

而是因了上帝也愿确证，亚当是否谦卑顺服于他的诫命。而且同时他希望人类，虽然他还在幼年，能保持更久一些时间的单纯与诚挚。因为这是神圣的，不只是对于上帝，而是也对于人类，在单纯与诚挚上产生对于父母的顺服。

那么，既然孩子对父母要服从这一点是正确的，对于上帝和万有之父岂不更应顺服？此外，幼年的孩子的智慧不应当超过他们的年纪；因为只有当在身量的增加方面有秩序的进步，在智慧方面也相应增长。但是如果当某项律法已经明确禁止了某件事，而某些人又没有服从的时候，显然不能认为引起惩罚的是律法，而应该说是不服从和悖逆引起的；因为一位父亲有时禁止他自己的孩子不能去做某事，而且当他的孩子不服从父亲的诫命之时，孩子将因为不服从而受到鞭笞与惩罚；那么在这种情况下，惩罚行动本身不是鞭笞的原因，而是不服从诫命应为此负责而受到惩罚；对于始祖亚当也是如此，正是不服从使得他被逐出乐园。

因此，不是仿佛在知识树中里含有什么邪恶；而是因了亚当的不服从，使得人类开始绵绵不绝地有了劳作、痛苦、忧愁，直至最后沦为死亡的牺牲品。

第二十六章　在将人类逐出乐园之事上的上帝的仁慈

而且上帝在这样事上，显明了他伟大的仁慈，上帝不愿人类因永远保留着罪而遭受罪的辖制；而是借着此一放逐，从天堂将他逐出，以使他经过在被指定时间内相应处罚以赎罪后，通过试炼，然后他得蒙救赎。

因此，当人类已经在这一个世界中被造之后，《创世记》奇妙地记载到，仿佛人类已经两度被置于乐园之内；以便其中一个是当他被造时便已完成了，而第二个则在复活和受审判之后被完成。

因为正如一艘船，当在被造成之后，发现它有一些缺点之时，须经过重修或再造，它才可能重新变新与变得完全；死亡施于人身上之事也是如此。

因为在某种意义上，只有当人被击碎后，他才可能在复活上得以完全；我指的是无瑕的，正直的和永远的。

正如那上帝的呼叫：“你在哪里，亚当？”上帝在呼叫之时，好像并非对亚当之悖逆一无所知；然而，他忍耐着给予他后悔和悔改的一个机会。

第二十七章　人类的本性

然而有些人将会对我们说，人受造时本性即是会死的吗？

当然不是。

那么，他本是不朽的了？

我们也没有这样断言。

但是有人将会说，那么他什么也不是？

这也是不着边际未能说到要害的话。

他的本性是既非易朽也非不朽者。

因为假如他从一开始就是永恒的，他本身就成为上帝了。

再者，假如上帝使他不免一死，那么上帝才是那使得他死亡的根本原因。

上帝也不是将人类造成既非不朽者也非必朽者，而是如同我们上面已经说过的一样，上帝是将人类造成既能够是不朽者也可以是必朽者；以使得如果他倾向于不朽的事物，保守上帝的诫命，他便将领受从上帝而来的不朽的酬谢，并成为与上帝同等；但是如果相反，他便将转向死亡之事，不服从上帝，他便使自己成为自身死亡之因。

因为上帝使人类自由，并使之有战胜自己的力量。

于是，人类由于粗心和不服从招致的死亡，至此，成为上帝的一个赠礼，经过上帝自身的慈爱和怜悯，当人类服从他的时候，得到他赐予的生命。

因为作为人类，违背上帝，便给他自己带来死亡；那么，服从上帝的意志，他便能够为自己获得永恒的生命。

因为上帝已经给我们律法和神圣的诫命；且保守这些诫命的每个人都能得救，并得以复活，能继承不朽。

第二十八章　为什么夏娃从亚当的肋骨中受造

在亚当从天堂被逐出后，与他的妻子夏娃同房，这夏娃是上帝用亚当的肋骨所造成的。上帝这么做，并非因了他不能另外单独地造出亚当的妻子夏娃，而是上帝预先晓得人类会造出许多诸神。

而且上帝预先知道，经由撒旦，人类的谬误会引出许多的本不存在的诸神，因为只有一个上帝，即使当谬误在竭力散布大量的诸神，撒旦说，“你们将如同（诸）神”[①]。因此上帝将亚当与夏娃他们两个一同创造了，免得被认为上帝造了一个男人，又另外造了一个女人；而上帝将女人连同男人一起创造，不仅表明了上帝是独一的掌权者，而且表明了男女之间相互的爱是如何伟大。

因此亚当对夏娃说：“这是我骨中的骨，肉中的肉。”而且，亚当继而预言道：“因此，人要离开父母，与妻子连合，二人成为一体。”[②]而这话本身正在我们自身上得以应验。因为那合法地结合婚姻者，谁不是相应地看轻母亲和父亲，以及他的整个家庭与家族的连接关系，而将他自己的妻子居于优先地位，恋慕她？[③]以致往往一些人为了他们的妻子，甚至甘于献出生命。

而这夏娃，因为她首先被蛇引诱欺骗，从而成为罪的肇始者，邪恶的魔鬼，即叫做撒旦者，当时借着蛇跟夏娃说话，这个撒旦甚至到现在还在那些被他附着的人里面，借助夏娃在工作。他被叫做“魔鬼”和“龙”，因为他背叛上帝。

因为起先他是天使。而且论到他的历史，有许多可说之事；因此我目前暂时将有关他的情事略过不述，因为我也已经在别处对之进行了一些解释。

第二十九章　该隐的罪行

当亚当与夏娃同房，她怀孕而且生育了一个儿子该隐，她说：“我已经由上帝那里得到一个男子。”她又生了第二个儿子，名叫亚伯，“亚

---

① 译按：此处原文神为复数，参见《创世记》3：5：“你们便如神能知道善恶。”

② 参见《创世记》2：24，译按：作者提阿菲洛斯将此节经文与前节经文一并视为亚当所言，然今通行本皆未将此节置于亚当之语中，而视为《创世记》作者的叙述。

③ 译按：此处所言情形与中国等强调孝道的背景颇为不同。

伯是牧羊的，该隐是种地的”。[1]

他们的历史得到了非常完整的叙述，是的，甚至是一种极其详细的解释：因此那书本身，题为“世界的起源”（即《创世记》）者，能更确切地告知那些渴望了解他们的历史者真实之事。

当时，撒旦看到亚当和他的妻子不但还活着，而且还生养了孩子——因为撒旦未能在置他们于死地上成功，——当他看见亚伯蒙上帝的悦纳之时，撒旦进入了他的兄弟该隐里面，而且使该隐杀害了他的兄弟亚伯。这样死亡开始进入了这个世界，死亡（通过嫉妒）找到了进入人类的每个种族之内的方法，甚至直到今天。但是仁慈的上帝，而且愿意给该隐一个机会，正如对于亚当，给予他忏悔与悔改的机会那样，问他说：“你的兄弟亚伯在哪里？”

然而该隐不听上帝的命令，答道：“我不知道，我岂是看守我兄弟的吗？”于是上帝对他发怒，说：“耶和华说，你作了什么事呢，你兄弟的血有声音从地里向我哀告。地开了口，从你手里接受你兄弟的血。现在你必从这地受咒诅。你种地，地不再给你效力。你必流离飘荡在地上。”[2]从那以后，大地，出于恐惧，不再接受人类的血，也不接受任何动物的血；这表明死亡的原因不是别的，正是人类的悖逆。

第三十章　该隐的家族及其发明

该隐自己也有了个儿子，名叫以诺。该隐建造了一座城，就按着他儿子的名，将那城叫做以诺。

以诺生以拿。以拿生米户雅利。米户雅利生玛土撒利。玛土撒利生

① 《创世记》4：1—2。

② 《创世记》4：10—12。

拉麦。

拉麦娶了两个妻，一个名叫亚大，一个名叫洗拉。

从那时起开始有了一夫多妻以及音乐。

拉麦有了三个儿子：雅八，犹八，土八该隐。雅八就是住帐棚，牧养牲畜之人的祖师。雅八的兄弟名叫犹八。他是一切弹琴吹箫之人的祖师。洗拉又生了土八该隐。他是打造各样铜铁利器的（或作是铜匠铁匠的祖师）。

至此该隐的后代被记载；至于其余的，他的后代已经被遗忘，因为该隐杀害了他的兄弟。

为代替亚伯的位置，上帝允许夏娃怀孕并生出一个被称为塞特（Seth）的儿子；从他生出了人类的余民，直到现在。

对于那些想要知道所有世代的记载者，借着神圣的经文的解释，这是不难了解的。因为如我们所已经提到的那样，这一个主题，人类的谱系次序，已经在另外的一处探讨中部分被我们解决了，即在历史书的第一本中。

而且通过摩西和其余的先知，神圣的圣灵教我们所有的这些事物，所以属于我们敬神之人的圣经，是更远古的写作，确实，比起所有的作者和诗人，是显明了有更多的真理的。然而论到音乐，一些人传言说阿波罗是发明者，另一些人说奥菲斯发现了来自鸟儿的甜蜜声音的音乐艺术。

他们的故事被显示是空虚和徒然的，因了这些所谓发明家是活在洪水后许多年之后的。

而且论到那与诺亚有关的，被一些人称为丢卡利翁的，我们已经在前述书中予以了解释，如果你乐意，你有随时阅读的自由。

第三十一章 在洪水后的历史

在洪水之后又开始有了城市和国王，以下列的次序：第一座城市是巴比伦，接着是以力、亚甲、甲尼，都在示拿地。他们的国王叫做宁录（Nebroth），他从那地出来往亚述去，亚述人从这个地名得到他们的名字。于是宁录建造尼尼微、利河伯、迦拉和迦拉中间的利鲜，尼尼微成为一个巨大的城。①

而诺亚的儿子，闪的另外一个儿子，名为麦西，麦西生路低人、亚拿米人、利哈比人、拿弗土希人、帕斯鲁细人、迦斯路希人、迦斐托人，从迦斐托出来的有非利士人。②

这样，关于诺亚的三个儿子以及他们的死亡和谱系，我们已经通过上述的圣书给予了一个扼要的说明。现在我们将会提到余下的事实，是关于城市和国王的，以及当人类使用同一种语言时所发生之事。

在语言的变乱以前已有了前述的城市。但是人类担心自己被分散，他们未经上帝的许可，便自己商议，建造一座城市和一座塔，塔顶通天，为要传扬他们的名。因了他们竟敢违背上帝的意志，企图自己造一件伟大的作品，上帝便毁灭了他们的城市，而且推翻了他们的塔。从那时起上帝就变乱了天下人的言语，给每个民族不同的方言。

而且，希伯来女先知西比尔也说过类似的话，当她预言那神的义怒会来到这个世界。她如是说：

当这（塔）将被实现时，伟大的上帝感到了，

---

①《创世记》10：8—12。

②《创世记》10：13—14。

人类的威胁，当从前
在亚述的土地中他们建造一个塔，
而且所有人用的是同一语言，而且希望借着塔高升
高到直至星光照耀的天堂，
接着那不朽者唤起了强劲的风
在他们之上势不可当
当狂风摧毁了雄伟的塔，
然后人类的凶猛的争吵和憎恨开始加增。
一种共通的语言被变乱成许多方言，
而且全地充满了各种不同的部族和国王。

如是云云。

这些事发生在迦勒底之地。① 在迦南地中有一座城市哈兰，以哈兰（Haran）的名字命名的。而且在那些日子，被埃及人称为尼考特（Nechaoth）的法老王是埃及的第一位国王，在他以后有诸位国王。在示拿的土地上，在那些叫迦勒底的地方，第一个国王是亚略，在他之后以拉撒做王，在他之后基大老玛作以拦王，之后是提达，作亚述人的王。② 诺亚的儿子还有其他五座城市：第一座叫所多玛，接着是蛾摩拉、押玛、洗扁和比拉（比拉就是琐珥）。他们的国王名字如下：所多玛王比拉、蛾摩拉王比沙、押玛王示纳、洗扁王善以别和比拉王（也称作可法拉）。③ 这些王都服从了亚述人的王基大老玛十二年，十三年以后，他们反叛基大老玛；那时四个亚述人的王对这五个国王宣战。这是在大地上有了战争的开端；他

① 《创世记》11：31："他拉带着他儿子亚伯兰，和他孙子哈兰的儿子罗得，并他儿妇亚伯兰的妻子撒莱，出了迦勒底的吾珥，要往迦南地去，他们走到哈兰就住在那里。"

② 英译本如此。按此处与《创世记》14：1所述有异："当暗拉非作示拿王，亚略作以拉撒王、基大老玛作以拦王、提达作戈印王的时候"，疑英译本或原本有误。——译者注

③ 参见《创世记》14：12。

们毁灭了巨人Karnaim，这些在他们的城里的强大的民族，在何利人的西珥山杀败了何利人，一直杀到靠近旷野的伊勒巴兰。

当时有一个公义的王，名叫麦基洗德（Melchisedek），就是撒冷王，撒冷是现在叫做耶路撒冷的。[①]这是至高的上帝所有的祭司中第一位祭司；正是因了他原先的希尔洛索里玛（Hierosolyma）被称为耶路撒冷的。而且从他的时代起在全地都有了祭司。在这之后是米勒做基拉耳王，此后是另一位亚比米勒做王。接着是赫人以弗仑。以上是在古时诸国王的名字。而其余的亚述人的国王，因了有许多年的间隔，未曾被记录下来，所有的作者所记述的都是离我们较近的历史。

所记的亚述国王有这些：提革拉毗列色（Tiglath-Pileser），在他之后撒缦以色（Shalmaneser），接着是西拿基利（Sennacherib），与埃塞俄比亚人亚德米勒（Adrammelech）统治了埃及；虽然这些事，和我们的经书比较起来，相当晚近。

第三十二章　人类是如何被分散的

因此，爱好学问和古老历史的人可以借此了解历史，而且看到那些在圣先知之外，我们所讲述的都是晚近之事。

因为起初阿拉伯半岛和迦勒底的土地虽然只有很少的人，但在他们的语言变乱之后，他们在所有的大地上逐渐开始繁衍而且散居各处；他们中的一些去往东方，在那里居住，另一些去了北方，远至不列颠，直到北极地带。另外的去了迦南地，也被称为犹大地的，还有的去了埃塞俄比亚、埃及、利比亚，这些被称为热带的地方，这些地方一直向西部延伸；还有的迁往沿海的地方，包括旁非利亚（Pamphylia）、小亚细亚、

① 参见《希伯来书》7：1。

希腊和马其顿等地；以及去往意大利；以及被称为高卢、西班牙、日耳曼的地方，这样全地都遍满了居民。

从那时起，人类的祖先在世界上被分为三部分：东方的、南方的和西方的。自此以后，当人类生养众多的时候，大地的其余地方也都住满了人。

而那些作者们，既不晓得这些事情，就主张世界的形状像一个球，或将之比为一个立方体。但是他们如何能按着这些事来谈论真理，若他们还不晓得世界的创造与人类的繁衍是怎么回事的话？

如我们已经说过的，人类渐渐加增，生养众多，满了全地，直到海上的岛与其余地方都有人居住了。

第三十三章　世俗的历史未曾解释这些事

那么，难道那些被称作贤哲、诗人和历史学家的，可以真实地告诉我们这些事情，当他们自己的出生还在这些事情以后，而且还能介绍众多诸神，这些诸神都是在城市建造后许多年才出生，而且是比国王、国家和战争更晚才来临的？

因为他们应该要提及所有的这些事件，甚至那些在洪水之前发生之事，包括世界的创造和人类的形成的整个过程。

既然埃及人或迦勒底的先知们和其他作者，如果他们至少借着圣洁的圣灵开口发出真理；那贤哲、诗人和历史学家们就应当不仅说出过去和眼前之事，甚至能预言那些将要临到世上之事。

因此以上证明了所有其他讲述都是有错误的；唯有我们基督徒是持守真理的，因了神圣的圣灵教导我们，并借着圣先知中预言了万事万物。

第三十四章　先知指示了生命的圣洁

此外，你会在良善的精神中了解到神圣的事物——我指的是那些经先知发出预言的事情，以便通过比较与思考我们所说与他人所说的不同，你可以发现真理。

我们已经从他们自己所编纂的历史，明了那些被称为神的人的名字，其实不过是居住在他们之中的人类的名字，如同我们已经在上面表明的那样。而且到今天他们的偶像仍是每日在变换样式，可见偶像不过是“人手的作品”。

而这些愚蠢的群氓却殷勤地服侍之，反之，他们拒绝那创造万有与滋养一切凡有气息的创造者，经他们的父辈接受了无意义的传统而信从虚妄的教义。

然而上帝，父亲和宇宙的创造者，仍不放弃人类，而是给予了律法，而且派遣了圣先知宣布而且教导人类，以使我们中的每一个人都能被唤醒而信从有一个独一的上帝。他们也教我们远离不法的偶像崇拜、通奸、谋杀、淫乱、盗窃、贪财、发假誓、愤怒，各样的犯诫与不洁净之事；以及一切凡一个人不愿别人施与他的事，他也不应施与别人；这样那行事公义者就能逃脱永罚，并且被认为能得到从上帝而来的永活的生命。

第三十五章　来自先知书上的教训

神圣的律法，不但禁止对偶像的敬拜，而且包括对于上帝所造的天体，包括太阳，月亮或别的星体的敬拜；是的，不是天，也不是地，也不海洋，也不是泉，也不是河，必须被敬拜，但是我们必须以圣洁的心与虔诚的意念单单敬拜永生和真实的上帝，宇宙的创造者。

因此神圣的律法如是说：你“不可奸淫。不可偷盗。不可作假见证陷害人。也不可贪恋人的妻子（仆婢，牛驴，并他一切所有的。）”①。先知也是如此说。

所罗门确乎教导我们不能犯下即使是细微如一转眼的一个罪，他说到，“你的眼目，要向前正看，你的眼睛（原文作皮），当向前直观”②。以及摩西，他本人也是先知，论及关于独一上帝的权柄：

“你的上帝是创造天地的神，又恐怕你向天举目观看，见耶和华你的上帝为天下万民所摆列的日月星，就是天上的万象，自己便被勾引敬拜侍奉它。”③

先知以赛亚本人也说：

“创造诸天，铺张穹苍，将地和地所出的一并铺开，赐气息给地上的众人，又赐灵性给行在其上之人的神耶和华。他如此说。”④

而且，在另一处经文上，上帝借着以赛亚的口，说：

“永在的神耶和华，创造地极的主，并不疲乏，也不困倦。他的智慧无法测度。”⑤

耶利米也说：

“耶和华用能力创造大地，用智慧建立世界，用聪明铺张穹苍。他一发声，空中便有多水激动。他使云雾从地极上腾。他造电随雨而闪，从他府库中带出风来。”⑥

你能看到所有的先知发出的预言是如何的一致，借着同一个圣灵，论到上帝的独一性，世界的创造，以及人类的受造。

---

① 《出埃及记》20：14—17。

② 《箴言》4：25。

③ 《申命记》4：19。

④ 《以赛亚书》42：5。

⑤ 《以赛亚书》40：28。

⑥ 《耶利米书》10：12—13。

而且，众先知是在极度的痛苦中，哀悼人类的不信神，他们并且谴责那些自以为明智的，为了他们的谬误与心硬。

正如耶利米所说：

“各人都成了畜类，毫无知识。各银匠都因他雕刻的偶像羞愧。他所铸的偶像本是虚假的，其中并无气息，都是虚无的，是迷惑人的工作。到追讨的时候必被除灭。”①

同样，大卫也说道：

“他们都偏离正路，一同变为污秽。并没有行善的，连一个也没有。”②

哈巴谷也如此说:“雕刻的偶像，人将它刻出来，有什么益处呢。（铸造的偶像，就是虚谎的师傅。制造者倚靠这哑巴偶像，有什么益处呢？）对木偶说：‘醒起！’对哑巴石像说：‘起来！’那人有祸了。”③

同样，预言真理的其他先知也如是说。

我为何还要不厌其烦地详述那么多的先知，他们都异口同声地一致预言了成千上万这样的事。因为对于那些渴慕真理之人，借着阅读先知所预言的，便不致被诸般世上的意见与无益的徒劳掳去，而能确切地晓得真理。

而这些，我们上述所提到的在希伯来人中的先知，——是不识字的牧羊者，从未受过教育的。

第三十六章　女先知西比尔的预言

女先知西比尔，是希腊人和其他国家之中的一个女预言家，在她的预言的开端，即开始责备人类，说：

---

① 《耶利米书》10：14—15。

② 《诗篇》14：3。

③ 《哈巴谷书》2：18—19。

你们还是这么快地便趾高气扬，
而对于生命的结束一无所思？
你们这些肉体不免一死的人类，你们只不过是虚无？
你们不恐惧战栗，也不敬畏那至高的上帝？
你们的守望者，那全知全能，看顾一切者便是，
他一直保守着那些经他之手所造之物，
把他的美妙圣灵置入他所有的作品，
且为了不免一死的人类有个指引，将宝贵的圣子赐予。
唯有一位创造的上帝，
唯有他主宰一切，全能的，极其伟大，
在他那里谁也无法藏匿。
他看顾万事万物，
凡胎肉眼却无法看到上帝。
不免一死的人类能得见不朽的上帝吗？
正如肉眼要躲避开正午的强光，
且仰望他，谁能安住诸天之上？
敬拜他，自有永有的上帝，
那创造而非受造的世界的主宰，
他只来自永恒的时光，
而且将到永永远远。
邪恶的算计，你将收获恶果，
因为你们未曾给予真实的上帝荣誉，
也没有向他献上百牲祭。
对于那些在冥府中居住的人你却奉送礼物，
并且为魔鬼提供献祭。
在疯狂和骄傲上你偏行己路；
而且远离正道，你宁愿逍遥法外，

在陷阱和荆棘中将你们自己迷失。
你为什么如此游荡无着，哦，愚蠢的人类？
快停止你在黑暗的夜晚中徒然的流浪；
为什么要跟从漆黑和永久的幽暗
且看，在那里闪耀着为你祝福的光？
瞧！他是纯洁的——在他里面毫无瑕疵。
那么，回转吧，把你的眼光，从黑暗，转向白昼；
明智起来，珍惜你胸中的智慧。
唯有一个上帝，他发出风和雨，
发出地震，闪电，瘟疫，
饥荒，暴风雨和冰雪，
这所有的灾难都来光临我们的可悲的族类。
也不只是带来这些，上帝也给予其余的一切，
在诸天和全地中他施行全能的统治，
他是自有永有的，直到永远。

而且论到那些据说已经出生的诸神，她说：

如果所有出生者都终有一死，
不免一死的人类如何能造出上帝？
然而至高者只有那独一，
那创造诸天，与诸天中的星宿，
太阳和月亮；还有那丰饶的大地，
与群峰连绵，海浪翻涌，
条条溪涧，泉源，川流不息；
他也创造了数不尽的
海中的生物，他还创造并养育了

在大地和海洋中栖居着的，一切的含生之类；
他还创造了各种和谐吟唱的飞禽，
那用翅膀穿越云霄，并有着清脆的喉嗓，
在早晨这些鸟儿以清亮的嗓音以颤声歌唱。
在小山的深林间空地里面他安置了
放养畜生的一个天然的牧场；并为了人类
他使所有的野牛服从，
以神的形象造人，使人治理一切
将万物置于他的权能之下
神的奥妙深不可测。
因为凡人谁能晓得所有这些事物？
他只晓得那最初创造他们者，
而不朽的创造者，上帝，将万物洞若观火，
他永远地在高天上安住；
他给予义人最丰盛的酬谢，
而且击打邪恶和不义之人，
发起复仇，义怒，和血腥的争战，
与瘟疫，以及令人眼泪汪汪的伤心之事。
哦，人哪，枉然的尊贵——你们为何
如此卖力自毁？
难道你不曾羞愧，为了诸神而敬拜畜生？
甚至相信那神会偷你的牲畜，
或他们会需要你的船只
这岂不是最无益和愚蠢的狂想？
难道他们不去安居在金碧辉煌的天堂？
且看，你的诸神成为虫豸口中的牺牲，
以及有毒的与不洁净的动物的宿主。

哦，愚人！
你崇拜蛇，狗和猫，
鸟类，大地和海洋里的爬行的水族，
人手所造的偶像，石刻的雕塑，
甚至堆砌在路旁的垃圾。
所有的这些，以及更多徒然的事物，你服侍之，
敬拜的那种种事物令人羞于启齿：
这些是将茫然的人类带入歧途的诸神，
从他们的口中流出致命的剧毒。
然而，唯独在上帝里面有生命，
生命，与不息的，永恒的光；
他将生命之杯注入喜乐，
这喜乐的味道比最甜的蜂蜜还甘甜，
向他屈膝，单单向着他，
你就能行在永恒和平的道上。
离弃他，你们全都已经偏离正道，
并且，在你们的贪婪愚蠢中，公义之杯已然干涸
公义本是纯洁的，纯粹的，强有力的；
而且你们也不再是清醒之人，
你们将不再有清醒的头脑，
去认识你们的上帝和君王，他看顾一切：
因此，燃烧的烈火将临到你之上，
你将每日在烈焰中烧灼，
为你那无益的诸神羞愧不已。
但是那些敬拜永恒的上帝之人，
他们将承受永恒的生命，
安居于神佑的至福之国，

且在群星熣璨的诸天上宴乐。

以上这些事物都是真实不虚的、有益的、合乎公义的，所有的人都可从中得到裨益，甚至诗人也已经论及邪恶者应得的处罚。

第三十七章　诗人的证言

作恶者必须按他们恶行的轻重受到相应惩罚，这一点有些诗人已经说过，作为针对恶者及针对他们自身，宣布他们都将受到惩罚。

阿喀琉斯（Æschylus）说：

自作者必自受。

抒情诗人品达也说：

自作自受本是相宜的。

欧里庇得斯也说：

曾忍受痛苦的你为此感到快乐；
被俘的敌人也必须受折磨。

以及：

仇敌的痛苦是英雄的报酬。

并且，同样的，阿基洛克斯说：

我了解一件事，我对之确信无疑，
恶行者将得到恶报才是。

上帝是鉴察万有的，且万事无一逃脱他的注视，只是，他长久地忍耐着，直到最后审判的时刻来到。有鉴于斯，叙拉古（Syracuse）的统治者说：

正义之神把一切都看在眼中，
却又似乎目中空空。

而且那上帝的审判到来之时，那些恶报也将会猝然抓住那些恶者，——阿喀琉斯所宣告的也正是此意：

脚步飞快的是命运的步履，
而且谁也无法逃脱正义，
而只有领教它的厉害手腕，或早或迟。
它如影随形将你紧跟，虽然视之无形，听之无声；
就算你拉上层层夜幕
但就算酣梦也遮挡不住。
无论你或睡或醒；
而且就算你跑到天边海外，
它也紧盯住不放。
将你紧紧跟随，或抢先跑在你的前头；
而且甚至夜晚也无计

躲避复仇者的愤怒。
为显明那恶者，黑暗也不得不闪避；
这样，如果罪曾给你欢喜或安逸，
哦，停下来片刻，且想想有只天眼在注视！

而且我们不妨也引证西蒙尼德之语：

对人类来说，没有邪恶之来是毫无先兆；
然而上帝只在顷刻便扭转了一切颠倒。

欧里庇得斯又说：

邪恶且骄傲的人类看似欣欣向荣，
这一切只不过是建在沙砾之中：
他的族类悖逆不驯；
而且时间会来宣告人类的恶贯满盈。

欧里庇得斯又如是说：

神并非没有审判，
且看那盟约被不义者背弃与毁坏的时候，
以及当人类不愿意服从时他们就会受到折磨。

还有，索福克勒斯说：

如果你行恶，得到恶报便是你当然的结果。

上帝将要追讨凡是发假誓与其他恶行之人，这些恶行本身就是恶报的预告了。至于论到世界的大火，这些诗人们，无论其愿意与否，都与先知所预言的一致，即使诗人们的时代要比先知晚得多，且从律法与先知那里窃取了这些预言，他们毕竟是先知预言的佐证。

第三十八章　希腊诗人与哲学家的教导佐证了希伯来人的先知的教导

但这又有什么关系？无论诗人们在先知之前还是在他们之后，只要他们所说的确证了先知所说的这一点是确定的。

论到世界的大火，希伯来的先知玛拉基预言说：

> 万军之耶和华说，那日临近，势如烧着的火炉。凡狂傲的和行恶的必如碎秸。在那日必被烧尽，根本枝条一无存留。①

而以赛亚预言说：

> 耶和华必使人听他威严的声音，又显他降罚的臂膀，和他怒中的愤恨，并吞灭的火焰，与霹雷、暴风、冰雹。②

这样，女先知西比尔与其他众先知，以及诗人和哲学家们，业已清楚地讲明了关乎公义、审判、惩罚，以及神意的教导，即上帝是看顾我们的，不只是顾念我们之中的生者，而是也顾念那些已经死去的。即便

---

① 《玛拉基书》4：1。

② 《以赛亚书》30：30。

事实上或许他们未必情愿这么说，但因了他们是为真理作见证，他们不由自主地这么说了。

在众先知之中，所罗门确乎论及死去的人：

这便医治你的肚脐，滋润你的百骨。①

大卫王说的也一样：

（求你使我得听欢喜快乐的声音，）使你所压伤的骨头，可以踊跃。②

与这些说法相一致，提摩各（Timocles）说：

死去的人被充满爱的上帝怜悯。

讲论诸神的作者最后也终于推导出了独一上帝的教义，那些偶然论的断言者们也谈到了神意；提倡免予惩罚者也承认将有一场审判，而那些否认人在死后有知觉者也承认会有一场审判。

因此，虽然荷马曾说：

有如飞逝的幻象，灵魂稍纵即逝。

在另外一处他却说：

① 《箴言》3：8。
② 《诗篇》51：8。

脱离肉体的灵魂到冥府去了。

以及：

我将很快地通过冥府之门，
并埋葬我自身。

若论到你已经读过的其他的诸般著作，我认为你已足够明白它们里面表达了些什么。但是以上所述的这些事物，每一个寻求上帝的智慧的人都将能够理解，而且，经由信心、正义和好行为，能得蒙神的悦纳。因为正如我们上面已经提及的，那位名叫何西阿的先知曾说过：

谁是智慧人，可以明白这些事；谁是通达人，可以知道这一切。因为耶和华的道是正直的，义人必在其中行走，罪人却在其上跌倒。[①]

那渴慕知识的，将明白更多。因此，我的朋友啊，请更经常地与我一起，借着倾听永生的声音，你将有可能更真切地晓得真理。

① 《何西阿书》14：9。

第三卷

第一章　奥托莱库斯尚未信服

提阿菲罗斯致奥托莱库斯阁下，您好：写书的人总喜欢编撰大量书籍来满足自己的虚荣心，有些是关于诸神、战争和编年史，有些则涉及无益的传说，还有一些是彻底的废话，您直到现在都习惯于阅读这些书，心甘情愿地忍受这种痛苦。但尽管您已跟我交谈，仍然认为我所说的真理是空洞的故事，并推测我们的圣书是现代编写的。对此，我也会毫不吝啬，在上帝的帮助下向您展示我们圣书之年代古老。我将用几句话提醒您，您也许不会懒得读它，或许借此可意识到其他作者的愚蠢之处。

第二章　渎神的作者无法知道真理

写东西的人应该凭亲眼所见，或应向那些亲眼所见的人准确查证，方可对笔下之物言之凿凿，而那些下笔不加查证的人，都是在枉费气力。荷马（Homer）编写特洛伊战争，欺骗了许多人；赫西俄德为那些他所谓的众神编写神谱；还有奥菲斯，崇拜三百六十五个神，在生命的最后时刻又把他们统统否认，坚称只有一个神。他们的这些言行有何益处呢？

除了凡世的荣耀，此世的昙花一现又给了阿拉图斯（Aratus），或者是与他怀有一样信念的人什么益处呢？甚至那荣耀对他们来说也是徒有虚名。他们讲述了什么真理？他们的悲剧又对欧里庇得斯和索福克勒斯，或其他悲剧家本人有何益处？他们的喜剧对米南德、阿里斯托芬或其他喜剧家本人有何益处？他们的历史对希罗多德和修昔底德（Thucydides）本人有何益处？又如赫拉克勒斯的神庙和纪念柱之于毕达哥拉斯①；犬儒主义哲学之于提奥奇尼斯（Diogenes），莫不皆然。伊壁鸠鲁坚称世上没有天道，恩培多克勒宣扬无神论，苏格拉底（Socrates）向着狗，向着鹅，向着梧桐树起誓，阿斯克勒庇俄斯（Æsculapius）被闪电和他召唤的恶魔击倒，为什么他甘愿赴死？他期待死后能得到什么回报，何种回报？柏拉图（Plato）的文化体系又对他有何益处？其他哲学家又能从他们的教条中得到什么益处？其人数众多，恕不一一列举。而我们说的这些，是为了展示他们一无益处、毫不虔敬的观点。

第三章　渎神的作者们自相矛盾

对所有这些爱慕虚名的人而言，他们实在既不知道真理，也不引导他人了解真理。因为他们自己的话正揭露了自己的反复无常，他们中的大多数人甚至推翻了自己的教义。他们不仅互相批驳，有些人甚至把自己的学说也弄得自相矛盾，明智的人一眼就能看穿，因此他们的名声也变得愚蠢而可耻。他们先斩钉截铁地谈论诸神，之后又说世上没有神灵；先谈论创世的种种，又说万物都是自然而生。是的，他们甚至高谈阔论天命神意，之后又说世界并非由天命统治。然而，当他们试图叙述高尚的操行时，不是在传授淫荡、私通、通奸的恶行吗？不是在传播可恨的、

① 在埃及，毕达哥拉斯获准进入神庙的内殿，接触宗教敬拜的核心。

极端的邪恶吗？他们公开宣称他们的诸神带头犯下极端的通奸行为，举办可怖的宴会。谁不知道冥神吞食自己的子女，他的儿子宙斯吞下美提斯，为诸神准备恐怖的盛宴，还指使跛脚的铁匠瓦尔坎（Vulcan）在宴会上服侍诸神；宙斯不仅娶了自己的妹妹赫拉（Juno），还用肮脏的嘴犯下了滔天大罪？他其余的所作所为，诗人们都一一吟唱，想必你也耳熟能详。至于聂普吞努（Neptune）① 和阿波罗（Apollo）的勾当，或巴克斯（Bacchus）② 和海克力斯，以及不知羞耻的维纳斯，我们已经在其他地方③ 详细讨论过了，还需要我继续赘言列举吗？

第四章　奥托莱库斯是如何被针对基督徒的诽谤误导的

我的这些反驳本无必要，只是我看到你仍然怀疑我所述说的真理。你虽谨慎稳重，却乐于忍受愚人。否则便不会被愚蠢无知的人打动，屈从于空洞的话语，偏信流行的谣言。那些不信神者的口舌，诽谤我们这些上帝的崇拜者，被称为基督徒的人。他们声称我们杂居乱交，共享自己的妻子，说我们甚至与姐妹乱伦，而最邪恶野蛮的，是说我们吃人肉。④ 不仅如此，他们还说我们的教义是新近才出现的，说我们无法证明我们所坚信的真理和我们的教义，说我们的教条是荒谬可笑的。我想知道，那些在其他问题上细心谨慎，明察秋毫的人，尤其是你，为什么不耐心细致地给我们一个发言的机会。因为如果可能的话，你是绝

---

① 农神萨杜恩之子，海神，Jove 之兄，抽签获得水域统辖权，三叉戟象征他的权力；其所染指者众多。——译者注

② 按：罗马神话里的酒神，相当于希腊神话里面的酒神狄奥尼索斯。

③ 即《致奥托莱库斯》的第一卷。

④ 基督的身体是人类的血肉。如果原始的教条认为，在圣餐上使用的面包和葡萄酒不再是其本身，而是变成了真的肉和血，作者不会厌恶地批驳这种诽谤是“最邪恶野蛮的”。

不会吝于在图书馆里挑灯夜读的。

第五章　灌输食人之念的哲学家

你读的书很多，那么你对芝诺（Zeno）、提奥奇尼斯和克林瑟斯（Cleanthes）著作中的训诫持何观点？他们的书籍灌输吞噬人肉：父亲被子女烹饪吞食，而如果有人拒绝食用这样一份伤风败俗的食物，他自己就会被狂乱的食人者吞噬。更有甚者，比如提奥奇尼斯，教导子女们用自己的父母献祭，然后分食。历史学家希罗多德不是还叙述说，康比斯（Cambyses）[①] 杀死哈尔帕哥斯（Harpagus）[②] 的子女后，将他们烧熟，在他们的父亲面前摆成了一道宴席？不仅如此，他还叙述说在印度人中，父母都会被子女分食。天哪！是的，那些传播不信神言论的人，竟记载了——毋宁说是向世人灌输了——这样的思想！他们如此邪恶、渎神！这就是他们讲的大道理，这就是他们所谓的哲学！正是这些人散布这些歪理邪说，让世界充满了罪恶。

第六章　哲学家们的其他观点

论到无法无天的行为，那些盲目走进哲学的合唱班的人，众口一词。首先说说柏拉图，这位最受尊敬的哲学家在他的《理想国》第一卷[③] 中规定，

---

① 按：有如此行径的并非康比斯，而是阿斯提吉斯（Astyages）；参见希罗多德《历史》1：119。

② 波斯将军。传说中曾是美地亚国王阿斯提亚吉的大臣。——译者注

③ 按：并非是《理想国》的第一卷，而是第五卷的第 460 页。

所有人的妻子都要公用，还把宙斯的儿子[①]和克里特人的立法者作为先例。他认为由此一来，那些最杰出的人就可以有许许多多的后代，而那些受苦受难的人，也可以从这种交换中得到慰藉。[②]伊壁鸠鲁本人不仅宣扬无神论，还宣扬与母亲和姐妹乱伦，违犯相关的律法。对此梭仑（Solon）是明确立法禁止的，只有合法的婚姻内所生孩子才是合法出生的，他们不会由通奸而生，所以没有人会在不知情的情况下，把不是自己父亲的人尊为父亲，或对真正的父亲不敬。而上述这些情形也是罗马和希腊的其他法律禁止的。那么为什么伊壁鸠鲁和斯多葛学派要宣扬乱伦和反常的性行为，让图书馆里塞满了这种言论，让少年们学会这种无法无天的观念[③]？为什么我还要再对他们多费口舌呢？既然他们所谓的神灵也有着类似的行为？

第七章　关于神灵的众多说法

他们说世上有神，却又蔑视神灵。有些说神灵是原子构成的，另一些说神灵最终归于原子，说神没有超越凡人的力量。柏拉图虽然承认神灵存在，却说他们也是由物质构成的。毕达哥拉斯为诸神鞠躬尽瘁，上下求索，最终断定万物都是自然而生，诸神并不关心人类。克里托玛库斯（Clitomachus）[④]的学院派提出了多少无神论的观点，我

---

① 迈诺斯。

② 没有柏拉图的原文，这句话难以理解，因此我们增补如下原文："对那些特别擅长作战和其他事业的年轻人，他们应该获得其他奖赏；尤其是，被允许最自由地与女人交合，由此一来，这样的父母就能拥有最大数量的子女。"

③ 这句话对《赫马牧人书》的一些篇章有解释作用，显明了他是多么正义地斥责了种种罪孽，而这些都是基督徒们非常熟悉的。

④ 译按：怀疑主义者。

就无须列举了。而克里特雅斯（Critias）[①]和阿布德拉的普罗泰戈拉（Protagoras）不是说："神灵是否存在，我无力证明，也无法解释他们的本性，因为有太多的事物将我阻挠"吗？再说最不信神的尤希玛拉斯的观点实属多余。他在对神灵作出许多大胆断言之后，最后又断然否认他们的存在，声称万物都是由自发的行为驱使的。[②]而柏拉图反复申说神的唯一性和人灵魂的唯一性，断言灵魂是永恒不朽的，但后来他不也自相矛盾地声称，一些人的灵魂会转入其他人的身体，而另一些人的灵魂则会转入无理性的动物体内吗？在任何有判断力的人看来，他的观点难道不是可怕而丑陋的吗？一个人会变成一匹狼，一条狗，一头猪，一头驴，或是其他什么无理性的畜生？我们发现毕达哥拉斯不但诋毁天道，也在传播与柏拉图相似的荒谬说法。我们该相信他们中的哪个呢？相信喜剧诗人腓利门（Philemon）吗？他说：

"那些颂赞与侍奉诸神的人有好的希望。"

相信我们之前提到过的尤希玛拉斯（Euhemerus）[③]、伊壁鸠鲁、毕达哥拉斯和其他否认神灵应该受到崇拜，否认天道的人吗？对于神和天道，阿里斯通（Ariston）说：

> 要有勇气；上帝将支撑
> 并大大帮助那些值得帮助的众生。
> 如果没有提升等着有信仰的人，
> 试想那时有多么的福乐给予他们。
> 这是定然的——然而我总是眼见公义者

---

① 译按：柯里西亚斯，雅典"三十僭主"之首。

② 自发性，原文 automatismo。

③ 公元前 4 世纪希腊神话作家，写过一本名为《神的历史》（*Sacred History*）的书，虽然这本书已经失传，但是有许多文献都提到过它。他对神话中的诸神和英雄们作了索隐式的考证，认为每个神祇都可以落实到远古时代曾经存在过的某个人物。——译者注

陷于困境，时时刻刻在挣扎之中；
而那些以一己私利为个人奋斗目标者，
在此世的生命中他们往往得以成功。
但我们得看得长远，静待那末了的终局，
一切都将走到那不熄的大火面前。
事实并不像那些徒劳的邪僻之人所说的那般，
我们被引向那不可知的命运：
这世界并非由盲目的运气掌管
一切在前方之事也并非不受控制。
邪恶者以这种信念来自欺欺人；
但请确信，在所有的奖赏之中，最重要的
仍然为那些圣洁而活者存留；
而且对邪恶的人类上帝将会
单单给予公义者他们应得的报酬，
而且给予每个恶行合宜的惩治。

我们可以看出，其他人，而且几乎是大多数人，关于神和天道的说法是多么自相矛盾。有人彻底否认神和天道的存在，有人则断言神的确存在，并发誓赌咒说万物皆由天意主宰。因此聪明的听者和读者必要对他们的说法多加小心，正如希米卢斯（Simylus）[①] 所说："用平凡的名称来指代极度邪恶或优秀卓越的事物，是诗人的习惯，我们必须明眼鉴别。"腓利门也说："一个无知无觉的人，只坐着听别人讲话，是很麻烦的，因为他不会责怪自己，所以他是愚蠢的。"对哲学家和诗人们所说的话，我们务必多多留意，仔细思量，用审慎的眼光加以探究。

① 美塞尼亚人。

第八章 异教徒笔下诸神的邪恶

他们否认神灵的存在，又承认其存在，还说他们犯下了极其罪恶的勾当。诗人们用动听的话语歌唱宙斯的恶行。克吕希波斯满嘴胡言乱语，不就是他著书叙述赫拉和宙斯罪恶的交合吗？我还要细数所谓诸神之母那一桩桩不贞节的事吗？嗜好人血的拉丁之神宙斯，被阉割的阿提斯，自毁声名的悲剧角色宙斯（Jupiter Tragedian），现在成了被罗马人崇拜的神灵。面对安提努斯，和其他你所谓神灵的神庙，我默然无语。在稍有常识的人眼里，它们都莫不荒唐可笑。那些人精心编撰的哲学，宣扬传播的尽是不存在的神灵，乱交和肮脏的蓄妾，他们的说教为自己定了罪。不仅如此，我们从他们的书籍中发现，他们接受吞食人肉的行径，而且他们记载道，是那些他们所崇拜的神灵最先做出这种行为的。

第九章 关于上帝及其律法的基督教义

我们也承认上帝的存在，唯有他是唯一的，是造物主，是这个宇宙的创造者。我们知道万物都是按照他的神意安排的，只听从他独一无二的意愿。我们学习了神圣的律法，而赐予我们律法的是真正的神，他教育我们为人公义，虔诚，多行善事。论到虔诚，[①] 他说："除了我以外，你不可有别的神。不可为自己雕刻偶像，也不可作什么形像，仿佛上天，下地，和地底下，水中的百物。不可跪拜那些像，也不可侍奉它，因为我耶和华你的神是忌邪的神。"[②] 论到行善，他说："当孝敬父母，使你的日

① 或作正确的崇拜。

② 《出埃及记》20：3—5。

子在耶和华你神所赐你的地上得以长久。”而论到公义，他说:“不可杀人。不可奸淫。不可偷盗。不可作假见证陷害人。不可贪恋人的房屋，也不可贪恋人的妻子，仆婢，牛驴，并他一切所有的。[①]不可在穷人争讼的事上屈枉公义。当远离虚假的事。不可杀无辜和有义的人，因我必不以恶人为义。不可受贿赂，因为贿赂能叫明眼人变瞎了，又能颠倒义人的话。[②]”

有了这部神圣的法典，上帝的仆人摩西，被任命为世界上所有人的祭司，尤其是希伯来人，也就是人们所说的犹太人，他们在古时被一位埃及国王奴役，他们是虔诚而神圣的人——亚伯拉罕、以撒、雅各公义的后裔。上帝看顾着他们，并藉摩西的手显出不可思议的神迹，带领他们走出埃及，带领他们穿越沙漠，将他们安置在迦南（也就是后来被称为犹大王国的地方），给他们一部法典，教导他们。这部伟大而神奇的法典，包括了所有的公义，其十条诫命，我们已经讲述过了。

第十章 善待外邦人

他们在埃及是异乡人。他们生来是迦勒底王国（Chaldæa）的犹太人，因为那时有一场饥荒，他们才被迫迁往埃及，购买食物，并在那里寄居了一段时间。这些都应验了上帝的预言。等到摩西带领他们进入沙漠时，他们已经在埃及寄居了430年。上帝教导他们：“不可亏负寄居的，也不可欺压他，因为你们在埃及地也作过寄居的。”[③]

① 《出埃及记》20：12—17。

② 《出埃及记》23：6—8。

③ 《出埃及记》22：21。

第十一章　关于悔改

当人们违犯上帝给予他们的法律时，上帝是良善怜悯的，不愿毁灭他们，因此他在赐予他们法律之后，又从他们的同胞之中选派了先知，来教化、提醒他们遵守律法，使他们悔改，叫他们不再犯罪。但如果他们继续从事罪恶的行为，便警告说，他们将被世界上其他的王国征服，而这显然已经发生了。关于悔改，先知以赛亚（Isaiah）对所有人说，特别是对他的人民说："当趁耶和华可寻找的时候寻找他，相近的时候求告他。恶人当离弃自己的道路。不义的人当除掉自己的意念，归向耶和华，耶和华就必怜恤他，当归向我们的神，因为神必广行赦免。"① 先知以西结（Ezekiel）说:"恶人若回头离开所作的一切罪恶，谨守我一切的律例，行公义与合理的事，他必定存活，不致死亡。他所犯的一切罪过都不被记念，因所行的义，他必存活。"② 以赛亚又说："以色列人哪，你们深深的悖逆耶和华，现今要归向他。"③ 先知耶利米（Jeremiah）说："转向主你的神，如同摘净葡萄一样。你要像摘葡萄的人摘了又摘，回手放在筐子里。你便能得到怜悯。"④ 因此《圣经》中许多的，毋宁说是数不清的格言都与悔改有关，上帝总是希望人类能离弃他们所有的罪恶。

---

① 《以赛亚书》55：6—7。

② 《以西结书》18：21—22。

③ 《以赛亚书》31：6。

④ 《耶利米书》6：9，原文作："万军之耶和华曾如此说，敌人必掳尽以色列剩下的民，如同摘净葡萄一样。你要像摘葡萄的人摘了又摘，回手放在筐子里。"

第十二章　关于公义

此外，对于律法中所吩咐的公义，先知们和福音书中的经句都颇为一致，因为他们都是经上帝的圣灵感动而发的。对此，以赛亚说道："你们要洗濯，自洁。从我眼前除掉你们的恶行。要止住作恶，学习行善。寻求公平，解救受欺压的，给孤儿申冤，为寡妇辨屈。"[①] 这位先知还说："我所拣选的禁食，不是要松开凶恶的绳，解下轭上的索，使被欺压的得自由，折断一切的轭吗？不是要把你的饼，分给饥饿的人。将漂流的穷人，接到你家中。见赤身的，给他衣服遮体。顾恤自己的骨肉而不掩藏吗？这样你的光就必发现如早晨的光。你所得的医治，要速速发明。你的公义，必在你面前行。"[②] 耶利米也类似地说："耶和华如此说，你们当站在路上察看，访问古道，哪是善道，便行在其间。这样，你们心里必得安息。他们却说，我们不行在其间。"[③] 何西阿（Hosea）也说："所以你当归向你的神，谨守仁爱，公平，常常等候你的神。"[④] 还有约珥（Joel），也对上述说法表示同意："聚集众民，使会众自洁，招聚老者，聚集孩童，和吃奶的。使新郎出离洞房，新妇出离内室。侍奉耶和华的祭司，要在廊子和祭坛中间哭泣。"[⑤] 还有撒迦利亚（Zachariah）也有类似的话："万军之耶和华曾对你们的列祖如此说，要按至理判断，各人以慈爱怜悯弟兄。不可欺压寡妇，孤儿，寄居的，和贫穷人。谁都不可心里谋害弟兄。"[⑥]

---

① 《以赛亚书》1：16—17。

② 《以赛亚书》58：6—8。

③ 《耶利米书》6：16。

④ 《何西阿书》12：6。

⑤ 《约珥书》2：16。

⑥ 《撒迦利亚书》7：9—10。

第十三章 关于贞洁

关于贞洁，圣言教我们不可在行动上犯罪，亦不可在思想上犯罪，不可在心中怀有邪念，不可用带欲望的眼神去看其他人的妻子。先知所罗门王说："你的眼目，要向前正看，你的眼睛（原文作皮）当向前直观。要修平你脚下的路，坚定你一切的道。"① 福音书关于贞洁的教诲更加严厉："只是我告诉你们，凡看见（不是他自己的妻子的）妇女就动淫念的，这人心里已经与她犯奸淫了。"② 又说："只是我告诉你们，凡休妻的，若不是为淫乱的缘故，就是叫她作淫妇了。人若娶这被休的妇人，也是犯奸淫了。"③ 因为所罗门说："人若怀里揣火，衣服岂能不烧呢？人若在火炭上走，脚岂能不烫呢？亲近邻居之妻的，也是如此，凡挨近她的，不免受罚。"④

第十四章 论爱我们的仇敌

我们不仅应该对自己的民族仁慈，如有些人所想的那样，先知以赛亚说："你们因耶和华言语战兢的人，当听他的话。你们的弟兄，就是恨恶你们，因我名赶出你们的，曾说，愿耶和华得荣耀，使我们得见你们的喜乐。但蒙羞的究竟是他们。"⑤ 福音书说："只是我告诉你们，要爱你

---

① 《箴言》4：25。

② 《马太福音》5：28。

③ 《马太福音》5：32。

④ 《箴言》6：27—29。

⑤ 《以赛亚书》66：5。

们的仇敌。为那逼迫你们的祷告。你们若单爱那爱你们的人。有什么赏赐呢。就是税吏不也是这样行吗。”[①]而对那些行善事的人，它教导他们不得夸口，以免沦为讨人（而非讨神）喜悦者。因经上说：“你施舍的时候，不要叫左手知道右手所作的。”[②]此外，关于服从权贵，并为他们祈祷，圣经也指示我们，以“使我们可以敬虔端正，平安无事的度日”[③]。它教我们将一切回报他人，“凡人所当得的，就给他。当得粮的，给他纳粮。当得税的，给他上税。当惧怕的，惧怕他。当恭敬的，恭敬他。凡事都不可亏欠人，唯有彼此相爱”[④]。

第十五章　为基督徒的无辜辩护

试想，接受并传授这样教诲的人，怎么可能在生活中为人冷漠，怎么可能会涉及不法的乱交，或极其邪恶地食人？尤其我们基督徒是禁止观看角斗士表演的，以免我们成为谋杀的共犯。我们也不可看其他的表演[⑤]，以免我们的眼睛和耳朵被玷污，与那些传唱的话语扯上干系。如果说食人，堤厄斯忒斯和特雷乌斯（Tereus）的子女在这些表演中被吞食；至于通奸，他们沽名钓誉，把人神共犯的罪恶作为戏剧的题材，用优雅的语言加以歌颂。但基督徒绝不可能作出这样的事，因为他们克己复礼，一夫一妻，洁身自爱，根绝罪恶，奉行正道，遵纪守法，信仰虔诚，敬奉上帝：真理支配他们，天恩守护他们，和平庇护他们；圣言引导他们，

---

① 《马太福音》5：44, 46。

② 《马太福音》6：3。

③ 《提摩太前书》2：2。

④ 《罗马书》13：7—8。

⑤ 在剧院。（英译本编者附评：让我们这个时代的那些散漫的基督徒接受这个警告吧，他们频频观看戏剧和歌剧，即使其语言并不粗俗下流，其主题也往往是同样亵渎、不纯洁的。）

智慧教导他们，生命指导他们，上帝统治他们。因此，虽然对于我们的生活之道，对于所有造物的主人上帝的法令，我们还有很多要说，但我们认为现在已经对你做了足够的提醒，引导你对此细细研究，尤其是现在你可以自己阅读 [我们的圣书]，你又是如此喜欢掌握知识，因此你也可以在这个问题上潜心研究。

第十六章　哲学家们的臆测

但我现在希望，在上帝的帮助下，向你更准确地展示各个历史时期，你可以由此看出，我们的教义不是现代的、浮华的，而是古老的、真实的，它超越了所有诗人和作者所写的那些虚无缥缈的东西。有些人坚称世界不是被创造出来的，是无穷无尽的；[①] 另一些人断定世界是被创造出来的，至今已经过了 153075 年。这是埃及人阿波罗留斯的说法。而柏拉图，这位被尊为全希腊最智慧的人，得出了什么荒谬论断呢？在他的《理想国》一书中[②]，我们看到他清楚地说道："如果事物自古以来都是一成不变的，怎么还可能有新的事物被发现呢？一万乘一万年过去了，却没有留下任何记录，而自从代达罗斯（Dædalus），奥菲斯，帕拉默得斯（Palamedes）各自有所发现以来，又已经过了一千年乃至其两倍多的年数。"他说这些事情的确发生过，就是暗示从大洪水到代达罗斯已经过了一万乘一万年。在他洋洋洒洒大谈世上的城市、殖民地、国家之后，他承认他所说的这些都是猜想。他说："那么，我的朋友，某位神灵将应许我们，如果我们尝试考察立法，此处所说的……"[③] 如是云云，证明他的话是臆测性的，

① 亦即无穷无尽地回溯其历史。

② 按：之后的引文并非出自《理想国》，而是出自柏拉图《法律篇》的第三卷。

③ 柏拉图继续说道，如果得到神灵的佑助，一定会进一步发展他的推测，因此提阿菲罗斯论到，柏拉图在没有这种佑助时所说的话，他认为是不可靠的。

而若是臆测，那么他说的就并非真实的。

第十七章 基督徒的准确信息

柏拉图倒是应该就这个法则方面的事宜成为上帝的学者，因为他自己承认，除了向上帝学习律法以外，他没有别的办法可以得到准确的信息。诗人荷马、赫西俄德和奥菲斯不是宣称，他们曾接受过神意的指引吗？不仅如此，据说你们作者之中也有先知和预言者，而那些写作严密准确的人是得到了他们透露的信息。我们还应该知道更多真理，是谁受了上帝圣灵所支配[①]的神圣先知的指导！所有先知的话语都彼此和谐统一，预言着全世界将会发生的事情。那些被预言又的确实现了的事件，向那些喜欢知识（毋宁说是热爱真理）的人证明了，先知们对于大洪水之前纪元与时代的说法都是千真万确的。[②]也就是说，自世界诞生到现在，年代是如何延续的。由此也证明了，你那些作者说的话是荒谬的，其论断是虚假不实的。

第十八章 希腊人关于大洪水的错误

正如我们在上文所说，柏拉图曾论证世上发生过一场大洪水，他说洪水并未淹没所有的土地，而只是淹没了平原，那些逃到高山上的人幸存了下来。但是另一些人说，有两个人叫丢卡利翁（Deucalion）和皮拉（Pyrrha），他们躲在一只箱子里活了下来。丢卡利翁从箱子里出来以后，

① 字面意思为“包含了上帝的圣灵”。

② 参见前文第一卷书第 14 章，论及作者自己的转变。

向背后扔石头，那些石头就变成了人，这时他们就把这些人总称为“人们”[1]。此外，又有一些人说，还有一个叫柯律门努斯（Clymenus）[2]的人，活在某个所谓第二次洪水时期。由这些说法来看，显然写这些东西，做这些研究，到头来却毫无意义的人是可悲的，亵渎的，无知的。我们的先知和上帝之仆摩西，在陈述创世的时候，也告诉了我们这场洪水的种种细节。洪水与什么皮拉、丢卡利翁或柯律门努斯的荒唐故事丝毫无关，当然也不是只淹没了平原，让逃到山上的人得以幸存而已。

第十九章　大洪水的真实记载

摩西也没有编造出第二场大洪水。恰恰相反，他说此后世界上永远不再会有洪水；事实上，从那以后也的确没有过，将来也不会有。摩西说，方舟上有八个人幸存了下来，这些都是借着诺亚（Noah）（而不是丢卡利翁）在上帝的旨意下安排的。诺亚的名字，在希伯来语里是“休息”[3]的意思，我们已经在别处说到，诺亚在向当时的人宣布洪水将至时，曾对他们预言道：来到这里，上帝呼召你们悔改。由此他被称为丢卡利翁是合情合理的。[4]诺亚有三个儿子（这一点我们在第二部书中已经提到），名字分别是：闪（Shem）、含（Ham）和雅弗（Japhet）。他们三人每人有一个妻子。有些人说此人的姓是尤努库斯（Eunuchus）。在方舟里一共八个人都幸存了下来。摩西告诉我们洪水持续了四十日四十夜，滚滚洪流从天而降，条条深泉破土而出，于是大水淹没了每座高山，比山

---

① 希腊语“人”（Laos）一词，由希腊语 laas（石头）而来。

② Phineus 的伙伴。（见《变形记》5.98）

③ 希腊语为 anapausis。

④ Deucalion 一词，源自 Deute（来）和 kaleo（我召唤）的组合。

顶高出 15 腕尺[①]。因此那时所有的人类都被毁灭了，只有那些在方舟内得到保护的人活了下来，而这些人，我们已经说了，只有八个人。而方舟，它的遗迹至今可在阿拉伯的山上看到。这就是大洪水的大致历史。

第二十章 摩西古经

正如我们以前提到的，摩西成为犹太人的领袖之后，被法老逐出了埃及的土地，这位法老名叫阿马西斯（Amasis）[②]，据马内托（Manetho）推测，他在驱逐犹太人之后，统治了 25 年零 4 个月。随后继位的是契勃隆（Chebron），在位 13 年；阿蒙诺菲斯（Amenophis），在位共 20 年 7 个月。之后是他的妹妹阿米莎（Amessa），在位 21 年 1 个月。在她之后是梅弗里斯（Mephres），12 年 9 个月。在他之后是美特拉谟西奥西斯（Methramuthosis），在位 20 年 10 个月。之后是提特摩西（Tythmoses），在位 9 年 8 个月。之后是达姆芬诺菲斯（Damphenophis），在位 30 年 10 个月。随后是奥鲁斯（Orus），在位 35 年 5 个月。然后是他的女儿，在位 10 年 3 个月。再往后是墨刻斯（Mercheres），在位 12 年 3 个月。之后是他的儿子阿麦斯（Armais），在位 30 年 1 个月。之后是米亚姆斯（Miammus）之子梅西斯（Messes），在位 6 年 2 个月。然后是兰塞 (Rameses)，在位 1 年 4 个月。继他之后是阿蒙诺菲斯一世，在位 19 年 6 个月。随后是他的两个儿子托伊索斯（Thoessus）和兰塞，他们统治了 10 年，拥有一支庞大的骑兵军队和海军。希伯来人经历了分裂的历史后，在那时迁移到了埃及的土地，被国王图特摩斯一世（Tethmosis）奴役。如前所述，他们为图特摩斯一世建造了强大的城市珀伊托 (Peitho)、拉美西

---

① 1 腕尺为 45 厘米，15 腕尺合 6.75 米。

② 埃及国王，与萨摩斯的僭主波吕克拉底同时代。（见希罗多德《历史》第七章）

斯（Rameses），也就是赫里奥波里斯城（Heliopolis）。因此我们的先辈，传给我们比所有作者都古老的圣书的希伯来人，如前所述，比当时埃及著名的城市更古老。而且这个国家被称为埃及是从国王塞特斯一世（Sethos）开始的。因为，据说塞特斯（Sethos）这个词的发音就是“埃及”[①]。塞特斯有一个弟弟叫阿麦斯，他被称为达那乌斯，就是从埃及逃到阿戈斯的人，其他作者都说那是很久很久以前的事情了。

第二十一章 马内托的不精确性

马内托在埃及人中散布了大量无稽之谈，甚至声称摩西和追随他的希伯来人之所以被逐出埃及是因为他们患有麻风病，但他却不能对年代作出准确的论断。他说希伯来人是牧羊人，是埃及人的敌人，他所言不假，因为他是被迫这样做的。因为我们寄居在埃及的前辈，的确是牧羊人，但不是麻风病人。他们进入耶路撒冷之后（后来他们也寄居于此），他们的祭司奉行上帝的旨意，留在神庙中，治愈了麻风病人和各种患病染疾者，并且广为人知。这座神庙是由犹大国国王所罗门建造的。马内托的说法明显地显露了自己犯下的年代错误。（在说到驱逐他们的法老时也犯了错，因为法老不再统治他们了，法老和他的军队在追袭希伯来人时被红海吞没了。而他还错上加错地说，这些牧羊人对埃及人发动过战争。）因为在达那乌斯来到阿戈斯（Argos）之前 313 年[②]，他们就已经出了埃及，居住在现在称为犹大国的地方。显然大多数人都认为，达那乌斯比其他希腊人年长。所以马内托不自觉地在自己的著作中向我们提出了两点真理：首先，极其肯定地说他们是牧羊人；其次，承认说他们走出了埃及

① 或作“塞特斯也被称为埃及”。

② 本尼迪克特的编者表明应该是 393 年。

的土地。所以，甚至从这些著作中也可以看出，摩西和追随者比特洛伊战争早了 900 年，甚至 1000 年。[①]

第二十二章 神庙的古老

说到犹太人出埃及后 566 年所罗门王在犹大地（Judæa）建造的神庙，推罗人（Tyrians）记载了神庙的建造过程；在他们保存下来的文献中，神庙被证实存在了 143 年。[②]8 个月后，推罗人才建立了迦太基王国（Carthage），这是由推罗人国王阿比马鲁斯（Abimalus）之子希兰（Hiram）记载的。因为希兰和所罗门之间有着世代相传的友谊，也因为所罗门有着超凡的智慧，他们两人不断地互相探讨难题。这段历史是有证可查的，直到今天，推罗人还保存着他们当年的通信，以及他们互相交流的文章。以弗所人米南德在叙述推罗人王国的历史时，记载道："推罗人国王阿比马鲁斯死后，他的儿子希兰继承了王位。他活了 53 年。之后巴佐鲁斯（Bazorus）继位，活了 43 岁，在位 17 年。在他之后是米图阿斯塔图斯（Methuastartus），活了 54 岁，在位 12 年。之后继位的是他的弟弟阿萨里穆斯（Atharymus），活了 58 岁，在位 9 年。他被弟弟黑勒斯（Helles）所弑，后者活了 50 年，在位 8 个月后被阿施塔特（Astarte）[③]的祭司尤托巴鲁斯（Juthobalus）所弑。尤托巴鲁斯活了 40 年，在位 12 年。他的儿子巴佐鲁斯继位，活了 45 年，在位 7 年。其子米腾（Metten）继位，活了 32 年，在位 29 年。皮格马留乌斯（Pygmalius）之子皮格马利

① 按正确的日期应该是约 400 年。

② 一说为 134 年。

③ 译按：腓尼基人等所崇拜的丰饶和爱的女神。古代腓尼基都市的守护女神，是地母神之一。

翁（Pygmalion）继位，活了 56 年，在位 7 年。[①] 在皮格马利翁统治期的第 7 年，他的姐姐逃到利比亚（Libya），建立了今天被称为迦太基的城市。”因此从希兰继位到迦太基建立，整个时期共历 155 年零 8 个月。希兰在位第 12 年时，耶路撒冷建造了神庙。因此，从建造神庙到迦太基王国建立，共历 143 年零 8 个月。

第二十三章　比希腊诸作者更古老的众先知

对于腓尼基人和埃及人的证言，我们已经提得够多了，编写编年史的作者，诸如埃及人马内托，以弗所人米南德，还有撰写犹太战争史的约瑟夫（Josephus），也都写下了相关记述。这些古老的记录证明，摩西交给我们的圣书之历史久远，甚至其后先知们之历史久远，都远非其他人的文稿可及。因为最后一位先知，名叫撒迦利亚（Zechariah），是与大流士（Darius）同时代的。甚至那些立法者自己也都是在那个时代之后才制定出法律的。也许有人会提起雅典人梭仑，然而，虽然他是与居鲁士（Cyrus）和大流士等国王同时代的，那时也是先知撒迦利亚第一次被人提起的时候，但撒迦利亚是最后一位先知，他与之前的历代先知已经相隔许多年了。[②] 也许你会提起立法者莱克库斯，德拉古或迈诺斯，约瑟夫在他的著作中告诉我们，《圣经》在年代上先于他们，甚至远在宙斯统治克里特人，远在特洛伊战争之前，写着由摩西赐予我们的神圣律法的圣书就已经存在了。我们可以给出更准确的年代和日期信息，在上帝的帮助下，我们现在不仅可以讲出大洪水之后的历史年代，还可以讲出其之前的历史年代，将所有的年数统统算在一起，按照上帝的仆人摩西经圣灵指引所作的记载，可以一直

① 在该算法中，似乎每个人活的年岁不包括他统治的年岁。

② 此处原文意义不明。实际上，先知玛拉基（Malachi）比撒迦利亚的年代还要晚许多。

追溯到创世之初。他先讲述了创世的过程，世界上的第一个人，以及之后发生的一系列事件，随后他也记述了大洪水之前流逝的岁月。我向唯一的上帝祈祷，愿他准许我按照他的意愿，准确地讲述一切真理，让你和每一个阅读此书的人都能被他的真理和恩惠指引。我将先从有记载的家谱讲起，从第一个人（始祖亚当）讲起。[①]

第二十四章　从亚当开始的编年史

亚当养育一子后去世，共活了 230 年[②]。其子塞特（Seth）活了 205 岁。塞特之子以挪士（Enos）活了 190 岁。以挪士之子该南（Cainan）活了 170 岁。该南之子玛勒列（Mahaleel）活了 165 岁。玛勒列之子雅列 (Jared) 活了 162 岁。雅列之子以诺（Enoch）活了 165 岁。以诺之子玛土撒拉（Methuselah）活了 167 岁。玛土撒拉之子拉麦（Lamech）活了 188 岁。拉麦之子，就是我们之前提到过的诺亚，在 500 岁时生了闪。挪亚活到 600 岁的时候，洪水来临了。因此大洪水之前，所有的年数是 2242 年。紧接着洪水过后，闪在他 100 岁时，生了亚法撒（Arphaxad）。亚法撒在 135 岁时养了沙拉（Salah）。沙拉在 130 岁时养有一子，名叫伊伯（Eber）。希伯来民族就是以他的名字命名的。伊伯在 134 岁时生养一子法勒（Phaleg）。法勒在 130 岁时生养一子名叫拉吴（Reu）。拉吴在 132 岁时生养一子西鹿（Serug）。西鹿在 130 岁时生养一子拿鹤（Nahor）。拿鹤在 75 岁时生养一子他拉（Terah）。他拉在 70 岁时生养一子亚伯拉罕（Abraham）。亚伯拉罕，也就是我们的祖先，在 100 岁时生了以撒（Isaac）。因此，到亚伯拉罕去世，一共有 3278 年。之前提到的以撒 60

① 乌什尔在他的《编年史》（Annals p. 3. Paris, 1673.）第 3 页中，将我们的作者尊称为基督教编年史之父。

② 或作：生一子后又活了 230 年。

岁时去世，得一子雅各（Jacob）。雅各活到 130 岁的时候，如我们之前所说，迁移到了埃及。希伯来人一直寄居埃及，持续了 430 年。出埃及后，他们又在旷野上渡过了 40 年。因此所有这些年数，加起来共计 3938 年。在那时，摩西已死，嫩 (Nun）的儿子约书亚（Jesus）[①] 继承了他的位置，统治希伯来人 27 年。耶稣之后，人们违犯了上帝的十诫，被美索布达米亚国王库萨拉松（Chusarathon）奴役长达 8 年。之后，人们幡然悔悟，推举士师统治：俄陀聂（Gothonoel），作他们的首领 40 年；他们被交在摩押王伊矶伦（Eglon）[②] 手中 18 年；以笏（Aoth）[③]，作首领 80 年。以笏死后他们又犯下罪孽，屈从于迦南外族。耶和华就把他们交在迦南王耶宾手中长达 20 年。之后士师底波拉（Deborah）[④] 作他们的首领 40 年。随后他们又服侍米甸人（Midianites）7 年。之后士师基甸（Gideon）[⑤] 作他们的首领 40 年；亚比米勒 (Abimelech) 作他们的首领 3 年；陀拉（Thola）[⑥]，统治 22 年；睚珥 (Jair)，统治 22 年[⑦]。后来非利士人（Philistines）和亚扪人（Ammonites）统治他们 18 年。之后士师基列人耶弗他（Jephthah）作他们的首领 6 年；以比赞（Esbon）[⑧]，作他们的首领 7 年；以伦（Ailon）[⑨]，作他们的首

① 译按：此处的 Jesus 为约书亚（Joshua）的希腊语写法，不是通常所说的耶稣基督（Jesus of Nazareth）。

② 《士师记》3：14：于是以色列人服侍摩押王伊矶伦十八年。

③ 通常写作“Ehud”，按：见《士师记》3：12—30。

④ 《士师记》4：4：“有一位女先知名叫底波拉，是拉比多的妻，当时作以色列的士师。”

⑤ 《士师记》8：22：“以色列人对基甸说，你既救我们脱离米甸人的手，愿你和你的儿孙管理我们。”

⑥ 《士师记》10：1—2：“亚比米勒以后，有以萨迦人朵多的孙子，普瓦的儿子陀拉兴起，拯救以色列人。他住在以法莲山地的沙密。陀拉作以色列的士师二十三年，就死了，葬在沙密。”

⑦ 《士师记》10：3：“在他以后有基列人睚珥兴起，作以色列的士师二十二年。”

⑧ 《士师记》12：8：“耶弗他以后，有伯利恒人以比赞作以色列的士师。”

⑨ 《士师记》12：11：“以比赞之后，有西布伦人以伦（Elon the Zebulunite），作以色列的士师十年。”

领10年；押顿（Abdon）①，作他们的首领8年。然后外族人（非利士人）又统治他们40年。随后士师参孙（Samson）作他们的首领20年。之后他们享受了40年的和平。随后萨默拉（Samera）作他们的首领一年；以利（Eli），作他们的首领20年；先知撒母耳（Samuel），作他们的首领12年。

第二十五章　从扫罗到巴比伦被囚

在士师之后他们有了王，第一位名叫扫罗，在位20年；之后是大卫王，我们的先祖，在位40年。因此，[从以撒]到大卫王的统治时期，有496年。这些王之后，是所罗门王，他按上帝的旨意，成了第一个在耶路撒冷修建神庙的王；他作王40年。他之后是罗波安（Rehoboam）②，作王17年；之后是亚比央（Abias），作王7年；再往后是亚撒（Asa）③，作王41年；之后是约沙法(Jehoshaphat)④，作王25年；之后是约兰(Joram)，作王8年；再往后是亚哈谢(Ahaziah)⑤，作王1年；之后是亚他利雅(Athaliah)，作王6年；她之后是约西亚(Josiah)，作王40年；之后是亚玛谢(Amaziah)⑥，作王39年；再往后是乌西雅(Uzziah)，作王52年；之后是约坦(Jotham)，作王16年；之后是亚哈斯（Ahaz）⑦，作王17年；再往后是希西家（Hezekiah），

---

① 《士师记》12：13："以伦之后，有比拉顿人希列的儿子押顿作以色列的士师。"

② 《列王记上》11：43："所罗门与他列祖同睡，葬在他父亲大卫的城里。他儿子罗波安接续他作王。"

③ 《列王记上》15：8："亚比央与他列祖同睡，葬在大卫的城里。他儿子亚撒接续他作王。"

④ 《列王记上》15：24："亚撒与他列祖同睡，葬在他祖大卫城他列祖的坟地里。他儿子约沙法接续他作王。"

⑤ 《列王记上》22：40："亚哈与他列祖同睡。他儿子亚哈谢接续他作王。"

⑥ 《列王记下》12：21："杀他的那臣仆就是示米押的儿子约撒甲和朔默的儿子约萨拔。众人将他葬在大卫城他列祖的坟地里。他儿子亚玛谢接续他作王。"

⑦ 按据《列王记下》16：2：亚哈斯"在耶路撒冷作王十六年"。

作王 29 年；之后是玛拿西（Manasseh），作王 55 年；之后是亚们（Amon），作王 2 年；再往后是约西亚（Josiah），作王 31 年；之后是约哈斯（Jehoahaz），作王 3 个月；之后是约雅敬（Jehoiakim）[①]，作王 11 年。之后是一个同名的约雅斤（Jehoiakim）[②]，作王 3 个月零 10 天；再往后是西底家（Zedekiah），作王 11 年。在这些王之后，人们不思悔改，继续犯罪，于是按照耶利米的预言，巴比伦王尼布甲尼撒（Nebuchadnezzar），攻入了犹大王国。他把犹太人押往巴比伦，摧毁了所罗门建造的神庙。犹太人被驱赶到巴比伦，流离失所长达 70 年。因此直到犹太人寄居巴比伦，一共有 4954 年 6 个月零 10 天。上帝借先知耶利米之口，预言了犹太人将被作为囚犯押到巴比伦，他也同样预言了他们将在 70 年之后回归故土。这 70 年过去后，居鲁士成了波斯人的王，正如耶利米的预言，他在即位后第二年颁布法令，所有在他王国境内的犹太人都要回到他们自己的国家去，重建被巴比伦王摧毁的上帝神庙。此外，居鲁士遵从上帝的旨意，下令给他自己的护卫萨贝萨（Sabessar）和米特立达特斯（Mithridates），让他们把尼布甲尼撒从犹大国神庙抢夺来的祭祀器皿物归原主，归还神庙。因此，在大流士的第二年，耶利米预言的 70 年得到了应验。

第二十六章　希伯来和希腊史书的矛盾之处

由此可以看出，我们圣书的古老和真实，超越了希腊人、埃及人和任何其他的历史学家。希罗多德、修昔底德、色诺芬（Xenophon），还有大多数其他历史学家叙述的故事都是从居鲁士和大流士的时期

---

① 《列王记下》23：36："约雅敬登基的时候年二十五岁，在耶路撒冷作王十一年。"

② 《列王记下》24：8："约雅斤登基的时候年十八岁，在耶路撒冷作王三个月。"

开始的，却不能准确地叙述之前的上古时代。他们讲述大流士，居鲁士，野蛮人的国王，或讲述希腊人佐披洛司（Zopyrus）和希庇亚斯（Hippias）[①]，或讲述雅典人和斯巴达人的战争，或讲述薛西斯（Xerxes）或波桑尼阿斯（Pausanias）[②]的事迹（后者险些在密涅瓦的神庙里饿死），或者讲述泰米斯托克列斯（Themistocles）[③]和伯罗奔尼撒（Peloponnesian）战争的历史，或讲述阿尔基比阿德斯（Alcibiades）[④]和特叙布洛斯（Thrasybulus）[⑤]的故事，但是他们可曾揭示了什么重大的史实呢？我的目的不是用浮华辞藻夸夸其谈，而是为了阐明创世以来所有的年数，谴责这些徒劳无功、无聊琐碎的作者，因为事实既不像柏拉图说的那样，洪水过后至今有两万乘一万年；也不像我们之前提到的埃及人阿波罗留斯（Apollonius）说的那样，有 15×10375 年；世界并非不是被创造出来的，万物也并非是像毕达哥拉斯等人想象的那样自然衍生而来；事实是，世界不仅是被创造出来的，而且是由万物的创造者上帝统治的；对愿意服从真理的人来说，所有时间年月的来龙去脉都已经清楚明了。[⑥]可能看起来我好像只把历史清楚地解释到居鲁士的时代，忽视了之后的时代，好像我没有能力继续解释下去一样，因此，在上帝的帮助下，我将尽我的能力，陈述之后的时代。

---

① 佩西司特拉托斯之子。（见希罗多德《历史》第五章）

② 希腊历史上先后有几位波桑尼阿斯，本书中提到的应为斯巴达的摄政王，希波战争中斯巴达军队的统帅，但是他后来和波斯串通。（见希罗多德《历史》第八、九章）

③ 雅典著名的政治家，在希波战争中起了关键的作用。（见希罗多德《历史》第七、八、九章）

④ 雅典的政治家和军事家。（见希罗多德《历史》第十二、十三章）

⑤ 雅典政治家，民主派领袖。曾经反对三十僭主，后来起义并解放了雅典。（见希罗多德《历史》）

⑥ 乌什尔注意到此处只是大体确认，此后才完全确定，参见第二十九章注。

第二十七章 迄至马库斯·奥理略（M. Aurelius）之死的罗马编年史

居鲁士统治了29年，被托米丽司（Tomyris）杀死在马萨格泰（Massagetæ）人的国度，这时是希腊人的第62个“奥林匹亚德”年（Olympiad）[①]，随后罗马人得到神灵帮助，势力开始壮大，战神玛斯（Mars）和伊利亚（Ilia）著名的孩子罗幕路斯（Romulus）创建了罗马，那时是第7个“奥林匹亚德”年的4月21日，那时的一年由十个月组成。如前所述，居鲁士死时是第62个“奥林匹亚德”年，即罗马城建立220年后（220 A.U.C.），同年，塔克文·苏帕尔布斯（Tarquinius Superbus）统治罗马人，他是流放罗马人，腐化青年，在公民中炮制宦官的始作俑者，更有甚者，他先玷污处女，再让她们出嫁。由此看来，他在罗马语言中被称为苏帕尔布斯（Superbus）并无不妥，因为它翻译过来是“傲慢无礼者”的意思。他率先下令，凡向他致敬者，其致敬应由其他人回礼。他在位25年。在他之后，罗马人一年换一任执政官，还有护民官和营造官，其间共有453年，故此名单甚为冗长，恕不赘述。如果有人实在想了解他们，可以在侍从者克里希鲁斯（Chryserus the nomenclator）[②]编写的列表中查证。他由奥理略·维鲁斯（Aurelius Verus）[③]从奴隶释放为

---

① 译按：古希腊以奥林匹克运动会的四年周期作为纪年单位（Olympiad）。希腊自奥林匹克运动会创立后，出现了一种新纪年法——奥林匹亚纪年法（Olympiad），即自该会创立之年（公元前776年）起，每四年为一期，依此纪事，但未被当时史家所采用。直至公元前300年史家蒂迈欧斯（Timaeus）始将此种纪年法应用于史学纪事，并推广之。后世遂以 Olympiadic Years 推算希腊史之年代。

② nomenclator，（古罗马）通报来客姓名和引领入座的侍从。

③ 奥理略•维鲁斯，即马库斯•奥勒留（Marcus Aurelius），又名 Marcus Annius Verus。

自由人，编撰了极其详尽的史书，囊括了从罗马建立[①]到其庇护人维鲁斯皇帝（Emperor Verus）去世这段时期的大量人名和重要日期。如前所述，罗马人由一年一任的执政官统治，一共453年。之后被称为皇帝的，依次是：恺撒·居留士（Caius Julius）[②]，在位3年4个月零6天；奥古斯都（Augustus），在位56年4月零1天；提比略（Tiberius），在位22年；另一位名叫凯乌斯（Caius）[③]的皇帝，在位3年8个月零7天；克劳狄乌斯（Claudius），在位23年8个月24天；尼禄（Nero），在位13年6个月58天[④]；伽尔巴(Galba)[⑤]，在位2年7个月零6天；奥托(Otho)，在位3个月零5天；维特里乌斯(Vitellius)，在位6个月22天；维斯帕先(Vespasian)[⑥]，在位9年11个月22天；提图斯（Titus）[⑦]，在位2年零22天；图密善（Domitian）[⑧]，在

① 译按：此处英译原文 rounding of Rome，疑误，应为 founding of Rome。

② 译按：其名字又一拼写法为 Gaius Julius。

③ 凯乌斯，全名“Galius Julius Caesar Augutus Germanicus”，即卡利古拉（Caligula）。

④ 译按：原文如此，疑有误。

⑤ 在公元69年时，罗马帝国在一年中出现了四位皇帝。这四位皇帝就是罗马皇帝伽尔巴(Galba)、奥托(Otho)、维特里乌斯(Vitellius)和维斯帕先(Vespasian)。

⑥ 全名提图斯•弗拉维乌斯•维斯帕西亚努斯（Titus Flavius Vespasianus），一译韦帕芗，因英语化亦作“Vispasian”，生年公元9年11月17日至79年6月23日，在位期间为公元98年至117年。罗马帝国弗拉维王朝的第一位皇帝。他是四帝之年(69年)的最后一位皇帝，结束了自尼禄皇帝死后，帝国18个月以来的战乱纷争情势。在他10年的统治期间，积极与罗马元老院合作，改革内政，重建经济秩序。后世普遍对这位皇帝有正面的评价。韦帕芗上台后帝国面临危机，他首先镇压各地起义，其中70年，他的儿子提图斯率兵进攻耶路撒冷，城破后屠城抢掠，被钉死在十字架上的人不计其数。

⑦ 提图斯•弗拉维乌斯•维斯帕西亚努斯（Titus Flavius Vespasianus，与父亲维斯帕先同名），史学家通称为提图斯，教会中文作提多王，公元41年（一说为39年）12月30日至81年9月13日。罗马帝国弗拉维王朝的第二任皇帝，公元79年至81年在位。提图斯以主将的身份，在公元70年攻破耶路撒冷，大体上终结了犹太战役。在他短暂两年的执政期间，罗马却发生了三件严重灾害事件：公元79年的维苏威火山爆发(埋没庞培城)，公元80年的罗马大火与瘟疫。他是一个在当时普遍受到人民爱戴的皇帝。

⑧ 拉丁全名：“Titus Flavius Domitianus”，一译多米提安，因英语化作“Domitian”，汉文神学书籍译作多米田王，公元51年10月24日至96年9月18日，公元81年至96年在位。维斯帕先的幼子，继承其兄提图斯的帝位，为弗拉维王朝的最后一位罗马皇帝。是一位可以和尼禄相比的暴君，也是《圣经·启示录》成书时期的罗马帝国君主。由于他执政中后期曾严酷处决许多元老以及迫害基督徒，因此他在后世史书中的评价普遍不佳。

位15年5个月6天；涅尔瓦（Nerva）①，在位1年4个月零10天；图拉真（Trajan）②，在位19年6个月16天；哈德良（Adrian）③，在位20年10个月28天；安敦尼（Antoninus）④，在位22年7个月零6天；路奇乌斯·维鲁斯(Lucius Verus)⑤，在位19年零10天。因此从恺撒（Cæsars）到维鲁斯皇帝驾崩，计237年零5天。因此从居鲁士之死，塔克文·苏帕尔布斯即位，到维鲁斯皇帝驾崩，所有的时间相加计744年。

第二十八章 自古迄今最重要的几个时期

从上帝创造世界开始，所有的时间就是按照这样的顺序排列的，包

① 拉丁全名“Marcus Cocceius Nerva”（生年公元35年11月8日至98年1月27日）。他是古罗马帝国五贤帝时代的第一位君主（在位期公元96—98年），也是最后一位在意大利半岛出生的非罗马公民出任君主。出身旧元老贵族阶层，在图密善被刺杀之后由元老院推选并任命为罗马帝国的元首。

② 全名“Trajan, Marcus Ulpius Nerva Traianus”(公元53年9月18日至117年8月9日)，罗马帝国皇帝(公元98—117年)，罗马帝国五贤帝中的第二位。公元98年初，涅尔瓦因病去世，正在科隆戍守的图拉真奉召继位。图拉真出生于西班牙，他是从外省贵族爬上元首宝座的第一人。

③ 按英文写法通常写作“Hadrian”，其拉丁全名“Publius Aelius Traianus Hadrianus”（生年公元76年1月24日至138年7月10日，公元117—138年在位），罗马帝国五贤帝之一，图拉真在弥留之际，将哈德良收为养子。哈德良也是西班牙人，原系图拉真的表侄。图拉真死后不久，他便被叙利亚军团推为元首，这一行动不久又得到了元老院的批准。

④ 安敦尼庇护（Antoninus Pius），（86年9月19日至161年3月7日，公元138—161年在位）罗马帝国“五贤帝”中的第四位，在他统治时期帝国达到全盛顶峰。因此，五贤帝的统治时期也因他的名字被称为“安敦尼王朝”。

⑤ 拉丁全名“Lucius Ceionius Commodus Verus Armeniacus”（生年130年12月15日至169年），是罗马帝国五贤帝时期的皇帝，与哥哥马尔库斯•奥列里乌斯曾经共同统治罗马帝国，也是罗马帝国首度出现两帝共治，虽然实际的运作还是以奥列里乌斯为最高领导者。维鲁斯于公元161—169年在位，后来因病在169年死于返回罗马的途中。

括了几个重要的时期。从创世到大洪水，计 2242 年。从大洪水到我们的先祖亚伯拉罕得子，计 1036 年。从亚伯拉罕之子以撒到民众追随摩西居于沙漠之中，计 660 年。从摩西去世，嫩的儿子约书亚执政，到先祖大卫之死，计 498 年。从大卫去世，所罗门执政，到寄居巴比伦，计 518 年 6 个月零 10 天。从波斯王居鲁士即位到罗马皇帝奥理略·维鲁斯驾崩，计 744 年。从创世开始，所有的年数累积共计 5698 年，外加月和日的零数。[①]

第二十九章　基督教的古老

所有这些时代和上述事实，综合起来看，人们就可以发现这写着预言的圣书是多么古老，我们的教条是多么神圣。我们教义不是近代才有的，我们的信条也不是虚妄的和出于臆想的，而是古老而真实的。他勒（Thallus）[②]提到亚述之神巴力，提到泰坦巨人之子农神萨杜恩，声称巴力和泰坦巨人联手向宙斯及其联盟的所谓诸神宣战；他还说巨吉斯（Gyges）被打败以后，逃到了塔达苏士（Tartessus）。[③]当时巨吉斯统治着被称为阿喀特（Acte）的国家，该地现在被称为阿提卡（Attica）。至于其他国家和城市的名字是从哪里来的，我们认为不必赘述，尤其是对于陛下你这样熟悉历史的人，更是不言自明。显而易见，摩西以及他之后的大多数先知都被证实比所有的作者都古老，比农神萨杜恩、巴力和特洛伊战

---

① 维鲁斯死于公元 169 年，因此按照提阿菲罗斯的估算，创世发生于公元前 5529 年。Hales 说创世是在公元前 5411 年，这激起了我们对提阿菲罗斯的极大敬意，他使用同样的文献（希腊文《旧约全书》）作为推算基础，能达到这样的精确程度实属不易。当时众多旧约副本中的微小差异，很可能会使他的最终结论谬以千里。——英译者注

② 生于撒玛利亚的史学家，是外邦人中最早提到基督的，其作品多在公元后 50 年左右写成，惜原著已失传。

③ 在今西班牙。

争都古老。因为根据他勒的史书，巴力比特洛伊战争早 322 年。但是我们此前已经证明了，摩西生活的年代比特洛伊战事要早 900 年或 1000 年。而由于农神萨杜恩和巴力生活在同一时代，大多数人都搞不清楚他们俩谁是谁。有些人膜拜农神萨杜恩却叫他倍力（Bel）或巴力（Bal），尤其是东部诸国的居民，因为他们既不知道农神萨杜恩是谁，也不知道巴力是谁。罗马人称他为农神萨杜恩，因为他们也不知道农神萨杜恩和巴力谁更古老。说到“奥林匹亚德”年的起源，他们说该宗教仪式起始于伊菲托斯（Iphitus）①，但是根据来自林努斯一地的另一些人的说法，这个神又名伊琉斯（Ilius）。所有的年数和奥林匹亚四年周期的顺序，我们在前文已经讲过了。我想我现在已经尽我所能地准确论述了你们不敬神的地方②，历数了有史以来的所有时代。即使我们也犯了年代错误，比如 50 年，100 年甚至 200 年，但绝不会相差上千上万年，像柏拉图、阿波罗留斯和其他喜欢捏造是非的作者迄今所做的那样。也许我们对年数总数的计算并不非常准确，因为《圣经》中没有记录零碎的月数和天数。③但是对于我们说的时代，迦勒底人（Chaldæan）哲学家贝拉索斯已经证实了，他让希腊人熟悉了迦勒底文学，他关于大洪水，以及许多其他历史事件的说法，都与摩西一致；与先知耶利米和但以理也有几分一致的地方。他提到了犹太人被巴比伦王统治时发生的事情，这位他称为阿波贝沙（Abobassor）的国王，就是希伯来人所说的尼布甲尼撒。他也说到了耶路撒冷的神庙，以及它是如何被迦勒底人的国王荒废的，神庙的地基是在居鲁士统治期第二年打下的，神庙完工则是在大流士统治期的第二年。

---

① 传说中埃利斯的国王，他在多里斯人入侵后恢复了奥林匹亚运动会。（参见希罗多德《历史》第三、四章）

② 一说为 :“我们宗教的古老性。”

③ 乌什尔 (Usher) 援引说，这种让步表现出了极其周密而审慎的态度。

第三十章　为什么希腊人没有提及我们（基督教）的历史

然而希腊人没有提到揭示真理的历史：首先，因为他们自己也才刚刚掌握书写的知识，他们自己也承认文字是被其他民族发明出来的，有些说是迦勒底人，有些说是埃及人，还有些说他们的文字源于腓尼基人。其次，因为他们犯了罪，而且现在还在犯罪，因为他们不提上帝，却空谈无用的琐事。因此他们极其热心地歌颂荷马、赫西俄德和其他诗人，而对不朽的、唯一的上帝的荣耀，他们不仅不提起，反而肆意横加亵渎。是的，他们一直在迫害那些崇拜他的信徒。不仅如此，他们甚至赞赏那些用悦耳的语言亵渎上帝的人，并以之为荣；而对那些热切追寻美德，奉行虔诚生活的人，他们却投以石块，甚至迫害致死，直至今日，他们还在野蛮地折磨这些良善的人。所以这些人必然会远离上帝的智慧，至今也不曾寻求到真理。

如果你细心研究这些事情，你便会得到真理的概略[①]和誓约。

---

① 奥托根据一份手抄本，倾向于此处的文本为“sumboulon”，而不是“sumbolon”，于是本句意思就是：“你会得到真理的顾问和誓约”——“真理的誓约和顾问”指的是提阿菲罗斯写给奥托莱库斯的书。[其意应为“你会得到真理的标记和誓约（保证）”，即基督教的洗礼。提阿菲罗斯用了圣保罗的话（arrhabon），“the earnest of the spirit”，见《哥林多后书》1：22和《以弗所书》1：14。]

为基督徒一辩*

致亚美尼亚和撒马提亚（Sarmatia）的征服者及比其他一切都重要的、作为哲学家的皇帝马库斯·奥勒留·安托宁**，并路奇乌斯·奥勒留·康茂德***

---

* 雅典的阿萨那戈拉著。

** 马库斯·奥勒留（Marcus Aurelius，121—180 年），全名为马尔克·奥勒留·安托宁·奥古斯都（Marcus Aurelius Antoninus Augustus）。拥有恺撒称号（Imperator Caesar）的他是罗马帝国五贤帝时代最后一个皇帝，于 161—180 年在位。

*** 全名 Lucius Aelius Aurelius Commodus（康茂德），罗马皇帝，177—192 年在位。

雅典的阿萨那戈拉著作导言 *

[雅典的阿萨那戈拉：公元 177 年前后] 编者把雅典的阿萨那戈拉（Athenagoras）安排在这里，貌似有悖于通常大家接受的顺序，实则并未明显违背年代顺序，而且大大方便了读者。在顺序排列上，我们必须对关联度和历史发展的原则有所认识。这位颇有声望的作者，送走了更早期的一系列声名显赫的护教者，并为稍后出现的亚历山大学派的伟大创立者，作了恰当的前奏。他的著作为克莱门（Clement）铺平了道路，使之可以详尽阐述，查士丁关于基督教包含了全部哲学的说法。我们欣喜地发现，最初的基督教思想之泉，在此汇聚为一，从此源远流长，随着公教正统的大河变宽加深，它渐渐将所有的人类文化汇集于一身，饱满的泉水洋溢而出，滋润了哲学、诗歌、艺术和科学，这些领域中新生头脑产生的思想果实，充实了整个世界。我们再看克莱门，更是如此，正如他光耀如镜的智慧所映现的，他才华过人，将基督教精神注入了基督教之中。原本被迫害被囚禁的信徒们，现在正挣脱开枷锁。很快，基督教的信仰就会获得自己的声音，不再仅仅是为自己辩护，而是成为人类心智的主宰，它是发现新世界，征服广阔疆域的领航员。自由万岁，从此以后，基督徒推翻异教，成了势不可挡的结局。揭露异端令人厌恶的一面，是初战告捷后的必然任务。在对手踌躇退却后，乘胜追击，“驱

---

* 英译本由 B. P. Pratten 根据希腊文翻译而成。

散最后一丝黑暗”。在雅典的阿萨那戈拉身上，我们触摸到了事物将临的前兆，我们看到，驰骋的哲学，被套上了弥赛亚的战车，我们开始意识到，疲惫不堪的异教注定要投降，预告着一个光明时代的到来。

雅典的阿萨那戈拉这个名字本身就是一种回顾，我们在他身上发现了圣保罗在玛斯山（Mars Hill）演说的遥远影响。这位使徒将面包弃于伊里苏斯河（Ilissus）和克菲索斯河（Cephisus）上，经过许多时日之后才被重新寻回。“众人听见从死里复活的话，就有讥诮他的。”[①] 但是一位哲学家，从雅典的阿哥拉（agora，集会广场）来到此地，看到圣保罗《致哥林多人书》中的论证，遂皈依基督教，他向那“未知的神”忏悔罪恶，毁坏大理石的众神像，因为它们“激起了他内心的传教士精神”，无论柏拉图主义者还是斯多噶学派，他都教导他们崇拜耶稣。“亚略巴古的官丢尼修，和一位名叫大马哩的妇女”，将不再被轻视为在阿提卡的寥寥几个初熟果子。他们也在这部福音书的辉煌战利品中找到了自己的声音，通过他，他们“虽然已死，言犹在耳”。

他的传记中事迹寥寥，如下所示，没什么可添加的。编者将耐心担当解说员，解释不多的几条注释。在关于塔提安和提阿菲罗斯的注解中，编者已经向研究者介绍了，雅典的阿萨那戈拉关于殉道者查士丁的论文，有一则很有益的附加，明智有为的卡耶（Kaye）主教在文中将那些作者和查士丁进行了对照统一。其文中也收录了雅典的阿萨那戈拉的著作，概述了安东尼（Antonines）皇帝治下的基督教传教，尽管其中尚未达到精确的神学语言，但其信仰得到了明确的展示。德国人向学者提供古籍的编校勘误本时，耐心地搜集事实和例证，其价值无法估量，而在解说时，他们的理论和猜想却如此大胆，让人更偏好英国神学家特有的、严肃稳重的评语，诚恳审慎的语气。它对早期作家，对圣经纯粹无瑕的信仰充满深切同情，由此激起灵感，是其一大优点。这些年高德劭的见证者，

① 《使徒行传》17：32。

还活着，还能说话，却常常被德国评论家当做解剖台上毫无生气的对象。他们又切又割，如解剖学般地展示，以科学的技法操作显微镜。但是！有多少次，他们把上帝的圣徒单纯地当做尸体对待，让人们把他们当做对已死的基督进行盲目信仰的牺牲品。

编者在前文中已引用了卡耶的话，因此只需指出，对雅典的阿萨那戈拉的类似描述也可在他的文章中找到。这个枯燥的版本，经常需要虔诚的注解加以滋润，幸运的是，这样的注解在那精细而谦逊的著作中，都可以找到，这是连我们这一代人都应该看到的。如果编者获准扩大这本书的容量，加入 Conrad Gesner 和 Henry Stephans 的版本，他们所作的注释，可以极大地丰富这个版本。他们常常对雅典的阿萨那戈拉最早的摹本感到好奇（现代的版本就是在其基础上完成的），并有司提反（Stephans）写给 Peter Nannius 的有趣书信补充（后者被称为“Louvain 的中流砥柱”）。殉道者查士丁的巴黎版（1615）收录了这些注解，包括希腊的塔提安、提阿菲罗斯和雅典的阿萨那戈拉一样，而且带有拉丁文翻译。卡耶主教不断提到这个版本，编者认为能拥有它是非常幸运的，编者主要用来将其评论与爱丁堡版对比。

我们就作者关于《复活》的伟大文章，这里要说几句。此文对基督教信仰的主导原则表达了某种深切的观点，它就像一首圣歌，响彻于他所有的思想和论点之中。作者通过将他神圣的愿望和世界充满邪恶的欺骗相比，坚定地盼望着将来世界的生活，我们发现，这位基督的见证者，与异教的感官生活，甚至与阿提卡贤哲们上下求索的智慧，是如此不同。编者认为这篇文章表现的是在学园中学习过的人的一种心智成长，是对可怜的苏格拉底及其门徒的既爱且悯。不仅如此，它是对《使徒行传》中悲剧故事进行冥想的产物，详细解释了圣保罗为何带着辛酸回忆，称其教理“对希腊人而言，是愚拙的”。他们从来没有“再听他对此发表过看法”。集会广场中的人们感到很迷惑，他们说“他好像是要介绍新神”，而他则任凭他们停留在这样的印象之中。使徒路加不禁暗自微笑，补充说：因为他向他们“传讲基督和复活的道”[①]，但在他们听来，不过是他们熟知的福玻斯与阿耳特弥斯故事的蛮族翻版，而雅典人为什么还要更多这样的故事呢？尤其还是一个不知哪里来的犹太穷人口中说出来的。当这位宣教士“从他们当中出去”时，他身上预言者的灵魂有没有预见到雅典的阿萨那戈拉会出现呢？无论怎样，雅典的阿萨那戈拉神圣的师父“知道他会做什么”。雅典的阿萨那戈拉斟酌保罗的话，确保这些种子能生出一千倍的果实，绝不让任何一个落空。而收割的时候也终于来临了。雅典的阿萨那戈拉也表明了我们的救世主对加利利人说“你们是世界的光”时，他所想表达的意思。以下是原文的导言：

在早期基督教会历史中，最奇特的事实之一，就是雅典的阿萨那戈拉的名字极少被人提起。目前只发现有两个出处提到了他和他的作品。其一出现在梅托丢斯（Methodius）的著作《论肉体的复活》中，正如埃比梵纽斯与福修斯（Photius）所记载的。另一处，是5世纪早期在旁菲利亚（Pamphylia）的赛德的腓立比（Philip of Side）的著作。非常值得注意的是，优西比乌斯似乎对他完全保持沉默。而他的那些著作，正如冠以他名字的那些现存的著作一样，即使如此优雅而有力，也在早期就被世人几乎彻底忘却。

我们确知，雅典的阿萨那戈拉是一位皈依基督教的雅典哲学家，他的《辩词》（即《为基督徒一辩》一文），或如他自己所称的“大使致辞”，在约公元177年时，被呈献给了罗马皇帝奥里略（Aurelius）和康茂德（Commodus）。他著作等身，但他现存的唯一一本其他著作就是他关于复活（Resurrection）的论文。这部著作成书很可能比《为基督徒一辩》一文晚（见第三十六章），但具体时间无法确认。赛德的腓立比还指出，他曾在潘泰努斯（Pantaenus）之前担任亚历山大城（Alexandria）教义学校的校长，但这很可能并不正确，且与优西比乌斯的说法相悖。

① 《使徒行传》17：18。

更有趣，而且可能也是更自圆其说的说法，出自同一位有关雅典的阿萨那戈拉的作者，大意是说，他起初阅读《圣经》，本是为了反驳，最终反被说服皈依了基督教。他的《为基督徒一辩》和关于复活的论文，显示其文笔老练，修养甚高。他是最优雅，同时也无疑是最出色的早期基督教卫教者之一。

第一章　针对基督徒的明显不公

最伟大的元首，在您的帝国中，不同的国家有不同的习俗与律法；而没有人因沿袭其祖先之法而被律法禁止或有遭处罚之忧，无论这些祖宗之法可能有如何荒谬。

特洛伊的市民将赫克托耳称为一个神，并将属于神的荣耀给予海伦，将她视为阿德拉斯泰亚（Adrasteia）。斯巴达人像崇拜宙斯一样崇拜阿加门农，以及菲隆诺（Phylonoe）与提涅多斯（Tenedos）[①]人的崇拜滕尼斯(Tennes)[②]。雅典人将厄瑞克透斯(Erechtheus)[③]视为海神而向其献祭。雅典人也举行宗教仪式与秘仪以纪念阿戈劳鲁斯（Agraulus）与潘多拉，而这两个妇人应该被认为是有罪的，因为她们打开了给人类带来灾祸的盒子[④]。

简而言之，在每个国家和人民之中，人们举行各种献祭并且庆祝他们喜好的各种各样的宗教仪式。在埃及人所视为的诸神之中，甚至包括了猫，鳄鱼，蛇，山杨和狗。而对于所有这些行为，你们及你们的律法都给予许可，由于你们认为，一方面，全然不相信神是不敬的与邪恶的，

---

① 爱琴海上的一个小岛。——译者注
② 此处不同版本有不同的断句与读法，这里遵循的是格斯那（Gesner）建议的读法。
③ 雅典王；该亚和赫淮斯托斯之子，由雅典娜抚养大。——译者注
④ 即潘多拉之盒。——译者注

而在另一方面，崇拜他喜欢的神对每个人是必需的，以便出于对神的恐惧，人们可以远离恶行。

但是为什么——因为你们不像多数人容易被道听途说的谣言误导——仅仅一个名号为什么对于你们来说如此可憎？这些名号本身是不应值得憎恨的。这是会招致惩罚与报应的不公正的行为。

而且，我们一向仰慕你们的温和与柔顺，你们对每个人的和平和慈善的性情，以及每个人在生活中都拥有同等的权利；而城邦，则依照他们的等级，分享相等的荣耀；以及整个的帝国，在您的英明的治理之下，享受长远的和平。

然而，对于我们这些被叫做基督徒的人来说，您却未曾以相似的方式来看待。虽然我们没有犯过什么恶行——从来没有，这一点在如下的讲论中将会辩明，我们在所有人中是在神和在您的治下最虔敬的和最公义的——然而您却听任我们被骚扰，被掠夺，甚至于被逼迫，众人仅仅因为我们的名字就敌视我们。

因此，我们冒险一试，将我们的情形陈明于陛下，以俾陛下将由此明了我们所忍受的非法与无理性之下不公正的遭遇，——并且我们也恳求陛下酌情为我们做一些考虑，以使我们有可能不再因不实的控告者的煽动受到残害。因我们的迫害者强加于我们的，不只是借着处罚觊觎我们的财产，也不只是对我们的名誉的侮辱，也不在于对我们更大的利益的损害。这些我们安之若素，虽然就一般人而论，它们并非无关紧要；因为我们已经学会了，不但不要以牙还牙地一报还一报，也不去诉讼那些抢劫掠夺我们的，对那些打我们一边脸的，转过另一边给他们，对那些抢走我们的外套的，再把我们的斗篷也给他。①

然而，当我们放弃我们财产的时候，他们还谋划反对我们的身体和

① 译按：语出《马太福音》5：38—40："你们听见有话说，以眼还眼，以牙还牙。只是我告诉你们，不要与恶人作对。有人打你的右脸，连左脸也转过来由他打。有人想要告你，要拿你的里衣，连外衣也由他拿去。"

灵魂，在我们身上肆意倾泻他们罗织的罪行，对于这些指控我们是无辜的甚至在意念中也不曾干犯，反而只是属于这些懒惰的嚼舌者自身，以及那些像他们的人整个的族类。

第二章 在［基督徒］遭到指控时要求与其他受指控者同等对待

如果，事实上，任何人都能判定我们有罪，无论这个罪名是轻还是重，那么我们就不可能指望免于处罚，而只能准备忍受最惨酷的和最残忍的迫害。

然而如果这些控告单单只是因了我们的基督徒之名——而这是无可否认的，那么迄今为止那些编造出来的故事所告诉我们的一切，就只不过是那流俗的无鉴别力的流言蜚语而已，而事实上并没有任何基督徒犯有被指控的任何罪行——这些最终都将移交并取决于您，伟大的、仁慈的和最有学问的元首，来合法地除去这种恶意的行径，这样，普天下所有的个人和城邦都能分享您的善行，我们也能对阁下感激不尽，而因了我们不再是冤枉的受诬告陷害者而欢欣。

因为这并不合乎您的公正，这公正即是当其他人若被控有罪之时并不会在他们被判定有罪之前就受到惩处，然而我们的情形却是，我们承受的基督徒之名却有着在审判中对所控罪行的举证更多的效力，当法官们在审判时，不是询问被传讯者犯有被控的何种罪行，而是大肆诬蔑那名字，好像它本身便是罪行之尤。[①] 然而我们却不能单单从名字本身来判断一样事物是好抑或坏；因为名字之所以显得好或是坏，应该是取决于在其名下的行为如何而非名字本身。

---

① 塔提安《致希腊人书》，第 27 章，第 76 页以下。

然而，陛下您在这方面却拥有可贵的知识，因了陛下您在哲学和各样的学问中所受的良好的教育。也正是值此缘故，那些被带到陛下前面对审判的人，虽然他们可能被以最严重的罪名被指控，但他们却并不惧怕，因为知道陛下将会一一问明他们原先的生活，而且不受种种名字的影响，既然这些名字本身并不能说明任何意义，也不受那些指控罪名的影响，如果它们本身并非真实的：他们情愿按照公平接受同等的对待，无论最终的判决是有罪或无罪。因此，我们为自身要求那被承认是作为所有人共享的权利，亦即，我们不应仅仅因为我们被叫做基督徒而被憎恨与受惩治（因为这名字和我们是坏人与否又有何相干？），而只是在针对我们所可能被指控的任何罪名上被审判，并且或者由于我们成功地反驳他们的诬告之后被释放，或因判定有某项罪名而受惩——但并非是因了基督徒这名（因为没有基督徒是一个恶人，除非他错误地表达了我们的教义），而是因了那所犯的过失本身。

这种审判也就如同我们所曾见的哲学家们所受的审判。他们没有人在审判之前因为其科学或艺术本身而被法官判为好人或恶人，而是如果他被发现有罪则他将被处罚，却没有因此而使哲学本身（因为若他不以律法许可的方式来从事哲学，则他不是个好人，但是学问本身是不受责难的）蒙羞，而当他驳倒了对他的诬告之后他将被无罪开释。请让同等的公义也施于我们。让被告者的生活被审查，但请从所有强加之罪中让[基督徒]这一名字本身免于被加罪。

我必须在申辩的一开始就恳求您，英明的皇帝，不存偏私的听我一席话：请不要惑于习俗的无理性的妄论而先入为主地判断情实，而以对知识的渴求与对真理的热爱之心，来同样对我们的教义加以检验。因此，当陛下在您的尊贵之位上不会因疏忽而犯过失的同时，我们也能借由反驳那指控由庸众的不加鉴别的谣传是错误的，而停止被无端攻击。

第三章 对基督徒的种种指控

有三样针对我们的指控，即：无神论，人肉的宴会[①]，类似于俄狄甫斯教派的滥交。

但如果这些指控是真实的，无论是其中哪一种：请马上着手惩治我们的罪行；连同我们的妻子儿女也一并斩草除根，如果有任何一个基督徒[②]被发现像禽兽一样生活。而甚至禽兽也不食同类的肉；且它们是借着自然的法则相配成对，并仅仅在发情期内交配，而不是单纯因了嬉戏荒唐；且它们也认得那些它们自兹受惠者（即生之育之者）。这样，如果任何人，若比禽兽更野蛮，他将承受何种与此罪相称的处罚？

但是，如果这些事情只是无聊的里巷闲谈和无根据的空言中伤，那么源于德性的本身是抵挡罪恶的这一事实，以及凭着神的律法来反对别人（而且你们自己见证了我们未犯有这些不义的罪行，因为你们禁止了传播针对我们的消息），你们还可以对于我们的生活，我们的观点，我们对陛下及陛下的宫廷和政府的忠诚与服从进行考查，并最终给予我们那同等的权利（我们不要求更多），如同陛下给予那些迫害我们的人这些权利那样。因为那时我们将征服那些迫害我们的，为了真理的缘故，毫不犹豫地交付我们的生命，如同我们现在所做的这样。

---

① 参见本篇第 31 章。我们的主是“完全的人”，作者在此仍然相当憎恶食同类之肉，因其禽兽不如。不过对于圣餐主义者而言，这样的推理并不足为异。

② 此处依奥托（Otto）译本；别本作“如果任何一个人”。

第四章　基督徒并非无神论者，而是承认独一的上帝

如上所称，首先，对于我们是无神论者的武断之论断——因为我将会一一遭遇此类的指控，我们不会荒谬到对于那些中伤者无话可答的地步——雅典人有理由宣判狄奥戈拉因倡言无神论而有罪，因为他不但公开地宣扬奥菲斯教的教义，传播埃琉西斯和加比里（Cabiri）的秘仪，剁碎海克力斯的木像并以之来烧熟他的萝卜，而且公然宣称根本没有上帝。但是对我们这些明确区分上帝和物质者来说，我们教导的是物质和上帝是不同的事物，且二者之间存在着鸿沟（因为神是非受造的和永恒的，只能单单被理性理解，而物质是受造的和易朽坏的），这样看来，将无神论的称号安在我们身上岂不是荒谬绝伦吗？如果我们的感受像狄奥戈拉所感受的那样，那么，当我们怀着如此强烈的情感朝向虔敬时——在立定的秩序，遍及宇宙的协调，规模，色彩，形式皆已各安其位的世界之中——理性将使我们的不虔敬，作为我们如此心烦的原因，使我们自身受到责备。

但是，既然我们的教义只承认一个上帝，宇宙的创造者，他自身是不被创造的（因为他不是生成的，而是本来就有的），而是通过圣言创造万事万物，因此，我们被荒谬地受到两方面的攻击，在两方面我们都受到歪曲诽谤和逼迫。

第五章　对于上帝的独一性的诗人的证言

诗人和哲学家都不会赞成无神论者关于上帝的言论。欧里庇得斯，

对于那些按照流行的偏见被无知地称为“诸神”者，置疑道：

> 如果宙斯确乎在上执掌天国，
> 他不应该在公正之上送来邪恶。①

但是当论到“他”，那作为某种特定知识而被理解的“他”之时，他充满智慧地肯定地如是说：

> 你看那高天上的他，以湿漉漉的双臂，
> 拥抱无穷的以太和大地？
> 人们将他称作宙斯，并把他视为上帝。②

因为，对于这些所谓的神，他既没有看见任何真实的存在，他们往往只是在其名下被分配了一个名字（例如:“宙斯”):“宙斯是谁我不知道，只是道听途说罢了”（欧里庇得斯语），也无法看到任何一个那些确实存在者的名字（因为在名字之下本身并没有真正的存在，因此虚名又有何意义？）；但是欧里庇得斯他确实经由上帝的作品看到了上帝，以一个能看到肉眼不可见物体的（属灵的）眼睛，来思想那通过在空气中，在以太中，在大地上显然可见的东西。

因此，从他创造了万物，且他的灵统治着万物，欧里庇得斯把万物都归因于上帝；而索福克勒斯也赞同他，索福克勒斯如是说：

> 有一个上帝，在真理中只存在着一，

---

① 引诗出自一部已佚剧本。

② 引诗出自一部已佚剧本。原始出处不详。有别本译为：“你看那高天上无边无际的以太，以湿漉漉的双臂拥抱大地。”

> 这唯一者创造了天堂，和其下宽广的大地。[①]

欧里庇得斯所论到的是上帝的本性，上帝的本性是以美善充满他的造物，欧里庇得斯且教导说必定有一个上帝存在，而且他必定是独一的。

第六章　对于独一上帝的哲学家的看法

还有斐洛劳斯（philolaus）[②]，当他说所有的事物被包含在上帝之中，正像在一个城堡要塞中，斐洛劳斯是想教导说上帝是独一的，而且他超越于物质。

里希斯（Lysis）和欧普斯姆斯（Opsimus）[③]如此来定义上帝：前者说他是一个无法言喻的数字，后者说他远超出最大之数，远超过那最接近于它的数字。

既然依照毕达哥拉斯主义者的观点，十是等边三角数“一、二、三、四之和”[④]，是最伟大的数字。且包含所有的算术与和音的原则，而九是与其紧邻的，上帝就是这一单位——一。因为最大的数字只比相邻的多出一个。

继之则是柏拉图和亚里士多德——我不打算论及所有的谈论上帝的哲学家，而只是展示其观点的大略；因为我知道，如同您在智力与能力方面胜过所有人一样，同样，您比他们所有人熟悉各样的学问，您多方面的教养的每个方面甚至超乎那些单单致力于其中某一方面的人。

然而，即或我不可能将论及上帝的哲学家之名一一列出，在确定上

---

① 未见于其现存著作。

② 约公元前 480—前 400 年。

③ 据格思纳猜测，此或为某哲学家之名。

④ 一、二、三、四总和为十。

帝的独一性的观念上，我们绝非是孤立的，以下我愿意冒险一试将种种意见作一列举。

柏拉图如是说："弄清宇宙的制造者和起源很困难；而且，即使弄清了以后，将发现要将之晓喻所有人也是不可能的。"[①]——要设想一个非受造的和永恒的上帝。

而如果柏拉图承认了其他的起源，例如太阳、月亮和星星等的起源，事实他便承认了它们是受造的：

> 诸神，以及诸神的子孙，他们都是我所创造的；我也是诸般造物之父，且这各样持存的所造物，是不会出于我的意志之外的，而所有我所造的复合之物都能被分解。[②]

因此，既然柏拉图思考的是永恒的非受造的上帝，从而他并非一个无神论者，那么我们就更不能算是无神论者，因为我们承认并且坚定持守他是上帝，相信他借着圣言逻各斯塑造万有，且借着他的圣灵托住万有。

亚里士多德及其追随者，也承认太一的存在，他们认为这太一是某种复合的生物（ζωον），他们论及上帝由灵魂和身体组成，认为他的身体是以太空间与行星及恒星的星球，作圆周环绕运动；而上帝的灵，即主宰身体运动的理性，它本身不属于动者，却是动者之因。

斯多亚学派哲学家，虽然也借着他们所使用的专名以适应物质的种种变化，他们认为物质被上帝的灵渗透，他们在各种专名上使得神成为繁多，然而在事实上他们认为上帝是独一的，因为，如果上帝是朝向有序创造世界的某种巨匠之火，其自身包含的核心原则即各样事

① 《蒂迈欧篇》。

② 同上。

物的受造都是合乎其所命定的，如果他的灵弥漫整个世界，那么上帝是与之相应的一，对应于物质的热的部分被称为宙斯，而对应于空气者则被称为赫拉，而其余上帝所渗透的各特定部分被称为其他各样的名字。

第七章　关于上帝的基督教教义之优越

因此，既然神的独一性几乎被所有人承认，甚至在违背他们本身意志的前提下，当他们开始面对宇宙的第一原则时，而我们也顺理成章地同样主张设立宇宙的这一位是上帝，——那么为什么他们还能肆无忌惮随心所欲地宣扬与撰写他们关于神的想法，而不受惩罚呢？他们仅仅是凭借反对我们的某个律法的效力，即使我们能够凭着与真理一致的证据和理性，表明我们理解而且合乎公义地相信，只有一个上帝。

因为诗人和哲学家，被来自上帝的灵感的亲和力所感动，也按照他们各自的理解来陈述，他们对于其他论题的理解也类似于此。他们每一个人，都凭着自己的灵魂，尝试他们自己是否可以发现并且理解真理；但是他们未能发现足以充分理解真理者，因为他们以为，不通过上帝来了解上帝就足以理解真理，而是企图单单从他们自己出发去了解；因此他们只能达到自家的各自结论，无论是关乎上帝，物质，形式或是世界的。但是我们有我们可以理解与相信之事的见证人，就是那些先知，他们被上帝的圣灵引导，发出关于上帝和关乎上帝之事的言语。

而且您也将会承认这一点，当您，在智力和虔敬上超乎所有的世人者，朝向真实的上帝之时 (το οντως θειον),。对于我们而言，若不再信仰来自上帝的圣灵，而只留意人的意见是无理性的，圣灵感动了先知之口，如同乐器一样（使先知发出神的美好的预言）。

第八章 多神教的荒谬

论到我们的教义，我们的教义认为，从起初便有了独一的上帝，宇宙的制造者，有鉴于此，您或许会对我们为维护信仰而辩护的立场熟悉一些。

如果起初就有两个或更多的神，他们要么是在同一个地方，要么各自在其自身所在之处。他们不可能在同一个地方。因为，如果他们都是神，他们看起来就不一样；因为他们是非受造的，所以他们不相像：因为受造的事物与它们的样式相像；但是非受造的则各不相像，因为它们既非从任何他者产出，也非按他者的样式受造。

（就像）手和眼睛和脚是一个身体的部分，共同组成一个人：那么上帝是在这个意义上而为独一的吗？[①]然而即使苏格拉底这样的人也是由各部分组成且可被区分为部分者，这仅仅因为他是受造的且是可朽坏的；然而上帝却是非受造的，并且是不可感的，和不能分割的——因此，他不是由部分所组成的。

但是如果，相反，他们每个都各自孤立的存在，既然那创造世界的他是在他所造的事物之上，而且各样事物他已经造好且设定次序，还能在哪里有另一个他者存在的可能？

因为如果世界被造成球状，是被限定在诸天的轨道之内，而世界的创造者是在所造的事物之上，以神意来照看管理他所造的[②]，那么那第二个神，或别的神还有什么地方可以容纳？

因为他若属于另一个世界，他便不是在这个世界之中；也不是在这

① 亦即，是由多个神组成一个神？——奥托。其他人则更坚定地说：“上帝只有一个。”

② 即此世界。

个世界周围，而作为世界的制造者是在这个世界之上的。但是如果他既不是在世界之中也不是在世界周围（因为所有围绕着这世界的都被这一位[①]充满），他又在哪里？他是在世界之上并且是[至高的]上帝吗？

在另外的一个世界中，或环绕着另外一个？

但是如果他是在另外的一个世界中，或环绕着另外一个世界的，那么他便不在我们周围，因为他不掌管这世界；他的力量也并不伟大，因为他存在于被环绕的空间里。

然而如果他既不是在另外的一个世界之中（因了所有的事物都被这另一个充满），也不环绕另外一个世界（因为所有的事物都为这另一个占据），他显然根本就不存在，因为没有他能存在的地方。

抑或他又在做什么，若世界属于另外一个统治者，而且他是在世界的制造者上面，而既不是在世界中也不是环绕着世界？

那么，有他能立足的其他的一些地方吗？

而上帝，及属于上帝者，是在他之上。

而哪里又有这样的所在，能看见别人充满高于凡世之上的领域？

也许他施展神意的关照？

不可能。然而，除非他这么做，否则他什么也没有做。

那么，如果他既没有做任何事，也没有施行神意的关照，如果又没有另外的一处地方容纳他，那么我们所说的这个实存，便是从起初就有的独一的上帝，及世界的独一创造者。

第九章　众先知的证言

如果我们仅仅满足于提出这样的想法，那么我们的教义可能被一些

---

① 即创造者，或至高的上帝。

人视为凡庸。但是，既然众先知的声音坚定了我们的观点——因为我想，由于您在追求知识上的极大热忱，和您在学问上的相当造诣，您不可能对摩西、以赛亚、耶利米及其他众先知的著作一无所知，他们，因受圣灵的感动和激发，其思想超出其自然状态而达至狂喜境地，吐露出被激发之事，圣灵使用他们，如同笛手吹一支笛①；那么，他们说出了什么呢？

主是我们的上帝；没有别的能与他相较。②

再有：

我是首先的，我是末后的，除我以外，再没有真神。③

类似的话还有：

在我以前没有真神，（“真”，原文作“别的”）在我以后也必没有。唯有我是耶和华，除我以外没有救主。④

而且论及他的伟大：

天是我的座位，地是我的脚凳。你们要为我造何等的殿宇。哪里是我安息的地方呢。⑤

① 参见本篇第七章。
② 《以赛亚书》41：4，《出埃及记》20：2，3 大意近之。
③ 《以赛亚书》44：6。
④ 《以赛亚书》43：10—11。
⑤ 《以赛亚书》66：1。

我留下这些话语给您，是为了当您遭遇到经书本身的时候，留心地查考包含在里头的预言，以便您可能在适宜的根基上站立得稳，并保护我们免于肆意加在我们之上的迫害。

第十章　基督徒敬拜圣父，圣子和圣灵

我们不是无神论者，因此，有见于我们承认一个上帝，他是非受造的，永恒的，不可见的，不觉痛苦的，超乎理解，和无限的，他只能经由感悟与理性而理解，并经由光，美善，灵性，和无法形容的力量得以接近，经他的圣言逻各斯他创造了宇宙，而且立定了秩序，且将万有持存在他里头——如同我前面业已充分表明的那样。

[我说“他的圣言逻各斯”]，因为我们也承认上帝的独生子，也不允许任何人认为上帝有一个儿子是一个荒谬的想法。

因为，虽然诗人在他们的虚构杜撰中，表现出的诸神不比凡人好上多少，但我们的关于圣父与圣子的想法与他们是有所不同的。

唯有上帝之子是圣父之逻各斯，在思想和行动中；因为万有都是借着他的样式并由他而造的①，父与子是合一的。并且，子在父里面，父也在子里面，在圣灵的独一性和大能中，父亲的智性与理性 (νους καιλογος) 便是圣子。

但是如果，您超绝的智力，使您忽然想起追问圣子所指为何，我将会简短的说他是圣父的首生之物，不是作为受造物而生（因为从起初，上帝，作为永恒的心智〈νους〉，在他自己里面便有了圣言逻各斯，始终与圣言逻各斯〈λογικος〉同在；），而是作为上帝产生的进入一切物质的理念与大能，这些物质如同没有属性的自然或一个不毛之地，这样便

① 或作：“藉着他并经过他。”

形成了类似粗糙的粒子与细微的粒子的结合。

先知的灵也同意我们的陈述。

“上主”，先知的灵说，“在太初创造万物之先，就造了我”[①]。

圣灵本身也在先知中运行，我们认为圣灵是上帝的流溢，从他流出，又像太阳的光线一样的反射回来。

那么，谁会不对此感到惊讶：听到那口称圣父，圣子，与圣灵，及宣告他们三位一体的大能又各自具有位格者，竟然会被称做了无神论者？

我们的教导在这些方面也不与那些被定义为自然神论者一样；而是我们也承认有许多天使和掌权者，[②] 由作为创造和管理世界的上帝分配而且任命它们，借着他的圣言逻各斯指定它们各个职分，使它们井井有条地组成元素，诸天，世界及其上的各样事物。

第十一章　基督徒的道德教导反驳了针对他们的指控

如果我开始进入对于我们的教义的详细讨论，希望这不致使您太过惊奇。

因您可能为流行的及无理性的意见所左右而偏离事实，但是事实仍清楚地摆在您面前。

因了所要陈明的我们所持的见解本身，不是作为出自人类的，而是由上帝发出的教导，我们将借此说服您不要把我们当做无神论者。

那么，什么是我们所受的教训呢？

---

① 《箴言》8：22：“在耶和华造化的起头，在太初创造万物之先，就有了我。”

② 参见《希伯来书》1：14，保罗的教义认为，天使与掌权者都是服侍于人的，而非任何敬拜的对象。

> 只是我告诉你们，要爱你们的仇敌。为那逼迫你们的祷告。这样，就可以作你们天父的儿子。因为他叫日头照好人，也照歹人，降雨给义人，也给不义的人。[1]

恳允我在此大胆地在大声疾呼中高举我的声音，如同我在英明睿智的国王的面前所做的。

因为那些推导出三段论法，澄清逻辑困惑，解释语源学的人，或是那些教授同音字和同义字的，及判断与公理，以及什么是主词什么是谓词，以及那些用诸如此类的取悦于其门徒的，他们之中有谁曾洁净他们的灵魂，不是去恨，而是爱他们的仇敌？有谁不是去辱骂那辱骂过他们的（远离这些行为，因其本身便是不肯赦免人的表现）而是为他们祝福，并为那些逼迫他们要谋害他们的人祷告？

恰恰相反，他们从不停止带着邪恶的意图寻求外面的奇技淫巧，[2]他们常为所从事的而折腰，他们倾向于巧言善辩，以及其他与他们本身的志业不相称之事。

但是在我们基督徒之中，您将会发现那些未曾受过教育的人，工匠和老妇人，如果他们不能用语言文字来证明我们的教义的益处，却可以借着他们的行为展现他们归信真理后所受的益处。

他们不高声演讲，而是展现好的行为；当挨打之时，他们不还手；当被抢夺之时，他们不诉诸法律；他们施予那些向他们求助者，并爱邻如己。

---

① 《马太福音》5：44—55，并参见《路加福音》6：27—28。

② 此处意义晦涩，但很可能是指的智者的作为。

第十二章　将基督教指控为无神论的一系列荒谬

那么，只要我们相信了有一个上帝统辖人类，我们便能从邪恶中洗清我们自己的罪了吗？

当然不是。

然而，因为我们相信了我们此世生命的一切都应献给那创造了我们与这个世界的上帝，我们对于此世的生命便采取了一种温和而仁慈的，略微有点不那么看重的态度，出于相信我们不会在此世忍受过多的邪恶，而若与我们所将得到的那来自大法官的温顺、慈善和适度的生活相比较，我们甚至于可以将生命弃之不顾。

柏拉图的确说过，弥诺斯和拉达曼迪斯将会审判并且惩罚恶者；但是我们要说的是，即使一个人是弥诺斯或拉达曼迪斯自身或他们的父亲，他甚至也无法逃脱上帝的裁判。

然后是那些思考生命的人。他们会想到这件事上，“我们就吃吃喝喝吧，因为明天要死了”。[①] 当他把死亡视为深的睡眠和遗忘时（“睡眠和死亡，孪生的兄弟”[②]），他竟被算为虔诚的；然而，当人将现世的生命视为价值甚微时，他被教导将来世的生命视为唯一重要之事，这样他们便将知道上帝和他的圣言逻各斯，知道圣父与圣子的统一，圣父与圣子的交通，圣灵为何，圣父、圣子、圣灵三位一体却又各自独立；以及知道那我们所盼望的将来的生命要远远好于言辞所能描述的，若我们从恶行中脱离出来而得以洁净的话；上帝将我们的善意带到如此的一个程度，即我们不单单只爱那爱我们的朋友。主说：“你们若单爱那爱你们的人，

---

① 《哥林多前书》15：32：“我们就吃吃喝喝吧。因为明天要死了。”又参见《以赛亚书》22：13。

② 参见《伊利亚特》第16卷，第672行：“孪生兄弟睡眠和死亡。”

有什么可酬谢的呢。就是罪人也爱那爱他们的人……你们若借给人，指望从他收回，有什么可酬谢的呢？”①

我说，如果我们的品性不过如此（像单爱那爱你们的人），而且若我们过着如此得过且过的生活，难道我们最后还能逃脱不敬神的指控吗？

这些，与许多大事相较，仍旧只是小事一桩，以致我们不应继续耗费您的耐性；因为那些检验蜂蜜和乳浆的人，只需稍许品尝便能判断出其全部的好坏。

第十三章　基督徒为什么不举行献祭

但是，至于大多数那些以无神论的罪名控诉我们的人，因为他们对于何为上帝甚至不具有最痴人说梦般的构想，而是全然愚蠢的不了解自然的和属神的事物，例如以献祭的规则来衡量人的虔诚，控诉我们不像城邦民众一般敬拜他们的诸神，哦，陛下，请您在两方面注意下列讨论。

首先，论到我们的不献祭：

宇宙的组成者和天父不需要血，不需要人们献祭时燃烧的气味，也不需要花和香的芬芳，②因为他自身便是全然的馨香，无论他的里面或外面都一无所需；对于他而言，最高贵的献祭，是让我们晓得他铺设了有穹顶的天国，在其上建造大地，聚集水成为海洋，并且将光与暗分开，他用众星装饰天空，而且使大地生出各样的种子，创造了动物与人。

当明白了上帝是万有的创造者，他全然借着他的全知全能，保守并且管理万有，我们信神的人向着他“举起圣洁的手”祷告，他还需要从

---

① 《路加福音》6：32，34。

② 花与香料或许是无害的，但天父仍旧不赞成这样做。

百牲祭里得到什么吗？

> 如果凡人有心或无意犯了过失，
> 便用美酒、百牲作为献祭，并虔诚祷告求祈
> 恳求天神将愤怒平息。[1]

然而全牲祭与我又有什么相干，既然上帝根本不需要这些？——虽然的确，我们理应向神奉上不流血的祭物与“出于我们的理性的祭献”[2]。

第十四章　那些指控基督徒的人本身自相矛盾

然后，对于另一个控告，即我们不像城邦众民那样相信与他们相同的诸神并向之祈祷这一指控，我不能不说这是一个极其愚蠢的控告。令人惊讶的是，事实上，那因为我们不承认与他们一样的诸神而以无神论控诉我们者，对于诸神为何，在他们自己之中也未达成一致。

雅典人业已树立起像克勒奥斯（Celeus）和墨塔涅拉（Metanira）[3]这样的诸神了；斯巴达人则树立起对斯巴达王墨涅俄斯的崇拜；他们提供献祭并举行有关他的节日庆典，而特洛伊人甚至连听到他的名字也无法忍受，而是把他们的崇拜献给赫克托耳。

---

① 荷马《伊利亚特》第 9 卷，第 499 行以下，按此英译本所据大多数为根据德比爵士的译本（Lord Derby's translation）。

② 比较《罗马书》12：1：“所以弟兄们，我以神的慈悲劝你们，将身体献上，当做活祭，是圣洁的，是神所喜悦的。你们如此事奉，乃是理所当然的。”“素祭”（见《利未记》2：1）指的是犹太人的不带血的祭品，这是基督徒的祭品；而此后如拉丁教会所教的，以基督的血为祭，提阿菲罗斯当时还未闻及此。

③ 希腊神话中厄琉息斯的王后，国王克琉斯的妻子。按与克勒奥斯原本皆为凡人。——译者注

金斯人（Ceans）崇拜阿里斯泰俄斯[①]（Aristaeus），将他视同宙斯和阿波罗；塔索斯人（Thasians）崇拜特埃吉尼斯（Theagenes），一个竟然在奥运会上进行谋杀的人；萨摩斯岛人崇拜莱桑德（Lysander），不论他犯下的所有的屠杀等罪行；阿尔克曼（Alcman）[②]和赫西奥德崇拜美狄亚（Medea）[③]，西里西亚人（Cilicians）崇拜尼娥蓓（Niobe）[④]；西西里人崇拜菲利浦的儿子布塔启戴司（Butacides）；阿马图西亚人（Amathusians）崇拜欧涅西洛司（Onesilus）；迦太基人崇拜哈米尔卡（Hamilcar）[⑤]。

我无暇再一一列举下去。总之，当他们论及他们的诸神时，在他们自身之中尚且不一致，他们为何控告我们不赞同他们？

且看那在埃及人之中占主导地位的仪式：他们这样岂不是全然荒谬吗？因为当他们的隆重节日到来时，在寺庙中他们击打野兽，似乎这么做是为了死去的人，却又为同样的野兽视为诸神来献祭；无怪乎，他们将这些禽兽视若神明，并在它们死去时为之修面，且在寺庙中埋葬它们，为之举行公共的哀悼仪式。那么，如果是因为我们不举行与他们一致的仪式而背负不敬神的罪名，那么所有的城邦与国度都应背负这一罪名，因为他们所承认的诸神也都并非同一回事。

第十五章　基督徒区分上帝和物质

但是姑且假设他们所承认的诸神是同样的。那么又会怎样？

---

① 译按：太阳神阿波罗与女神库瑞涅所生之子，善养蜂。

② 希腊诗人，多里安人合唱抒情诗的知名作者。现存作品均为片断，最长者为《帕底农神庙歌》。

③ 科基思（黑海东岸古国）国王埃厄特斯（Aeetes）的女儿，以巫术知名，帮伊阿宋（Jason）取得金毛羊皮并与之私奔，为了报复伊阿宋另有新欢而杀死两个亲生子。

④ 弗里吉亚国王坦塔洛斯的女儿，以七子七女傲人而惹怒勒托，将之变成石像。

⑤ 迦太基将领。

因为多数人不能够区别物质和上帝，也看不见二者之间的距离有多大，因而向那以物质制成的偶像祈求，而我们作为能够区分创造的与受造的，存在者与不存在者，及那通过智性理解者与通过感官感觉者，且作为一一给予它们以适宜名称的人，——难道我们也要来敬拜偶像？

如果，质料和上帝确乎是相同的，如果这两个名字实际上指的是同一样事物，那么无论是关于树木还是石头，黄金还是白银，都作为诸神的话，我们基督徒便犯下不信神的罪了。但如果质料与上帝彼此大相径庭——其差异就如同艺术家与其所使用的材料那么明显——我们为什么还要被算作不敬神？

因为质料与上帝的关系正如陶匠和泥土（质料就如黏土，而艺术家就如陶匠），同样，上帝是世界的创造者，而质料，则服从于他塑造的技艺。但正如泥土若未经匠人之手本身不能够变成器皿，质料本身虽有接受各种形式的潜能，若离开了上帝，也不能获得其特性、形状与秩序。

而且我们正如不应将陶器赋予较制造它的陶匠更高的价值一样，我们也不应将玻璃或黄金的器皿赋予较制造它们的工匠更高的价值；若这些器皿的精妙使人赞叹的话，我们应称赞的是能工巧匠，正是工匠才应享有这些器皿之上的荣耀：质料和上帝之间的关系更是如此——世界安排得井然有序的荣耀不应归于质料，而应正确地单单归于上帝——质料的塑造者。

因此，假如我们将各种质料的形式视为各样诸神，我们便无法感知真正的神，因那样我们便将易朽坏的事物置于和永恒者同等的地位了。

第十六章　基督徒不敬拜宇宙

毫无疑问，宇宙是极其美好的，[①] 这美好体现在大大小小各方面，如同

① 此为奥托译本，别本“美好的”作“包容的”。

在它的各部分的巧妙安排中，在其环绕北方运转的椭圆形轨道上，以及在它的球状外形上。然而我们所要敬拜的却不在于此，而是创造它的工匠。

因为当任何您所造的对象走近您的时候，他们不会疏于将他们的尊崇献给您，您是他们的统治者和主人，从主人那里他们将会获得他们所需要的，并且在您的殿中找到他们自己的位置；但是，如果他们碰巧偶然走近了这宫殿，他们会对它的美丽建筑投上惊叹的一瞥：

然而它们所展现的荣耀实在是归于你自己，因你是“一切的一切。”

唯有你是元首，的确，为自己的名树立并且装饰你的宫殿；然而世界的受造并非是因了神有何需要；因为上帝自身便是一切，——无法接近的光照，一个完美的世界，圣灵，大能与理性。

那么，如果世界是一个谐调一致的乐器，且按照时间运行有序的，我要敬拜赞美的是那给予了它以和谐，按节奏敲击音符，且按一致曲调来高唱者，而不是乐器本身。因为在音乐的竞赛中，裁判者不是为竖琴而是为竖琴演奏师加冕。

那么，无论是否如柏拉图所说，这世界是神圣艺术的一种作品，——我都赞美其美好，而且崇拜其工匠；或如逍遥学派的人所断言的，这世界是他的本质和身体，我们都不会疏于崇拜上帝，因他是身体的推动力，而且降卑“到贫穷者和软弱者之中”，无论人们爱慕的是无知觉的虚空①（如他们所称的），抑或可感的质料；或者如某些人理解世界的一些部分是来自上帝的力量，我们却都不会崇拜各种力量本身，而是那些力量的产生者和主宰。

我不会向物质要求那它所无法给予的，也不会忽略了上帝而表达对各种元素的尊崇，这些元素除了他们所承载的什么也不能做；因为，虽然它们看上去是美丽的，但那是出于它们的创造者的技艺，而它们自身所具的仍只是质料的本性。

---

① 有些观点认为，这里的“虚空”是意谓人类的灵魂。

而且在这一点上柏拉图也作出了证言；“因为”，他说，“被称为天和地者接受来自天父的许多赐福，但是仍然分有了身体；因此它不能够免于变化”[①]。

因此，如果，当我因了他们的奇妙赞美诸天和元素之时，因了知道分解的自然律法仍施于它们之上，我不像敬拜神那样敬拜他们，我又如何能将那我知道其制造者为人类的那些物体称为神？

以下，我请求您，留意关乎这一主题的一些话语。

第十七章　诸神的名号及其偶像只是晚近才出现的

一个护教者一定会引证比较精确的论据，胜于我业已给出的，包括有关诸神的名字，以表明他们不过只是最近才发生，以及关于他们的偶像，以表明它们的出现只是近如昨日。

事实上，您自己应该相当地熟悉这些事情，既然您通晓各种门类的知识，和较他人远更熟悉远古之事。我敢断言，正是奥菲斯，荷马，和赫西奥德等人把系谱和名字给予那些他们称为诸神者的。这也是希罗多德的证言。[②]“我的看法是”，他说，“在我之前的四百年前的赫西奥德和荷马，不会更远；正是他们为希腊人编织了一个诸神的系谱，而且给予了诸神他们的名字，分配他们以若干荣耀和功能，而且描述了他们的形象”。

再者，对诸神的描绘，一点也无补于事，当雕像，油漆，与雕刻尚未被发明出来前；他们也没有变得普及，直到萨摩斯岛的萨奥瑞阿斯（Saurias），锡吉安（Sicyonian）[③]的克拉托（Crato），哥林多的克林瑟斯，

---

① 柏拉图：《政治家篇》，第269页以下。

② 希罗多德：《历史》，第2卷，第53页。

③ 希腊古典时期相当繁荣的城市，位于伯罗奔尼撒北部，距科林斯约180公里，早期的历史曾长久臣属于阿果斯。

和哥林多的达姆塞尔（damsel）[①]出现以前。当萨奥瑞阿斯发明了素描之法，他在太阳下描绘了一匹马的略图，而克拉托发明了绘画，他在一个白板上用油彩颜料画出男人和女人的轮廓；而使画像具有立体感的技艺（κοροπλαθικη）是由达姆塞尔发明的，[②]她，因了爱上一个人，便当这个人熟睡时描摹他在墙上的影子，而她的父亲，因她所画的逼肖而高兴（他是一个陶匠），便在其上刻出模子并用黏土填充塑出人像——这个雕像现仍在哥林多得以保存。在这些人之后，泰达路斯和那爱尔兰（Milesian）[③]的提奥都鲁斯（Theodorus）更进一步发明雕刻和雕塑的技艺。

所以，您可以看到，因为图形的表现及塑像的制作发明，至今时间是如此之短，以至于我们甚至能一一指明每个特别的神是哪个艺术家所塑的。

例如，在以弗所的雅典娜（或者更恰当地说是 Athela，因为她在秘密仪式中的风格中更多地被如此称呼；因为古时其形象是由橄榄树所造而得名）的塑像，以及这同一位女神的坐像，是由泰达路斯的一个学生恩多尤斯（Endoeus）所塑；佩提亚（Pythian）的神是出自提奥都鲁斯与特里克勒斯（Telecles）之手；而德里安（Delian）神与阿耳特弥斯是出自特克塔由斯（Tectaeus）与安戈里奥（Angelio）之手；在萨摩斯和在阿哥斯的赫拉出自斯密利斯（Smilis）之手，而另一个雕塑则出自菲迪亚斯；在尼多斯（Cnidus）[④]中的优雅的阿芙洛狄忒是出自普拉克希特拉之手；在皮达鲁斯（Epidaurus）[⑤]的医神阿斯克勒皮俄斯是菲迪亚斯的杰作。

总而言之，这其中没有一个雕像能说他们不是被人造出来的。那么，

---

① damsel 或作 Koré，damsel 是否为一人名，尚有疑问。

② 同上。

③ Milesian(爱尔兰人)。根据传说，这些人也属于 Japhet 族，从 Scythia 进入希腊、再到埃及、西班牙，最终在公元前 1530 年，在 Tuatha De Danann 统治 200 年后由西班牙到达爱尔兰。——译者注

④ 古希腊城市，在安纳托利亚西南海岸的卡里亚半岛上，系重要商业中心。

⑤ 古希腊的城邦，在阿耳戈斯。——译者注

如果说他们是神，他们为什么没有从一开始便存在？为什么呢？难道事实上，他们比那些制造了他们的人还要年轻吗？难道，事实是，为了能成为存在，他们还需要人和艺术的帮助吗？诸神无非只是些泥土，石头，种种质料，以及诸般奇技淫巧的集合。[①]

第十八章　如诗人所承认的，诸神他们本身是受造的

然而，既然有些人断言说，即使上述那些只不过是些泥塑木偶，但确乎有诸神存在，那些偶像正是按照诸神的名义制造的；且交给这些偶像的祈求与献祭亦即等于交给了那诸神。因而祈求与献祭也即为诸神而作，[②] 并且事实上也没有任何其他的方式来接近他们：

> 这很难令人承受，对于凡人，
> 当神灵现了他的真身。[③]

然而，为证明他们所说的是真实，他们振振有词地说这些偶像具有各样的异能，下面就让我们来检验一番在他们名下的所谓异能罢。

还有，我要恳求您，最伟大的皇帝，在我进入以下讨论之前，容我斗胆将真实的想法如实陈上；因为我的本意并非旨在单单揭示各样偶像的荒谬，而是，为了反驳那些肆意加在我们身上的毁谤，并为我们所遵循的生活方式试作一番辩解。也俾使陛下，在对此深思熟虑一番后，能

---

① 因此，在早期基督徒祷告之所，没有任何塑像或图画。

② 这是一个异教的偶像崇拜的断言，且对于基督教是全然不合的。

③ 参见《伊利亚特》第 20 卷，第 131 行，罗译作：“他定会恐惧：神明原形显现很可怕。”

够发现天上的国度！

因为一切的事物都臣服于你，圣父与圣子，因你已得到自上而来的王国（因为“王的心在耶和华手中”[①]，先知的灵如是说），这国度是从独一的上帝与圣言那里来的。他，圣子，我们晓得是与圣父一体而不分的，一切的事物也都是像这样的从属于他。这一点尤其我小心翼翼地请求您考虑。

诸神，如他们所宣称的，并非从开始就存在，他们的每一个就像我们自己一样，都是受造的。而且在这一点上，诗人们全都同意。

荷马谈道：

> 诸神的始祖老欧绪诺斯（Oceanus，旧的海洋之神），和始母特提斯。[②]

而且奥菲斯（他，正是他，最先编造了他们的名字，而且详述了他们的出生，并且叙述了他们各自的事迹，而且事实上其他人更真实地记载了有关诸神之事物者，荷马他自己在最大多数的事上沿袭之，尤其关于诸神）。他也将他们的最初的起源归于水：

> 海洋之神欧绪诺斯，万物的起源。

因为，依照他的说法，水是一切事物之起源，从水中形成了泥土，并从其中产生了一个动物，一条长有一个狮子头的龙，而在两头之间有一个神的面者，名为赫拉克勒斯（Heracles）与克罗诺斯。

赫拉克勒斯生出了一个巨大的蛋，它在越来越变得膨胀后，借着

---

① 《箴言》21：1：“王的心在耶和华手中，好像陇沟的水，随意流转。”

② 参见《伊利亚特》第14卷，第201行，又见第302行。

其产生的摩擦力，爆裂为两部分，在高处部分接受天国的形式成为乌拉诺斯，而较低的部分则成为那大地女神该亚。接着，女神该亚，生出一个身体来；而且乌拉诺斯借着与该亚的结合，生出了女性诸神，克洛索（三命运神之一，司纺制生命之线），主宰人类寿命的女神和阿特罗波斯（Atropos，命运三女神之一，职掌切断生命之线）；和男性诸神：百手巨人科托斯（Cottys），巨吉斯，独眼巨人赛克洛普斯，布戎特斯（Brontes）[①]，斯忒罗佩斯（Steropes），和阿戈斯，他也在生出众子之后，将之用力投掷下到地狱底下暗无天日之深渊，因了知道他要被他的孩子夺权并流放；该亚因此被激怒，生出了提坦诸神[②]：

> 神似的该亚（Gaia），生出乌拉诺斯的
> 众子们，以泰坦诸神的名字而闻名，
> 因为他们向乌拉诺斯寻求复仇
> 在他宏伟的宝座上，他的王冠如星光照耀。[③]

第十九章　哲学家在论及诸神问题上同意诗人的上述观点

这便是他们的诸神与宇宙的开端。那么我们由此能明白些什么？

因为从起初那各样事物便有神性赋予于其中。因为，如果他们是由无到有成为存在，他们先前便不曾存在，也就是说，那些被当作诸神一样对待的，他们其实并不存在。因为，一件事物若非受造的和永恒的，就是受造和易朽坏的。我想哲学家在这件事上当无异议。

---

① 雷霆之神。

② 即滋生一切的欧绪诺斯的涌流。

③ 奥菲斯《残篇》。

> 那一直是其所是者，是没有起源的；而那有起源者，也许就一直都不是那是者？①

论到那可理解的和有感觉者，柏拉图教导说那一直所是者，亦即那全知者，是非受造的；而那非是者，亦即那可感者，是受造而有起源的，有其开始与终结。

与此类似，斯多亚学派的哲学家也说，所有存在的事物都将会被燃尽而且将会重新存在，世界将会有个新的开始。但是，依照他们的说法，虽然有两种本源，一种是主动的与统治者，即上帝，另一个是被动的与可变的，即质料，世界是不可能保持恒久不变的状态的，即使在神意的关照之下也仍然不可能，因为它是受造的——那么这些诸神的组织如何能保持？——既然依其本性，他们本身不是自有的，②而是有其来源。

再者，诸神在哪些方面上比质料高明呢，既然组成他们的本原也只是水？但是依照柏拉图与斯多亚学派的观点，甚至水也并非一切事物的起源。仅仅从简单的和同质的元素里头，能构成什么呢？而且，质料需要一个工匠，而且工匠需要质料。因为塑像如何可能被造出，当在没有质料或工匠的前提下？质料也不可能先于上帝而存在；因为必要的动因必须在受造的事物以先存在。

---

① 柏拉图：《蒂迈欧篇》，第27页以下。

② 字面上意为“依其本性”。

第二十章 诸神表现出的种种荒唐

如果他们的荒谬神学仅限于叙述那些诸神是受造的，而且将他们的构成归于水，也就罢了。既然我业已阐明了一切受造的最终都趋向于分解，我便继续进行余下的质问。

但是，在一方面，他们业已描述了诸神所具的肉体形式：

举例来说，论到赫拉克勒斯，此神君状如一条缠绕纠结，看似有百手的龙；宙斯的女儿，是他的母亲瑞娅所生；或论到得墨忒耳，如同在自然的法则中生有两只眼睛一样，在她的前额中有两只眼睛，以及她的脖颈背后上的兽面，并且长有角，以致瑞娅，她的一个孩子受此怪物的惊吓，未曾经哺乳便从她身上逃出，这个孩子被神秘地叫做雅典拉（Athela），但是一般都称其为珀尔塞弗涅（Phersephone）和科莱，虽然她与雅典娜不同，[①] 后者被称为来自瞳孔的科莱；此外，他们业已描述了诸神的令人羡慕的[②] 成就，如同他们所以为的那样：

再如，克罗诺斯如何阉割了他的生身父亲，而且将他从双轮战车上用力掷下，以及他如何谋杀了他的孩子，将其中作为男性者活生生吞下；以及宙斯如何缚住他的父亲，而且将他投下到地狱底下暗无天日之深渊，正如乌拉诺斯先前对他的儿子所做的那样，而且与维护政权的泰坦神大战一番；当她拒绝与他结婚的时候，他如何迫害了他的生身母亲瑞娅，当她变成一只母龙时，宙斯变成一条公龙，将那所谓海克力斯之结（Herculean knot）来缚紧她，以逞其所欲。关于这一事实，赫耳墨斯的笞鞭是一个印记；甚者，他侵犯了他的女儿珀尔塞弗涅，在这一情景中他也取了龙的样式，由此变成了狄

① 也即密涅瓦。

② 或作：“业已精确地描述过的。”

俄尼索斯之父。

为叙述得明白起见，我不得不至少说这么多，在这样的一个历史里，这里面有什么有益或有用之物，足以使我们坚定地相信克罗诺斯，宙斯，科莱，以及诸如此类者，是神呢？

那是对他们的肉体进行的描述吗？唉，有判断和思考能力的人怎么会相信那样的一个说法：一只毒蛇是借着一个神生出的。——奥菲斯便如是说：

> 但是从神圣的子宫中法涅斯 (Phanes)① 生出
> 怪异的子孙，凶猛可怖，
> 只见一条可怕的毒蛇，盘旋在他的头上
> 那是他的头发：
> 那张脸是秀丽的；但是身上余下的部分
> 从脖子一直往下，却是令人厌恶和可憎
> 的一条令人生畏的龙②。

否则谁会承认法涅斯本身，作为一个首生的神（因为他是那从蛋中生出），有着龙的体形，或者谁能相信他被宙斯吞下，对于宙斯来说他未免太大而难以下咽了吧？因为如果他们与最低级的禽兽也没有什么不同的话，（既然，显而易见，有神性者必定不同于凡俗之物，以及那源于质料之事物），他们便不能算是神。于是，我不禁要问，我们如何能作为祈求者接近他们这些所谓的诸神呢，既然他们的起源无异于牛羊，而且他

① 在俄尔甫斯神谱传统中，普罗多格诺斯（即“最先出生的”）、厄利克帕奥（字源不详，一说为“春天之主”，另一说为“食欧石南的”）和安托则斯（即“思索光明的”）都是指法涅斯。法涅斯来自于夜神尼克斯所生的“宇宙之蛋”（一说为时间之神克洛诺斯所造），他既是尼克斯的儿子，也是她的丈夫和父亲。法涅斯是最初的神，具有双重性别，因为他独自创造了神的种族。

② 引自某已佚残篇。

们本身具有的只是禽兽的形式，而且其举止有碍观瞻？

第二十一章 归于诸神的不洁的爱

但是能否说他们只是具有了肉体的形式，且具有血液与繁殖能力，以及愤怒和性欲，甚至这样我们也不得不将如此的断言视为无意义的与荒谬的；因为在神里面，既不会有愤怒，也不会有食色之欲，也不会有繁殖之事。那么，就让他们有肉体的形式，但是至少让他们比愤然和暴怒要好些吧，人们或许可能没看到雅典娜的这一形象：

（雅典娜）生她父亲宙斯的气，满腔愤怒，
在胸膛内汹涌翻腾，却不能发出[①]

赫拉亦然：

赫拉的胸膛
难以容纳她的恼怒。[②]

而且也让他们能高于凡人的悲悲切切罢：

这可恨的双眼使我看到：
那个我亲爱的人
沿着城墙落荒而逃！

① 参见《伊利亚特》第4卷，第23行。

② 同上书，第24行，按罗念生译本作“赫拉胸中平平静静，一点火气没有”，与此处引文有异。

我的心
为赫克托尔悲伤不已。[①]

因为我甚至将那屈服于愤怒和悲伤之人称为粗鲁无礼的和愚蠢的。但是当“人类和诸神的父亲”为他的儿子哀悼的时候：

可悲，可叹，命中注定我最钟爱的萨尔佩冬
要死在（墨诺提奥斯之子）帕特罗克洛斯的手中。[②]
宙斯之子，宙斯要救他也无济于事。[③]

听了诸如此类的故事，谁不会斥责那些热衷于迷恋诸神的人是蠢材，或者确切地说，这些人的生命中原本没有任何的神？

就让诸神有肉体的形式吧，但是不要让阿芙洛狄忒被狄奥墨得斯进入她的身内并被其击伤：

是提丢斯之子，傲慢的狄奥墨得斯
刺伤了我。[④]

或因阿瑞斯而使她心神不定：

我，相貌平平的我，她（阿佛洛狄忒）看不入眼；
却把她的魅力

① 参见《伊利亚特》第 22 卷，第 168，169 行。
② 参见《伊利亚特》第 16 卷，第 433 行以下。
③ 参见《伊利亚特》第 16 卷，第 522 行。
④ 参见《伊利亚特》第 5 卷，第 376 行。

倾情奉献给那个好色之徒，双臂的强壮神（阿瑞斯）。[①]
——利器刺穿了血肉。[②]

那在战场上所向披靡的（赫克托尔），作为对抗泰坦神的宙斯的盟友，却显得比狄俄墨得斯要弱：

他发怒一如战神，当挥舞他的矛。[③]

且住！荷马，你不知道吗？神是从不发怒的。然而你向我描述的神是沾满了血的，且是祸害凡人的：

战神，战神，凡人的祸根，沾满了血的一身。[④]

而且你还讲述了他的淫乱和他的被囚：

接着，两相情愿，女神的诱引使他难当，
而且沉沦在羞怯的床上。
自投于罗网。[⑤]

论及诸神，他们源源不断倾倒的诸如此类的不敬虔的东西还不够多吗？乌拉诺斯被阉；克罗诺斯被囚，且被下到地狱底下暗无天日之深渊；泰坦诸神掀起了叛乱；而司蒂克斯（Styx）在争斗中丧生：是的，他们

① 参见《奥德赛》第 8 卷，第 308 行以下，参照蒲伯的英译本。——译者注
② 参见《伊利亚特》第 5 卷，第 858 行。
③ 参见《伊利亚特》第 15 卷，第 605 行。
④ 参见《伊利亚特》第 5 卷，第 31 行，又见第 455 行。
⑤ 参见《奥德赛》第 8 卷，第 296—298 行以下，参照蒲伯的英译本。——译者注

甚至表现得就如同凡人；他们彼此相恋；他们又与人类相恋：

> 埃涅阿斯（Aenuas），在伊达的高耸峰巅中之山谷，
> 不朽的美神维纳斯在伊达谷为安基塞斯王（Anchises）将他生出。⑥

他们这岂不是在恋爱吗？

他们岂不是在忍受情欲之苦？

不致如此吧，他们不是神吗，欲望应该不能够影响他们的呀！即使一个神是在追求一个神圣的目的，一旦触及肉体，他仍不免成为欲望的奴隶：

> 无论是对女神或凡女，泛滥的情欲
> 从未如此强烈地征服过我的心灵；
> 我从没有这样爱过伊克西昂的妻子，
> 她生了思路聪敏如神的佩里托奥斯；
> 或是阿克西里奥斯之女，有一双秀足的达那厄，
> 她为我生了人间最杰出的佩尔修斯；
> 或是遐迩闻名的福尼克斯王的女儿，
> ……（她为我生了弥诺斯和天神般的拉达曼提斯，）
> 或是那个塞墨勒和忒拜的阿尔克墨涅，
> ……（后者为我生下了刚强勇猛的赫拉克勒斯，
> 前者为我生下了为凡人带去欢乐的狄奥倪索斯；）
> 或是发辫秀美的女神得墨咸耳，

① 参见《伊利亚特》第2卷，第820、821行。

或是光艳照人的勒托（Latona）[①]，甚至以往的你，
像眼下如此激荡的甜蜜的情欲，这样让我沉溺。[②]

他是受造的，他是易朽坏的，在他里面没有一点神的迹象。一点也没有，这些诸神甚至是被人类雇用的仆人：

在阿德墨托斯[③]的大厅里，在那里我不得不耐着性
称赞他那卑贱的桌子，虽然我是一个神。[④]

而且诸神还要照看牛群：

来临到此，我赞美我喂养的牛群，
因为他那是我的主人，而且照看了这房子。[⑤]

如此这般看来，阿德墨托斯还要高于诸神罢。

哦，阿波罗啊，预言者与明智者，那能为其他人预见将来的事物的，你未能为你所爱的预言谋杀者，反而你亲手杀死了他，虽然他如此可怜：

而且我相信了阿波罗的神圣之口
充满真理，和预言者的艺术。

---

① 提坦女神之一，阿波罗和阿尔特弥斯的母亲。

② 参见《伊利亚特》第 14 卷，第 315 行以下。

③ 译按：Admetus，Thessaly 国王，到海外觅取金羊毛的阿尔戈英雄之一，娶 Alcestis 为妻。

④ 欧里庇得斯：《阿尔刻提斯》（Alcest），第 1 行以下。

⑤ 同上书，第 8 行以下。

埃斯库罗斯在此实际上是在指责阿波罗身为一个错误的预言者：

正是那个在宴会的时候动作缓慢之人，
那人说的这些事物，唉！
正是他
他得回转我的儿子。[①]

第二十二章　虚妄的象征化解释

但是也许这些事物是诗意的异想天开，而且有他们的一些出于其自然本性的解释，正如恩培多克勒所说：

让宙斯成为火，让朱诺成为生命之源，
借由冥神和冥后（Nêstis），他泪落如雨
人类由此生出。

如果说，既然宙斯是火，赫拉是土，阿都尼是气，而冥后 Nêstis 是水，而这些都只是元素——火，水，气——那么他们便都不是神，无论宙斯，赫拉，或是阿都尼都不是；因为他们的构造与起源是借着真神上帝将质料分化为部分而成的：

火，水，土和气的适宜温度，
以及所有这些元素的协调一致。

① 出自埃斯库罗斯一已佚戏剧。

而以上这些却是离开了协调就无法持存之事物；一旦有冲突便导致毁灭：那么如何能说他们是神？

友谊，依照恩培多克勒的看法，倾向于统治那些复合的事物，适宜于统治者具有的统治权；因此，如果我们使得统治与被统治的力量成为一致的与相同的，我们将会不自觉地使我们自己将易朽坏的、不稳定的和易变的质料置于和非受造的、永恒的和永远自我一致的上帝同等的地位。

依照斯多亚学派哲学的看法，宙斯是自然的炽热的部分；而赫拉则是空气（δηρ）——这些名字本身，如果要将它与其词义本身相联系，其象征不过如此：[①] 海神则是那喝醉了的之意（水，希腊语写作 πνδιs）。但是这些事物是被不同人以不同的方式以自然的对象来解释的。

一些人将宙斯称为阴阳两性之气；其他人则将之称为带来温和的天气者，因了唯有他从克罗诺斯逃脱。但是对于斯多亚哲学家而言，或许会这样说，如果你承认至高的，创造的与永恒的那一位上帝是独一的，正如那质料的变化那么多的复合体是杂多的，而那渗透质料的上帝的灵，按其质料变化的不同形式获得不同的名字，也将成为上帝之体；但是当构成之的元素在永火中被烧毁之后，各样名字将随同其形式一同归于毁灭，唯独上帝的灵得以存留。

那么，谁能相信那些身体，依照质料的变化是易于腐败的，会是神？

然而，某些人说，克罗诺斯是时间，瑞娅是大地，而且瑞娅由于克罗诺斯而怀孕，而生育，从而她被视为万物之母；但克罗诺斯却吞食他的子孙；而且人的残缺造成两性的交合，将精液置于子宫，并繁衍人类，从而人类本能就有性的欲望，（这性爱之神）是阿芙洛狄忒；而克罗诺斯的疯狂便产生了四季的周转，季节的更替造成了生命的新陈代谢。而绑带（bonds）与塔忒鲁斯（地狱底下暗无天日之深渊）便是时间，时间由

---

① 或许因赫拉与空气一词的希腊语拼法相近。

季节来掌管其变化与消逝；对于持这样说法的一些人，我们要说，如果克罗诺斯是时间的话，他就不得不变化；如果克罗诺斯是季节的话，他就不得不周转；如果他是黑暗，或霜冻，或自然的潮气，其中任何一种都不是经久不变的；然而神是不朽的，不移的和不能改变的：因此既非克罗诺斯也非其偶像是神。

论及宙斯，也是一样的道理：如果他是空气，从克罗诺斯而出生，其男性的部分叫做宙斯，而女性的部分则是赫拉（从而同时是前者的姊妹和妻子），他受制于变化；如果是季节，他也会变化：然而神既不变动也不转化。

那么，我为什么还要耗费您的耐心再絮叨这些事呢，既然当您已经很清楚以上种种业已被分解回到自然者所表明的事实，或关于自然的各家的不同说法，或如他们论及雅典娜所说的，他们断言她为遍及万物的智慧;或论到有关伊希斯（Isis）[①]，他们称之为时间之母，一切由之而生，一切借之而存；或论到奥西里斯，关于他被其兄弟提丰谋杀，伊希斯与她的儿子奥鲁斯搜求他的残骸，将之葬入一个坟墓来表达敬意，直到今天这一坟墓还叫做奥西里斯之墓。

因为当他们以质料的形式上下游荡之时，他们错过了寻求上帝，而上帝是只能借着理性才能得见的，而他们将元素及其一些相关部分当做神，他们在不同时间使用不同的名字来称呼后者：举例来说，称玉米的播种为司阴府之神奥西里斯（因此他们说，在那秘仪中，发现在他的身体或果实的成分中，伊希斯居留其间：我们业已发现，我们愿您因此觉得好笑），葡萄的果实内驻着狄俄尼索斯，葡萄树内驻着塞墨勒，太阳的热内驻着雷电。

而且，事实上，那些将寓言附会到真实的诸神上者，所做的任何事都无法加增他们的神性；因为他们不明白，凭着他们为诸神所做的，他

① 古代埃及生育和繁殖的女神。

们只不过在不打自招地交代那与所谓诸神相关的事物。那欧罗巴（Europa）与公牛，以及丽达（Leda）与天鹅，与天地有什么相干？因宙斯与之有过可憎的交合，因此这便应该被视为天与地的相交？

由于他们忘记了去发现上帝的伟大，并且不能提升他们的理性（因为他们未能接近天国），他们在质料的形式之中渐趋远离神，将自身归根于属地之事，而将元素的变化视同神性。正如任何人都应该将扬帆而行的船交在有经验的掌舵的手中。也正如同船，虽然装备好了各样事物，如果它缺少一个舵手则毫无用处，元素也是一样，即使被安排得井井有条，假若离开了上帝的神意，却不会有任何用处。因为船本身将不会扬帆而行；而若离开了其创造者，元素将无法活动。

第二十三章　泰勒斯和柏拉图的看法

然而，既然您的理解力胜过所有人，您或许会问道，那么，如何解释一些偶像显示出其力量，若我们所树立的偶像并非神的话？因为那些缺少生命与动力的偶像若离开了其推动者，则不能做任何事。

我们并不否认，在各处不同的地方，城邦和国家中，以偶像的名义产生了某些效果。然而，事情也不过是如此，如果一些人得到好处，而另一些人，相反，却遭受伤害，我们将认为这便是那些诸神在两造间所做的好事。然而我业已作过审慎的探询，对于为什么您认为这些偶像拥有这种力量，以及他们是从谁那里篡夺了他们的名字，以制造这些效果。以下所述在我看来仍然是必要的，即尝试揭示那产生某种效果而被归于偶像的那些东西究竟为何，借助于哲学家们的若干证言，我们可明白他们并非诸神。

首先，泰勒斯，如那些正确地了解其学说的人所称的，曾将[超越的存在]分为上帝，精灵和英雄。他认为上帝如世界的心智努斯（νους）；

至于精灵他则认为其具有灵魂；而至于英雄，则其赋有的是人的个别灵魂，好的英雄具有好的灵魂，坏的英雄具有的则是无价值的灵魂。

而柏拉图，虽则在其他方面持不同意见，也进行了分别，将[超越的存在]列入非受造的上帝之内，而那些非受造者所造的作为天国的装饰的行星和恒星，则列入精灵之内；关于精灵，他认为他自己不适宜谈论，而应该由那些论及精灵者来讲。

“至于说到另外的一些精灵，要了解他们的起源，实是超出我们的能力；但是我们应该相信那些先前已有的说法，他们是诸神的后裔，如同他们所说的一样——当然他们一定与他们自己的祖先相当熟悉：因此，不信诸神的儿子是不可能的，即使他们的谈论没有可靠的或可信的证据；但是由于他们声称他们是在谈论自己家族的事件之时，我们不得不按照惯例而相信他们。既然如此，这样，且让我们继续谈论，如同他们真的与诸神的起源有关那样谈论罢。该亚与乌拉诺斯是海洋之神欧绪诺斯和特提斯所生；而该亚与乌拉诺斯生出了福耳库斯（Phorcus），克罗诺斯和瑞娅等等；继而克罗诺斯和瑞娅，生出了宙斯，赫拉和所有的其他诸神，我们知道，这些诸神全都称为他们的兄弟姊妹；此外其他的后裔再由这些诸神生出。”[①]

那么，柏拉图，那业已沉思永恒智慧并且宣称借由理性可以认识上帝之人，他宣称上帝的属性——其真正存在，其本性的单纯，其自身流溢出的善之真理，他谈论上帝的至高大能，以及“所有的事物都是出自万有之君王，万有都是为了他存在，而且他是万有之源；”“他是一，他产生出二与三”以及他是“有关第二因的第二推动，有关第三因的第三推动？”[②]这样一位哲学家难道会认为，要了解那些据说从可感觉者，亦即天与地产生出的事物之真理，是超出其能力之事吗？真是难以置信。

① 《蒂迈欧篇》，第40页。

② 托名柏拉图著，《书信》第二卷，第312页以下。此段意义晦涩难解。

但是，因为柏拉图认为无法相信诸神是被生的且能繁衍后代，既然万事有始必有终，以及更无法接受（因为这更加困难）为了要改变多数人的观点，便未经查考地接受传说，因此柏拉图声明论及精灵的起源，这是超过他的能力的，既然他既不能承认也不能教导说神是被生出的。

而且按照他的那个说法："宙斯，天国的伟大元首，驾驶一辆有翼的车，领先前进，命令而且管理所有的事物，后面跟随他的是一班诸神和精灵。"[①] 这并不表示说宙斯从克罗诺斯而生；因为在这里此名字（宙斯）是给予宇宙的创造者的。这一点柏拉图本人也表达过：

由于难以找到一个合适的名称来将他与别的名目区分开，他就给予自己一个大众化的普通名字，不像上帝那样特别，而是为了区分，因为对于所有人来说，要充分地讲清楚上帝都是不可能的；而他同时也加上了一项头衔："伟大的"，以便区别那属天者与属地者，区别那非受造的与受造者，他是比天和地都年轻的，比那克里特人还年轻，那克里特人将他偷走，以至于他不可能被他的父亲杀死。

第二十四章　关于天使和巨人

还有这必要吗？在跟您这广泛涉猎知识的每个门类的人谈论时，还有必要提到诗人或查考另外的一个族类的看法？还是姑且满足于就说这些，点到即止罢。

如果诗人和哲学家不曾承认有一个上帝，而认为这些诸神并非出于虚妄的意见，而是认为诸神中有些是魔鬼，另一些是质料，另一些曾经一度是人，——就有必要显明理性以解决我们的困扰，既然我们用语言来区分上帝与质料，以及其各自的本性。

---

① 柏拉图：《斐德罗篇》，第 246 页。

因为，如同我们承认一位上帝，一位圣子逻各斯和一位圣灵，在本质上为统一的（三位一体），——圣父、圣子、圣灵，因为圣子是圣父的心智，理性，智慧，而圣灵则是圣父所流溢出的，如同从火而流射出的光一样；同样我们也理解另一些力量的存在，这些力量统辖的范围是在质料上，并且其中特别有一种力量，经由质料，是敌对上帝的。

没有任何事物真的能抵挡上帝，正如依照恩培多克勒的说法，冲突并不真的能抵挡友谊一样；也正如依照众星的出没来看，夜晚并不真能抵挡白昼一样。（因为即使任何事物将自己置于上帝的对立面上时，它便会停止存在，其结构也会被上帝的神力与大能毁灭。）然而凡是美善的都是在上帝之中，必然属于上帝，与上帝同在，正如颜色不能脱离本体，“皮之不存，毛将焉附？”（并非作为它的部分，而是作为某种共同存在者，统一而且混合，正如火焰是天然呈黄色而其中的“以太”呈深蓝色。）——凡是美善的都是在上帝之中，我要说的是，关乎质料的灵，也是由上帝造的；[①] 正如别的天使也是由他造的，并且上帝委托天使控制质料及其形式。

因为这是天使的任务，——在由上帝所造的事物与秩序之上施行上帝的神意；以便上帝可以在万有之上的旨意得以完全施行，而其中某些特别者需要由天使来安排[②]。正如对于人而言，对于善和恶有选择的自由，（因为你既不会给予善以荣誉，也不会给予恶以惩罚，除非善和恶本身拥有自己的力量；而有些人是勤勉于你委托给他们的事务，而其他人则是不忠的。）同样在天使之中也是如此。

您将会观察到，一些天使，自由的受托者（free agents），正如他们为上帝所造，在那些事物中继续为上帝指定给他们的诸般事务上服务；但是另一些天使则破坏了他们自身本性的构造，及委托给他们的事务，

---

① 可参见本篇第二十七章。

② 天意不包括神的任命后天使所执掌者。

亦即，质料的这个统治者和它的各种不同的形式，和那些被放置在第一重天（您知道我们若没有见证则什么也不会说，而只会说那已由先知预言之事）；这些堕落为以不洁之爱狂热追求少女，且被肉体征服者，他们在委托给他之诸般事物上疏于职守而顽劣不化。这些处女的追求者，因此，生下了那些被称为巨人者。[①] 并且，如果诗人也曾说过什么关于巨人的话，你们对此不要感到惊讶：世俗的智慧与神圣的智慧彼此之间的差异，就有如真理与似是而非者之别一样：二者悬隔有如天渊之别；的确，按照质料之统治者（魔鬼）所言：

> 我们清楚我们常常撒起谎像真实的一样。[②]

第二十五章　诗人和哲学家否认神性的上帝

这些从天国堕落的天使，于是，在半空中与大地上盘旋，并不再能够飞升到高天的灵界，还有那巨人的灵魂，他们是游荡在世界上的魔鬼，其行事也与之相近，前者（魔鬼）是他们的本性所致，天使则是因了属世的欲望而堕落。但是质料的统治者，他只能从可见物中被看到，他所施行的统治是与上帝的良善相反的：

> 这个忧虑的想法经常掠过我的心头，
> 是命运抑或神在统治
> 人们的琐细之事；而毫不理会盼望与正义，
> 命运却驱使着去放逐某些人

---

① 巴黎的编辑者提醒我们不要将此处所指与《创世记》6：1—4 混在一起。此处是犹太拉比传统的解释（参见约瑟夫《犹太古史》第 5 卷）

② 赫西俄德：《神谱》，第 27 行。

被剥夺赖以维生的所有方式，而其他人则安然无事继续坐享奢华于此世。①

幸运与不幸，相对于盼望与正义，使得欧里庇得斯不可能论及那属地之事的掌管者，这掌管者是这样的一种，以至于人们论及它时会说：

那么，当有见于这些事物的时候，我们如何还能说存在有神性的一个族类，或这个族类是服从于律法的？②

相同的事物使得亚里士多德说在天堂下面的事物不在上帝的照料之下，虽然与在下界的我们一样，上帝的永恒旨意仅仅关乎其自身。

大地，无论她是出于自愿与否，
一定产出牧草，并以此养育我的畜群。③

而且事物原本按照其本性各得其所，这是依照真理而非依照意见的；而且所有的其他事物，依照自然的一般构造，是借由理性的法则提供的。

但是因为出自邪灵的恶魔的活动与运行，产生了这些混乱的侵袭，并且使得人们通过这样或那样的方式，作为个人或者作为整个民族，作为单独的或者共同地，一方面符合质料的趋向；而在一方面，则与属神的事物关系密切，自内或自外都是如此，——一些声名狼藉者因此说宇宙没有任何明确的构成次序，而是处处被某个无理性的偶然性所驱使。然而他们不晓得，那些属于整个世界之构成者的事物中，没有丝毫违背秩序或被秩序忽略者。事实上，它们中的每一个都是理性的产物，因此

① 出自欧里庇得斯一部已佚戏剧。
② 同上。
③ 出自欧里庇得斯一剧本。

他们不会违背为它们设定的秩序，包括人们自身也是如此，只要是与上帝有关的，都是秩序井然的。既是通过其本性，即一切事物共有的本性；也是通过其身体的构成，即不会违背那加之于其上的法则；还借由其生命的终结，这生命是与所有相似者保持同等与一致的。然而，仅仅是依照他自身特有的特性，及那质料之统治者与其追随者魔鬼的伎俩，他被其驱动而左右摇摆、无所适从，尽管原本都拥有相同的原初的心智的构造。①

第二十六章　魔鬼引诱人们崇拜偶像

他们，即以上提到的魔鬼，将人们牵引到偶像前，这些偶像嗜食祭物之血，而且舔食他们；然而诸神却取悦于大众，且这些偶像所被给予的名字，本是人的名字，这从他们的历史中可以看出。

而且那是在偶像的名字之下行动的魔鬼，这被他们所行之事的本性证明：因为其中有一些是行了阉割之事，如瑞娅；其他所行的则是伤害与屠杀，如阿耳特弥斯；陶里克的（Tauric）② 女神将所有的陌生人杀死。在此我略过不讲那些用刀将人撕裂或以鞭笞人入骨者，而且我将不去尝试描述所有的魔鬼的伎俩；因为悖谬而违背自然之事不是神所应为的。

> 然而当魔鬼计划反对一个人的时候，
> 是首先在他的思想上施以伤害。③

---

① 心智的构造，或作“理智的能力”。

② 古代地理学中指克里米亚（通常也包括切尔松尼斯城在内）的地区，位于现乌克兰境内。

③ 出自一部已佚戏剧。

但上帝，则是全然的善，且永远在行善的。此外，那些有大能者，与那些其塑像被树立起来的偶像是不同的，关于此点特洛阿司（Troas）和帕留姆（Parium）两地提供了非常强有力的证据。

特洛阿司有着涅瑞林努斯（Neryllinus）之像，这不过是与我们自己同一时代的一个人；至于帕留姆，则有亚历山大和海神的塑像。还有，涅瑞林努斯的另一个像，是作为公众的装饰品，如果一座城邦确能被如此这般的玩意装饰的话；但是这些塑像中的一座被视为能预言神谕及痊愈病人，因此特洛阿司的人向这个像献祭，将黄金镶于其表，并在其上悬挂项圈。

但是亚历山大和海神（后者，您是知道的，将自己投入靠近奥林匹亚平原的大火之中）的像，据说那海神同样能发出神谕；论到那亚历山大：

> 可怜的帕里斯，虽然相貌堂堂风度翩翩，
> 你到头来只不过是女人的奴隶。①

公众举行献祭，而且在节日耗费巨资来举行庆典，以便某位神能听取他们的祈求。他们耗尽精力所要取悦的雕像，便是涅瑞林努斯，海神，和亚历山大吗？抑或这雕像的性质究其实不过是其质料本身？

但是质料不过是青铜。而且青铜本身能做什么呢？这青铜可能被再度塑造成别的形态，或者如同希罗多德所讲述的，埃及法老阿马西斯治疗平足时所做的那样？

而涅瑞林努斯，海神，与亚历山大，他们又能给予病人什么益处？因为据说偶像是起作用的，不过只在涅瑞林努斯病怏怏地活着之时，才起作用。

---

① 参见《伊利亚特》第3卷，第39行。

第二十七章　魔鬼的诡计

接下来又如何？

首先，有关各样意见的灵魂之无理性的与迷幻的运动时不时地产生各式各样的偶像（ειδωλα）：其中一些起源于质料，另一些则是他们自己形成的；而这尤其体现在某个分有了质料之邪灵的灵魂中。且变成与质料混合，便不再仰望属天的事物与其创造者，却只是往下注视属地的事物，目光全然只在地上，这样便只是简单的血肉之躯，从而不再具有纯粹的灵。灵魂的这些无理性的和迷幻的运动，于是，在心智中产生空洞的幻觉，借此它疯狂地依附在偶像上。

当这柔弱和易受影响的灵魂，尚不具备严格教义的知识与经验时，而且不习惯于沉思真理及思考圣父和造物者，就会被错误的观念压倒，于是那盘旋在质料之上的魔鬼，贪婪地嗜食献祭者与受害者之血的，早已预备好把人引入歧途，使许多的灵魂陷于蛊惑之中；并且，占据了他们的思想，使他们的心思陷于空洞的幻象中，这幻象仿佛来自于种种偶像；而当这些被蛊惑的灵魂自身，仿佛感到作为不朽者，向着理性运动，或者能预言未来，或者能治愈眼前，于是，魔鬼宣称了荣耀归于自己。

第二十八章　异教的诸神只是凡人

这也许是必需的，为与前面所引证之事相符合，下面需要稍稍论及他们的名字。

希罗多德，与亚历山大菲利浦的儿子，在他的信中对他的母亲（而且据说他们各自曾在赫里奥波里斯城，与孟斐斯和底比斯的祭司交谈），断言他们从祭司的口中得知那些神本是凡人。希罗多德如是说："他们说，这些偶像所表现出的既然是如此的一种本性，他们便实在还远远不能作为神灵。况且，在这些偶像产生的时代之前，还有这样一种情形；那时埃及有诸神对应于埃及的统治者，这统治者在与人同在地上，统治者总是至高的。这些统治者中的最后一位是何露斯（Horus）[①]，奥西里斯的儿子，被希腊人称为阿波罗。他罢黜了提丰（Typhon），而且作为埃及的最后一位神圣国王施行统治。奥西里斯被希腊人称作狄俄尼索斯。"[②]

几乎所有诸神的名字都是从埃及来到希腊。[③]

阿波罗是狄俄尼索斯和伊希斯之子，正如希罗多德同样断言的：

根据埃及人的说法，阿波罗和狄安娜（Diana）[④]是狄俄尼索斯和伊希斯的孩子，而拉托那是他们的乳母和保护者。[⑤]

埃及人将这些源于诸天的存在物视为他们最初的统治者：部分出于对神的真实崇拜的无知，部分出于对其统治的感激之情，埃及人将他们与其妻子一道视为诸神一样来敬拜。

干净的公牛和公牛犊普遍地被埃及人用作祭物，但是母牛，则

① 古代埃及的太阳神。
② 按以下希罗多德《历史》的英译系采自 Rawlinson 的译文。
③ 希罗多德《历史》，英译本，卷 2，第 50 行。
④ 罗马神话中处女的守护神。
⑤ 希罗多德《历史》，卷 2，第 156 行。

不允许作为献祭，既然后者已经被奉献给伊希斯女神了。这个女神的像具有女人的形式，除了多出一只像母牛头上的角以外，与伊娥的希腊形象相似。[①]

而还有谁能得到更多的好处，通过作这些陈述，比起那些在家族中从父亲那里子继父业者，得到的不但是祭司的神职，而且还包括其历史？因为作为祭司，他们的专业即推荐偶像给凡人敬拜者，不可能会虚伪地主张这些偶像不过是凡人。如果单单希罗多德一个人说过，埃及人所说的神的历史与人的历史并无两样，——当希罗多德这么说，“我的意图并非重复他们所告诉我的有关他们的宗教之事，除了他们的神明的名字以外，这些事物其实无关紧要”[②]，那么我们甚至不能将希罗多德当做一个寓言家来看待。

但是当亚历山大和冠以特里斯米吉斯图斯（Trismegistus）之姓的赫尔墨斯，他们分有了神的永恒的属性，还有无数的其他人，多得无法一一逐个地指出他们之名，也都如此宣称，他们让人们不存怀疑地敬拜国王如神。然而事实上他们是人，大多数有学问的埃及人也证实了。那些说以太，大地，太阳，月亮是神的，把其余的视为不免一死的人，并将庙宇视为他们的坟墓。阿波罗多罗斯在他的论述中对神也作出了相同的声明。但希罗多德甚至称他们的自虐受苦是宗教仪式：“在布斯里斯城伊希斯的节日庆典上已经有谈到。在那里，成千上万的男人和女人，都在一个向诸神中的某一位举行的秘仪中，在献祭的密室中击打他们自己。此神灵之名，出于宗教信仰的考虑，我在此姑且不提。[③] 如果他们是诸神，他们便也是不朽的；但是如果人们是因为他们被击打，而且他们的自我

① 希罗多德：《历史》，卷 2，第 41 行。

② 希罗多德：《历史》，卷 2，第 3 行，此处原文如此，意义不明，与希罗多德原著有异。（希罗多德从埃及的秘仪开始，无疑力图想要弄清奥西里斯的祭司的某种秘仪。）

③ 希罗多德：《历史》，卷 2，第 61 行。奥西里斯之名。

折磨是秘密仪式，那么他们便不过是凡人，如希罗多德他自己所说的:“同样在这里，在与萨伊斯（Sais）的密涅瓦（Minerva）相同的区域里，是其中一个人的墓地，我想在此情境下提及此人之名是不大合适的。这个墓地坐落于寺庙之后，正对后墙，这寺庙完全地包括了后墙。后墙里也有一些方尖塔碑，附近有一个湖，这个湖由一些石头边缘装饰着。形状是圆形的，大小在我看来大概与得洛斯岛的名为浮珀（Hoop）[①] 的湖一样大。夜晚，在这个湖上，埃及人再次上演他的苦难，我忍住不提他的名字，他们称这出戏是他们的宗教仪式。”不仅仅是奥西里斯的坟墓所展示的，还有其尸体的防腐也可见一斑：“当一个尸体被带到他们面前，他们给送葬者看了放在木棺里的各种样式的尸体，并且在其上描画，为了使其看上去接近自然。出于尊重其人其见，我想还是不要将这等事情的名目说出来为妙。”[②]

第二十九章　来自诗人的相同的证明

但是在希腊人之中，同样也正是那些擅长写诗与描述历史者在述说相同的事。如同赫拉克勒斯所为：

> 那个无视王法的，莽横的倚仗暴力之徒，
> 对社会的惯例、天国的警诫充耳不闻、视若无睹。[③]

这便是赫拉克勒斯的本性，他后来发疯，以致点燃火堆自焚而死都是其应得的。关于阿斯克勒皮俄斯，赫西奥德说：

---

① 原意为箍。
② 希罗多德：《历史》，卷 2，第 86 行。
③ 《奥德赛》第 21 卷，第 28 行以下。

既是神又是人的强大的父亲
充满了愤怒，并且在奥林匹斯山顶
燃烧的雷电投下、回旋
拉托那宠爱的儿子就是他的愤怒。①

还有品达说：

但是甚至智慧也会被利益诱惑，
当眼前有手中金灿灿的黄金作为贿赂，
甚至他②也被诱入邪途：因此克罗诺斯的儿子
用两只手很快地终止了他最后的呼吸，
而且用一把火决定了他的命运。

或者，他们是神，而且不追求黄金？

啊，黄金，对难免一死的人最好的奖赏，
那兴奋自家生母之亲也不能相比，
子女之爱也不能企及③

但是神是不会觉得匮乏的，并且胜过一切肉欲，他也不会死；难道是，由于他们生出了人，从而他们由于无知而变得邪恶，并被对金钱的贪爱征服呢？还有什么需要我说的呢，还要再举卡斯托尔（Castor），或波吕

---

① 赫西俄德《残篇》。
② 即阿斯克勒皮奥斯。
③ 传为塞涅卡所作。

克斯（Pollux）[①]，或安菲阿劳斯（Amphiaraus）为例吗？可以说他们出生时都还是些地地道道的人，却没过多少日子就被当作神。试想伊诺（Ino）是在发疯之后以及她遭受的苦难使她成为女神的吗？——海洋漂泊者将她命名为琉珂西亚（Leucothea），[②]而她的儿子——水手们将之称为奥古斯都·帕累蒙（August Palaemon）。

第三十章　将神性归功于人的原因

如果令人憎厌的，并且是神所憎恨的人成了有声誉的神，例如德希托（Derceto）和塞米勒米斯的女儿，一个淫荡、嗜血的女人成了受人尊敬的亚述女神；且由于德希托，叙利亚人崇拜鸽子和塞米勒米斯（因了一件不可能之事，即一个女人变成了一个鸽子：这是发生在捷西亚Ctesia一地之事），这是不足为奇的，如果有人被他们的百姓称为神，那不过是因为他们的统治与权柄。柏拉图也提及的女先知西比尔曾说：

> 当时是第十世代，
> 在人类被赋予演讲才能之后，
> 人类远祖的时代爆发了洪水，
> 而且克罗洛斯，宙斯和泰坦神统治着，
> 乌拉诺斯和该亚
> 如此宣布他们为最高贵的儿子，而且命名了他们，

① 卡斯托尔和他的兄弟波吕克斯，宙斯的孪生子，二者又被统称为狄奥斯库里。传说中斯巴达王廷达瑞俄斯的妻子勒达被变化成天鹅模样的宙斯所勾引而怀孕，生下了两个蛋，一个是孪生子狄奥斯库里，另一对就是引起了特洛伊战争的海伦和阿伽门农王的妻子克吕泰勒斯特拉。

② 出自欧里庇得斯的一部已佚剧本《伊诺》。

因为人被赋予了言说的才能
他们居于首位。[1]

而其他人则或者被赋予了力量，如赫拉克勒斯和珀尔修斯（Perseus）[2]；或是被赋予了技艺，如阿斯克勒庇俄斯。因此，姑且假设那些所对应的这些凡人或者是被给予荣耀，或是尺度本身，由此获得了名号，事实上一部分是出自恐惧，另一部分则是出于报复。因此，当面对诸神所对应的凡人，通过你们的祖先所表现出来的慈善，安提努斯（Antinous）被看做神。但是那些后来者采用了未经查考的崇拜。

克里特岛人惯于说谎；
因为他们，哦，国王，
已经为未死者建造了一座坟墓。

虽然你相信这一点，但卡里玛柯斯呀，在宙斯的诞生中，你不相信他的坟墓；而且当你想掩盖真相，事实上你是宣告他的死亡，甚至是对那些对此一无所知的人；假如你看见了洞穴，你会想到瑞娅的分娩；而当你看到棺材时，对于宙斯的死亡你不免顿生疑云，不想那非受造的上帝本身是永恒的。不仅由民众和诗人所说的有关神的故事是不值得相信的，而其引起的种种反响更显示出这些传说是多余的（因为对于那些不存在的事物，有关于其的传说是不会正确的）；而且如果那种种关于他们的出生、奸情、谋杀、盗窃、去势以及大发雷霆等种种都是真实的，那么诸神也将不再存在，在他们出生之时乃至其出生之前便不存在。当诗人们为了获得别人更多的尊敬而写下他们的故事之时，依据什么原则，

① 出自欧里庇得斯的已佚剧本《伊诺》。
② 宙斯之子，杀死女怪美杜莎的英雄。

我们应该去相信一些事物而不相信别的？可以确定的是，那些通过诗人们已经使其被认为是诸神者，以及那些力求使诸神的行为看起来值得尊敬者，不应该又同时编造了诸神有着（凡人般的）苦楚。

因此，由于这一论题本身的重要性，我尽我所能，通过上述言辞证明了我们不是无神论者，而是承认上帝是宇宙和他的圣言逻各斯的创造者。

第三十一章　针对基督徒的其他指控之反驳

但是他们还更进一步捏造谣言以反对我们，通过诽谤我们举行不虔敬的宴席及被禁止的乱交，这二者他们都有充分理由加以憎恶，且他们想要或者因了（曲解而产生的）恐惧带领我们远离（他们所认为的）我们的生活方式，或借着他们提出的指控而以残酷无情的手段来辖制我们。

但他们这种（欲加我们以莫须有之罪）的做法是徒劳无功的，对于那些熟知这种（欲加之罪，不患无辞）做法的人来说，自然明白这是从先前起就有，而不只是在我们今天的时代里才有的恶习，因为罪恶是与美德不共戴天的。因此毕达哥拉斯，与其余三百人，被焚烧致死；赫拉克利特和德谟克利特曾被驱逐，前者从以弗所城，后者从阿布德拉城，因了他们被无端指控发狂；更有雅典人将苏格拉底判了死刑。但正如蠢蠢众民的意见，并不能有损于他们自身的德行，同样，在公义的生命上，某些人对我们的蓄意毁谤也不能对我们投下任何阴影，因为有神，我们有好的名声。然而，我也将会遭遇这些指控，虽然我可以保证我已经向陛下澄清那毁谤我的谣言。由于陛下您的智慧过人，您知道那些直接面对上帝生活的人以此作为他们的教条，以至于我们每个人在上帝面前都无可指责，甚至不会怀有一点点犯罪的念头。假如我们认为我们应该按照目前的生活方式来生活，那我们可能就会被人怀疑有罪了，因为我们会经历被血肉之躯奴役或者被利益、肉欲征服；但是自从我们得知上帝从早到晚都是我们所思、所言的见证人，并且上帝自身就是光，他在心里察验一切的事物。我们相信，当我们远离眼前的生活，去过另一种生活，那是比眼前的生活更好的，并且是属天的而非属地的生活，（自从我们居住在上帝里面，与上帝一起，灵魂从变动不居与苦难中得到自由，不再是属肉体的，即使我们现在仍然是肉身，却是拥有属天的灵魂。①）或者是与剩下的恶者一同堕入火湖中；由于上帝并没有把我们创造成负重的羊或畜生，那只不过是其副产品，那是终究要灭亡、要归于无有者。在这样的境况下，我们便不可能情愿继续犯罪，否则便是将我们自己交给至高的法官接受惩罚。

第三十二章　基督徒对道德的提升

这样，不足为奇的是，他们会在我们周围加油添醋编造谣言，正如他们讲述他们自己的诸神，讲述以秘仪为生之人的轶事。但如果他们按理谴责无耻的、杂乱的交往，那么他们理所当然要憎恨宙斯，因为他分别与他的母亲瑞娅和女儿科莱有了孩子，并且还娶他自己的妹妹为妻，或者应该憎恨俄耳甫斯②。编造这些故事的俄耳甫斯，使宙斯比起堤厄斯忒斯更渎神、更令人厌恶；堤厄斯忒斯，当他要取回王国并为自己复仇时，他以玷污自己的女儿为代价来履行神谕。但是我们却远离滥交，放纵情感对我们来说是不合乎律法的，甚至一个贪色的眼神也不能容许。"因

---

① 参见《哥林多前书》15：44—15：45："所种的是血气的身体，复活的是灵性的身体。若有血气的身体，也必有灵性的身体。经上也是这样记着说，首先的人亚当，成了有灵（灵或作血气）的活人。末后的亚当，成了叫人活的灵。"此处清楚表达了使徒的教义。《哥林多前书》15：46："但属灵的不在先，属血气的在先。以后才有属灵的。"

② 译按：太阳神阿波罗之子，善弹竖琴，其琴声能感动草木、禽兽和顽石。

为”，上帝说，“凡看见妇女就动淫念的，这人心里已经与他犯奸淫了”[①]。那么，上帝为人创造了眼睛，但对于那些信神者是遵守非礼勿视的人，因为这些眼睛本应成为我们的光，但对那些淫邪的眼神而言，却是以此犯了奸淫。谁还能怀疑这样遵守律法的人具有自制能力呢？因为我们所遵循的不是人的律法，这些律法是恶人可以规避的（在一开始时，陛下，我便已经向你证明了，我们的教义是来自上帝的亲自教导），但是我们有一条律法说：“对待我们的邻舍如同对待我们自己一样”，衡量正直的尺度也便包含在这里面[②]。由于这个原因，也按照年龄，我们称一些人为儿女，称另一些为弟兄姐妹，[③] 在年岁更长以后，我们就尊称他们为父母。作为以上所有称为弟兄姐妹或其他亲昵称呼者，我们极其在乎的是他们在身体上保持纯洁。圣子逻各斯又对我们说，“如果一个人接吻时，有一秒钟是因为这能带给他快乐，[他便犯罪了]；”以及，“因此，接吻，或者更确切地说是问候，应该慎重对待，之后，如果掺入了一点点邪念，就会使我们被拒之于永生之门外”。

第三十三章　在尊重婚姻上基督徒的圣洁

所以，因为有了永生的盼望，我们就轻看此生的事物，甚至对灵魂的享乐我们也不以为然，每一个基督徒都只按照神圣的律法对待他婚姻内的妻子，而且只是为了生育之故亲近她。正如农夫撒种入地，为的是等候收获，而不是在地面上播撒更多种子，所以，对于我们而言，过多地生育子女，无异于衡量我们沉溺情欲的一个标尺。不仅如此，你会发

① 《马太福音》5：28。

② 奥托译为：“这促使我们及我们的邻人达致公义的至高境界”，此处文义不甚明，参见《马太福音》22：39：“就是要爱人如己。”

③ 参见本书赫马《寓言》第 2 章。

现我们中间很多男人和女人直到年老了还没有结婚，他们是盼望能生活在与上帝更密切的交通中。[1]但是如果为了与上帝更亲近而不娶不嫁，又沉溺于淫乱的思想和欲望之中，进而导致他们远离上帝。在这种情况下，我们要避免这些思想，更胜于避免行为上的得罪上帝。我们不是将我们的注意力放在学习言语上，而是放在行为的示范与身教之上。一个人应该既保持他出生时的纯真状态，也满足于初次的婚姻。因为第二次的婚姻只是经过粉饰的通奸行为。[2]基督说，“因为凡休妻另娶的，（若不是为淫乱的缘故，）就是犯奸淫了”[3]。既不允许男人休了自己的妻子，也不允许他另娶。因为他已失去了他的第一任妻子，即使他的妻子死了，他仍是一个以此为借口来掩饰的奸夫，是悖逆上帝的。因为起初上帝造了一男一女，并且使这最紧密的肉与肉的联合成为一体，因此形成了人类特有的相交。

第三十四章　基督徒与其控告者之间的道德上的显著差异

但是虽然这是我们的品格（哦！为什么我要在此不适宜地说出这些话？），然而针对我们的闲言碎语，是恰如一句谚语所说的：“娼妓指责贞洁者。”那些为通奸者提供场所，并为年轻人设置污秽之地以便其寻欢作乐的人，来者不拒的他们甚至不拒绝同性，男人与男人行那令人震惊的可憎之事，用尽一切方式毁坏所有高贵、美丽的身体，使上帝公义的创造蒙羞（因为世间的美善并不是自我形成，而是出自上帝大能的手和他的旨意）。我认为这些人针对这些事情，在用他们自己的方式辱骂我们，

① 主对此的赞许是作为一种非普遍要求的自我奉献的自愿行动。

② 参见《提摩太前书》5：9。

③ 《马太福音》19：9。

并将此归功于他们自己的神，还自我夸耀他们这般行径是高尚之举，是与诸神相配之事。这些淫乱者和同性恋者诽谤终身不婚之阉人和只结一次婚的人（然而他们自己的生活好像捉摸不定的游鱼一样；吞食生活中的失败者，并且以强者的姿态追赶弱者：事实上，这是以人肉为食，是违犯律法以施暴，而这些律法是陛下与陛下的祖先秉持公义和正直的标准制定的），以至于甚至陛下您所任命的省长已经厌烦了聆听对他们的诸般控诉，当他们遭受打击时，不允许他们为自己还击，这对他们来说甚至是不合法的，当他们被打击时，也不允许他们为自己祈求：因为仅仅公正是不够的（公正是一报还一报的），我们应该有义务以良善和忍耐对待恶者。

第三十五章　基督徒谴责并憎恶所有的残忍

若我们有杀人这样的品性的时候，思想端正的人会因此断言什么呢？我们不可能吃人的肉，在我们连一个人也不曾杀死的前提下。因此，先前的指控是错误的，假如任何人问他们关于第二点，无论指控者是否已经看到了他们所断言的，他们中间没有一个人会无耻地说他们见过了。然而，我们有奴隶，无论拥有的奴隶或多或少，我们所行的事不可能不被人看见；但即使是这样，还没有发现其中有一个人捏造这样的事情来反对我们。

因为当他们知道我们甚至不能够忍耐眼见一个人被处死，——即便是被公正地处死；他们中有谁还能控告我们谋杀或嗜食同类？他们中有谁不曾兴致勃勃地观看角斗士们与野兽的肉搏，尤其当那些是由您所赏赐的？但是我们认为那将一个人置于死地不亚于直接杀害他者，已经发誓放弃观看如此的景象。[1]那么，既然我们甚至不冷眼旁观，以免我们蒙

① 参见塔提安《致希腊人书》第23章。

受罪行和污染，我们又如何能将人们置于死地呢？而且当我们说那些妇女用药物来堕胎等于谋杀，而且必将因了堕胎而面对神的审判，究竟还会有什么根据说我们施行谋杀呢？因为一个人不会这样，既已将子宫中的胎儿视为与已生出的婴儿同等的生命，——因其也同样受到上帝的照看，而当它出世后，却会去杀害他；而且也不有会这样的情形，即一个不会遗弃婴儿的人，——因为认为那些遗弃他们的人应被视为与谋杀婴儿等同，反而当将婴儿养育长大后，杀害那幼儿。但我们在所有的事上总是表现得相似或是一致，使我们自己服从于理性，而非凌驾于它。

第三十六章　在基督徒的践行基础上产生的复活的教义

那么，那些信仰复活者，谁会将自己那将再次复活的身体置入坟墓之内呢？同样，这也不是属于同一类的人会相信的：相信我们的身体将会再一次复活，并会吃掉那些尸体，好像那死者不会复活似的；并认为大地会归还被它吞吃的尸体，但是那些已经将自己埋葬者不再被要求归回。相反，假设那些认为现世的生活、疾病或花费没有什么益处的人，也认为没有复活，这样的假设是合理的，然而期待着灵魂和身体一起死亡，并使灵魂被抑制在身体里，因而将不再克制胆大妄为的行为；但是那些相信了上帝的察验是无法逃脱的人，若仍让身体被非理性的灵魂及其欲望的冲动控制，则其身体将与灵魂一道被处罚，因了他们所犯的不可能仅仅是最微小的罪。但是如果有人认为已然朽坏、被消解以至全然消亡无迹的身体，将会得到重新建造的信仰显得荒唐，对于这些不相信之人，我们当然没有任何理由被指控是邪恶的，而是最多只应被他们视为愚不可及，因为自其人观之，我们这等愚人除了自欺之外，并没有伤害到任何人。然而身体的复活不单单是我们的信念，有很多的哲学家也

持有同样的观点，现在还不是适合阐明的时候，以免我们被认为将引入与目前不相关的话题，

或者是通过分别地说可理解者、可感觉者及其各自的本性，或者是通过主张无形者早于有形者，并且可理解者优先于可感觉者，虽然我们先熟悉可感觉者，既然有形者是由无形者塑造而成的，通过与可理解者的联合，可感觉者便由可理解者塑造而成；因为对于毕达哥拉斯和柏拉图来说，这里不存在什么无法理解的障碍，即当躯体开始趋于消亡时，从躯体的起初受造的成分中，躯体将重新受造。不过还是让我们暂且将有关复活的谈论搁置一下吧。

第三十七章　公平审判的恳求

陛下，在各样事上，无论是出于您的天性还是出于受教，您都是正直的、温和的和慈善的，全然合乎体统，现在既然我已向您陈明了如上的那些指控，并证明我们是虔诚的，平和的，及灵性上宽柔的，就请您屈尊颔首赞成。

因为那些控告者们与像我们这样为您的统治祈祷的人相较，难道不是更该得到他们所向我们寻索的惩处吗？我们祈祷您能够承受天国，就如同子继父业一样合情合理，而您的帝国也能更加强大和扩展，且所有的民众都对您的权柄敬畏服从。

而这同时也是合乎我们的利益，因这样我们自己可以平安无事地度日，且可以较快地完成那自上而来的命令。①

① 《提摩太前书》2：1："我劝你第一要为万人恳求祷告，代求，祝谢。为君王和一切在位的也该如此。使我们可以敬虔端正，平安无事的度日。"但他们仍然拒绝敬拜帝国的偶像；并因此而受逼迫。

译名对照表

A

Abas，阿巴斯
Abdera，阿布德拉城
Abdon，押顿
Abias，亚比央
Abimalus，阿比马鲁斯
Abimelech，亚比米勒
Abobassor，阿波贝沙
Abraham，亚伯拉罕
Achilles，阿喀琉斯
Acous，阿库斯
Acrisius，阿克里西乌斯
Actaea，阿卡泰亚
Actaeus，阿克泰俄斯
Acte，阿喀特
Acusilaus，阿克西劳斯
Admetus，阿德墨托斯
Adrammelech，亚德米勒
Adrasteia，阿德拉斯泰亚
Adrian，哈德良
Aeetes，埃厄特斯
Aegisthus，艾吉其塞斯
A Egyptiaca，《埃及史》
Aenuas，埃涅阿斯
Aeolians，伊奥利亚人
Aeropus，埃洛普斯
Aeschylus，艾斯库罗斯
Aesculapius，爱斯库拉皮厄斯
Aesop，伊索
Agamemnon，阿伽门农
Agenor，阿戈诺
Agraulus，阿戈劳鲁斯
Agrigentines，阿戈里根廷斯
Ahaz，亚哈斯
Ahaziah，亚哈谢
Aidoneus，阿多尼斯

Ailon，以伦
Alcestis，阿尔刻提斯
Alcetas，阿克塔斯
Alcibiades，阿尔基比阿德斯
Alcmaeon，阿尔克麦昂
Alcman，阿尔克曼
Althea，奥瑟娅
Althean，奥瑟娅
Amasis，阿玛西斯
Amathusians，阿马图西亚人
Amaziah，亚玛谢
Amazons，亚马逊
Ambraciot，安勃拉奇奥特
Amenophis，阿蒙诺菲斯
Amessa，阿米莎
Ammonites，亚扪人
Amon，亚们
Amosis，阿摩司
Amphiaraus，安菲阿劳斯
Amphictyon，阿姆披克提翁
Amphion，安菲翁
Amphistratus，安菲斯特拉图斯
Amyntas，阿明塔斯
Anaxagoras，阿那克萨哥拉
Anchises，安基塞斯王
Andron，安得龙
Angelio，安戈里奥
Antigenides，安提戈涅
Antimachus，安提马库斯
Antinous，安提努斯
Antiochus，安提克
Antious，安修斯
Antoninus，安敦尼
Anyta，安尼塔
Anytus，安尼图斯
Aoth，以笏
Aphrodite，阿芙洛狄忒
Apion，阿皮翁
Apis，阿庇斯
Apollo，阿波罗
Apollodorus，阿波罗多罗斯
Apollonidae，阿波罗代
Apollonides，亚玻伦
Apollonius，阿波罗留斯
Aratus，阿拉图斯
Archilochus，阿基洛克斯
Archippus，阿基普斯
Arcturus，大角星
Ares，阿瑞斯
Argeia，阿该亚
Argeius，阿基尤斯
Argive，阿哥斯
Argo，南船座
Argos，阿戈斯

Ariadne，阿里亚丹
Arias，阿里亚斯
Arimaspia，阿里马斯皮亚
Aristaeus，阿里斯泰俄斯
Aristarchus，阿里斯塔克
Aristippos，阿里斯底波
Aristodemus，阿里多忒莫斯
Aristodotus，阿里斯托多图斯
Aristomachus，阿里斯托马库斯
Aristomidas，阿里斯托米达斯
Ariston，阿里斯通
Aristophanes，阿里斯托芬
Armais，阿麦斯
Arphaxad，亚法撒
Artemis，阿耳特弥斯
Arsinoe，阿辛诺
Asa，亚撒
Asbolus，阿斯珀罗斯
Asclepios，阿斯克勒庇俄斯
Astarte，阿施塔特
Astyages，阿斯提吉斯
Atalanta，阿塔兰忒
Athaliah，亚他利雅
Atharymus，阿萨里穆斯
Athela，雅典拉
Athenagoras，阿萨那戈拉
Athene，雅典娜
Atossa，阿托莎
Atreus，阿特柔斯
Atropos，阿特罗波斯
Attica，阿提卡
Attis，阿提斯
August Palaemon，奥古斯 · 帕累蒙
Augustus，奥古斯都
aurea，奥里亚
Aurelius Verus，奥理略 · 维鲁斯
Avaris，阿瓦利斯

B

Bacchus，巴克斯
Bal，巴力
Barnabas，巴拿巴
Bazorus，巴佐鲁斯
Bel，倍力
Belus，巴力
Berenice，柏伦尼斯
Berosus，贝拉索斯
Besantis，贝萨提斯
Bhalaris，巴拉里斯
Bocrus，博克鲁斯
Boeotia，奥提亚
Boiscus，波伊斯库斯
Brontes，布戎特斯

Bryaxis，伯里阿克西斯
Busiris，布斯里斯
Butacides，布塔启戴司
Byzantium，拜占庭

C

Cabiri，加比里
Cadmus，卡德摩斯
Cæsars，恺撒
Cainan，该南
Caius，凯乌斯
Caius Julius，恺撒 · 居留士
Callimachus，卡里玛柯斯
Callisto，卡利斯托
Callistratus，卡里斯特拉图斯
Calydon，卡律东
Cambyses，康比斯
Capitolinus，卡必托里纳斯
Caranus，卡瑞勒斯
Carians，卡里亚人
Carthage，迦太基王国
Cassius，喀西约
Castor，卡斯托尔
Ceans，金斯人
Cecrops，科刻洛普斯
Ceisus，塞苏斯
Celeus，克勒奥斯
Cephisodotus，赛菲索多图斯
Chaitus，凯图斯
Chald，迦勒底
Chaldæa，迦勒底王国
Chaldæan，迦勒底人
Chebron，契勃隆
Chiramus，奇拉姆斯
Chiron of Deltotum，人马座的怪兽喀戎
Chrysaor，克律萨俄耳
Chryserus，克里希鲁斯
Chrysippus，克里希波斯
Chusarathon，库萨拉松
Cilicians，西里西亚人
Claudius，克劳狄乌斯
Cleanthes，克林瑟斯
Clemens，克里门斯
Cleodemus，克里奥戴默斯
Clito，克里托
Clitomachus，克里托玛库斯
Clymenus，柯律门努斯
Clytemnestra，克吕泰尼丝特拉
Cnidus，尼多斯
Colophon，克勒芬
Commodus，康茂德
Corinna，哥林纳

Cornelius，柯涅留
Cottys，科托斯
Crates，克拉特斯
Crato，克拉托
Crescens，克里森斯
Crete，克里特
Criasis，克里亚希斯
Critias，克里特雅斯
Cronus，克罗纳斯
Crotopas，克洛托帕斯
Ctesia，捷西亚
Cumae，库迈
Cybele，西布莉
Cyclades，塞克拉迪群岛
Cyclopes，独眼巨人赛克洛普斯
Cyprus，塞浦路斯
Cyrene，塞利尼
Cyrus，居鲁士

D

Dædalus，代达罗斯
Damphenophis，达姆芬诺菲斯
damsel，达姆塞尔
Danaids，达那伊得斯姐妹
Danaus，达那乌斯
Daphne，达佛涅
Dardania，达达尼亚城
Dardanus，达达努斯
Darius，大流士
Deborah，底波拉
Deiphobus，得福布斯
Dejanira，德雅尼拉
Delian，德里安
Delos，得洛斯岛
Deltotum，人马座
Demeter，得墨忒耳
Democritus，德谟克利特
Demodocus，得摩多科斯
Derceto，德希托
Deucalion，丢卡利翁
Diagoras，狄奥戈拉
Diana，狄安娜
Dii，迪伊
Dinomenes，狄诺美涅斯
Diogenae，迪奥根尼
Diogenes，第奥根尼
Diogenes，提奥奇尼斯
Diomedes，狄俄墨得斯
Dionysian，狄奥尼西亚
Dionysius，狄奥尼修斯
Dionysus，狄俄尼索斯
Dioscuri，狄奥斯库里
Domitian，图密善

Dorians，多里安人

Draco，德拉古

Drymon，德莱蒙

E

Eber，伊伯

Eden，伊甸

Eglon，伊矶伦

Eldad，伊利达

Electra，埃勒克特拉

Eleians，伊勒伊安人

Eleusis，艾琉西斯

Eli，以利

Elon the Zebulunite，西布伦人以伦

Emperor Verus，维鲁斯皇帝

Endoeus，恩多尤斯

Endymion，恩底弥翁

Enoch，以诺

Enos，以挪士

Ephorus，厄弗罗斯

Epicurus，伊壁鸠鲁

Epidaurus，皮达鲁斯

Epimenides，克里特岛的埃皮门尼德

Epimetheus，厄庇米修斯

Eratosthenes，埃拉托色尼斯

Erechtheus，厄瑞克透斯

Erigone，艾里贡

Erinna，爱琳娜

Eros，爱洛斯

Esbon，以比赞

Eteocles，埃提奥克勒斯

Euaenian，尤埃尼恩人

Euclus，尤克鲁斯

Euctemon，尤克特蒙

Euergetes，托勒密 · 尤尔格特斯

Euhemerus，尤希玛拉斯

Eumolpus，欧谟尔普

Eunous，尤埃尼

Euodius，友阿丢

Euphorbus，欧福玻斯

Euripides，欧里庇得斯

Europa，欧罗巴

Eurystheus，欧瑞斯透斯

Eusebius，优西比乌斯

Euthycrates，尤希克拉特

Ezekiel，以西结

G

Gaia，盖娅

Galba，伽尔巴

Ganymede，盖尼米得

Ganymede，伽尼墨德斯

Gesner，格斯那

Gideon，基甸

Gihon，基训

Glaucippe，戈拉希普

Gomphus，戈弗斯

Gorgon，戈尔贡

Gothonoel，俄陀聂

Grapte，格拉普特

Gyges，巨吉斯

H

Halicarnassus，哈利卡那苏斯

Ham，含

Hamilcar，哈米尔卡

Haran，哈兰

Harmonia，哈蒙尼亚

Harpagus，哈尔帕哥斯

Hector，赫克托耳王

Helen，海伦

Heliopolis，赫里奥波里斯城

Hellanicus，赫拉尼修斯

Helles，黑勒斯

Hephaestion，赫费斯提翁

Hephaestos，赫菲斯托斯

Heracles，赫拉克勒斯

Heraclidae，赫拉克勒代

Herculean knot，海克力斯之结

Hercules，海克力斯

Hermas，赫马

Hero，希洛

Herodotus，希罗多德

Hesiod，赫西俄德

Hestia，赫斯蒂

Hezekiah，希西家

Hierosolyma，希尔洛索里玛

Hippias，希庇亚斯

Hippolytus，希波吕托斯

Hiram，希兰

Homer，荷马

Hoop，浮珀

Horapius，霍拉皮乌斯

Horus，贺拉斯

Horus，何露斯（奥西里斯的儿子）

Hosea，何西阿

Hyacinthus，雅辛托斯

Hyksos，喜克索斯人

Hyllus，许诺斯

Hypsicrates，希庇西克拉特斯

I

Ida，伊达

Ignatius，伊格纳修
Ilia，伊利亚
Ilium，伊里昂城
Ilius，伊琉斯
Inachus，伊那科斯
Ino，伊诺
Io，伊娥
Ion，伊翁
Ionia，爱奥尼亚
Ionian，爱奥尼亚人
Iphigenia，依菲琴尼亚
Iphitus，伊菲托斯
Irenæus，圣依那爵
Isaac，以撒
Isaiah，以赛亚
Isatis，伊萨提斯
Isaurians，伊扫里安人
Isis，伊希斯

J

Jacob，雅各
Jair，睚珥
Japhet，雅弗
Jared，雅列
Jehoahaz，约哈斯
Jehoiakim，约雅敬
Jehoiakim，约雅斤（约雅敬之子）
Jehoshaphat，约沙法
Jephthah，耶弗他
Jeremiah，耶利米
Jerome，耶柔米
Joel，约珥
Joram，约兰
Josephus，约瑟夫
Joshua，约书亚
Josiah，约西亚
Jotham，约坦
Juba，犹巴
Judah，犹大地
Juno，赫拉
Jupiter，朱庇特
Justin，查士丁
Juthobalus，尤托巴鲁斯

K

Karnaim，巨人
Kore，科莱
Kronos，克罗诺斯

L

Lacedemonian，拉凯戴孟人

Lagus，拉格斯

Lais，莱丝

Lamech，拉麦

Lampsacus，拉姆普撒科斯

Latiarian，拉脱维亚

Latiaris，拉修瑞斯

Learchis，李尔奇斯

Leda，丽达

Leo，列奥

Leochares，利奥凯尔斯

Leto，勒托

Leucippus，琉希普斯

Leucothea，琉珂西亚

Libya，利比亚

Linus，林努斯

Lucius Verus，路奇乌斯·维鲁斯

Lycurgus，莱克库斯

Lydia，吕底亚

Lynceus，林寇斯

Lysander，莱桑德

Lysippus，利西波斯

Lysis，里希斯

Lysistratus，里希斯特拉图斯

M

Maga，马伽

Mahaleel，玛勒列

Malachi，玛拉基

Manasseh，玛拿西

Manetho，马内托

Marcion，马克西安

Marcus Aurelius，马库斯·奥勒留

Marduk，马尔杜克

Maron，马隆

Maronian，马隆人

Mars，玛斯

Marsyas，马斯雅斯

Massagetæ，马萨格泰

Medea，美狄亚

Melanippe，美拉尼珀

Melchisedek，麦基洗德

Meleager，梅里格

Meleaget，米利格特

Menander，米南德

Mendes，门德

Menelaus，墨涅俄斯

Menestratus，美涅特拉图斯

Mephres，梅弗里斯

Mercheres，墨刻斯

Messes，梅西斯

Metanira，墨塔涅拉

Methramuthosis，美特拉谟西奥西斯

Methuastartus，米图阿斯塔图斯
Methuselah，玛土撒拉
Metis，美提斯
Metrodorus，梅特罗多鲁
Metten，米腾
Miammus，米亚姆斯
Midianites，米甸人
Milesian，爱尔兰
Miletus，米利图斯
Minos，迈诺斯
Mithridates，米特立达特斯
Mnesiarchis，涅希阿奇斯
Mochus，墨刻斯
Modat，米达
Musaeus，穆萨乌斯
Mycenae，迈锡尼
Myro，米洛
Myron，米伦
Myrtis，弥阿蒂斯
Mystis，弥斯提斯

N

Nabuchodonosor，尼布甲尼撒
Nahor，拿鹤
Naucydes，瑙希德斯
Neaera，尼娅拉
Nebroth，宁录
Nebuchadnezzar，尼布甲尼撒
Nechaoth，尼考特
Neoptolemus，涅俄普托勒摩斯
Neptune，聂普吞努
Nero，尼禄
Nerva，涅尔瓦
Neryllinus，涅瑞林努斯
Nestor，涅斯托尔
Niceratus，尼希拉图斯
Niobe，尼娥蓓
Nun，嫩

O

Oceanus，欧绪诺斯
Ogygus，俄古革斯
Olympiad，“奥林匹亚德”年
Omphalos，欧法洛司
Onesilus，欧涅西洛司
Onomacritus，奥诺玛克利托斯
Opsimus，欧普斯姆斯
Orestes，俄瑞斯忒斯
Orion，猎户星座
Orpheus，奥菲斯
Ortygia，欧提吉亚
Orus，奥鲁斯

Osiris，奥西里斯

Otho，奥托

Otto，奥托

P

Paeonians，培奥尼亚

Palamedes，帕拉默得斯

Pamphylia，旁非利亚

Pannychius，潘尼刻犹斯

Panteuchis，潘丢基斯

Paris，帕里斯

Parium，帕留姆

Pasiphae，西法厄

Pausanias，波桑尼阿斯

Pegasus，佩伽索斯

Peitho，珀伊托

Peloponnesian，伯罗奔尼撒人

Peloponnesus，伯罗奔尼撒

Pelops，佩罗普斯

Perdiccas，帕底卡斯

Pergamus，帕加姆斯

Periclymenus，佩里克里美诺斯

Persephone，珀尔塞福涅

Perseus，珀尔修斯

Phaeacians，费阿刻斯人

Phaethon，法厄同

Phaleg，法勒

Phanes，帕涅司

Phemius，费缪司

Pherecydes，费瑞希底斯

Phersephone，珀尔塞弗涅

Phidias，菲迪亚斯

Philammon，菲拉蒙

Philemon，腓利门

Philistines，非利士人

Philo，斐洛

Philochorus，菲罗克洛斯

Philoctetes，菲罗克忒斯

philolaus，斐洛劳斯

Philopator，斐洛帕托

Phoebus，福玻斯

Phoenicia，腓尼基

Phorbas，福耳巴斯

Phorcus，福耳库斯

Phoroneus，弗罗纽斯

Phrygia，佛里吉亚

Phrygian，佛里吉亚人

Phryne，弗琳尼

Phylonoe，菲隆诺

Pisistratids，庇西斯特拉图

Pison，比逊

Plato，柏拉图

Pleiades，昂宿星团的星座

Poliuchus，波留库斯
Pollux，波吕克斯
Polynices，波里尼希斯
Polystratus，波里斯特拉图斯
Poseidon，波塞冬
Poseidonii，波塞科尼
Praxigoris，普拉克西戈里斯
Praxilla，普拉克西拉
Praxiteles，普拉克希特拉
Proconnesus，普洛孔涅索斯
Proetus，普罗伊图斯
Prometheus，普罗米修斯
Pronapis，普隆纳皮斯
Propator，普巴陀
Protagoras，普罗泰戈拉
Proteus，普罗特斯
Ptolemy，托勒密
Pygmalion，皮格马利翁
Pygmalius，皮格马留乌斯
Pyrrha，皮拉
Pythagoras，毕达哥拉斯
Pythian，佩提亚的

R

Rameses，兰塞
Rameses，拉美西斯
Rehoboam，罗波安
Reu，拉吴
Rhadamanthus，拉达曼迪斯
Rhea，瑞娅
Romulus，罗幕路斯

S

Sabessar，萨贝萨
Salah，沙拉
Samera，萨默拉
Samian，萨摩斯岛的
Samson，参孙
Samuel，撒母耳
Sappho，萨福
Sardinia，撒丁岛
Sarmatia，撒马提亚
Saturn，萨杜恩
Satyrus，萨提罗斯
Saurias，萨奥瑞阿斯
Scheria，许瑞亚岛
Scorpion，天蝎星座
Scythian，斯库提亚
Selanion，赛兰尼恩
Seleucid，赛琉西
Semele，塞墨勒
Semenouthi，《神谱》

Semiramis，塞米勒米斯
Sennacherib，西拿基利
Serapis，塞拉皮斯
Serug，西鹿
Seth，塞特
Sethos，塞特斯
Shalmaneser，撒缦以色
Shem，闪
Sibylla，西彼拉
Sicyonian，锡吉安
Simonides，西蒙尼德
Simylus，希米卢斯
Sinope，西诺帕
Smilis，斯密利斯
Socrates，苏格拉底
Solomon，所罗门
Solon，梭仑
Sophocles，索福克勒斯
Sophron，索福隆
Staphylian，斯达菲勒人
Staphylus，斯达菲勒斯
Steropes，斯忒罗佩斯
Sthenelaus，斯特涅罗斯
Styx，司蒂克斯
Superbus，苏帕尔布斯
Syracuse，叙拉古

T

Tarquinius Superbus，塔克文 · 苏帕尔布斯
Tartessus，塔达苏士
Tatian，塔提安
Tauric，陶里克
Tectaeus，特克塔由斯
Telecles，特里克勒斯
Telesilla，特里希拉
Telmessians，忒尔美索人
Temenus，忒米诺斯
Tenedos，提涅多斯
Tennes，滕尼斯
Terah，他拉
Tereus，特雷乌斯
Tethmosis，图特摩斯一世
Tethys，特提斯
Thalarchis，塔拉基斯
Thallus，他勒
Thamyris，塔米里斯
Thasians，塔索斯人
Thasos，萨索斯岛
Theagenes，特埃吉尼斯
Theban，忒拜的
Thegri，赦格立
Themistocles，泰米斯托克列斯

Theodorus，提奥都鲁斯
Theodotus，西奥多图斯
Theophilus，提阿菲罗斯
Thersites，瑟赛蒂兹
Thessaly，塞萨利
Thestius，塞斯提乌斯
Thestrus，特斯特鲁斯
Thoantian，陶提安人
Thoas，陶斯
Thoessus，托伊索斯
Thola，陀拉
Thrasybulus，特叙布洛斯
Thucydides，修昔底德
Thyestes，堤厄斯忒斯
Tiberius，提比略
Tiglath，提革拉毗列色
Timocles，提摩各
Titus，提图斯
Tlepolemus，特勒波勒墨斯
Tomyris，托米丽司
Tonans，雷神托南斯
Trajan，图拉真
Triopas，特里奥帕斯
Triptolemus，特里普托勒摩斯
Trismegistus，特里斯米吉斯图斯
Troas，特洛阿司
Tros，特洛斯
Troy，特洛伊
Turnus，特努斯
Tuscans，托斯卡纳人
Tyndarus，提因达鲁斯
Typhon，提丰
Tyrians，推罗人
Tyrimmas，提里马斯
Tyrrhenians，伊特鲁里亚
Tythmoses，提特摩西

U

Usher，乌什尔
Uzziah，乌西雅

V

Vespasian，维斯帕先
Vitellius，维特里乌斯
Vulcan，瓦尔坎

X

Xenophon，色诺芬
Xerxes，薛西斯

Z

Zachariah，撒迦利亚

Zedekiah，西底家

Zeno，芝诺

Zenodotus，芝诺多图斯

Zephyrus，泽菲鲁斯

Zopyrus，佐披洛斯